朱旭在研读剧本

"文革"前，朱旭（中）在东北南岔体验生活

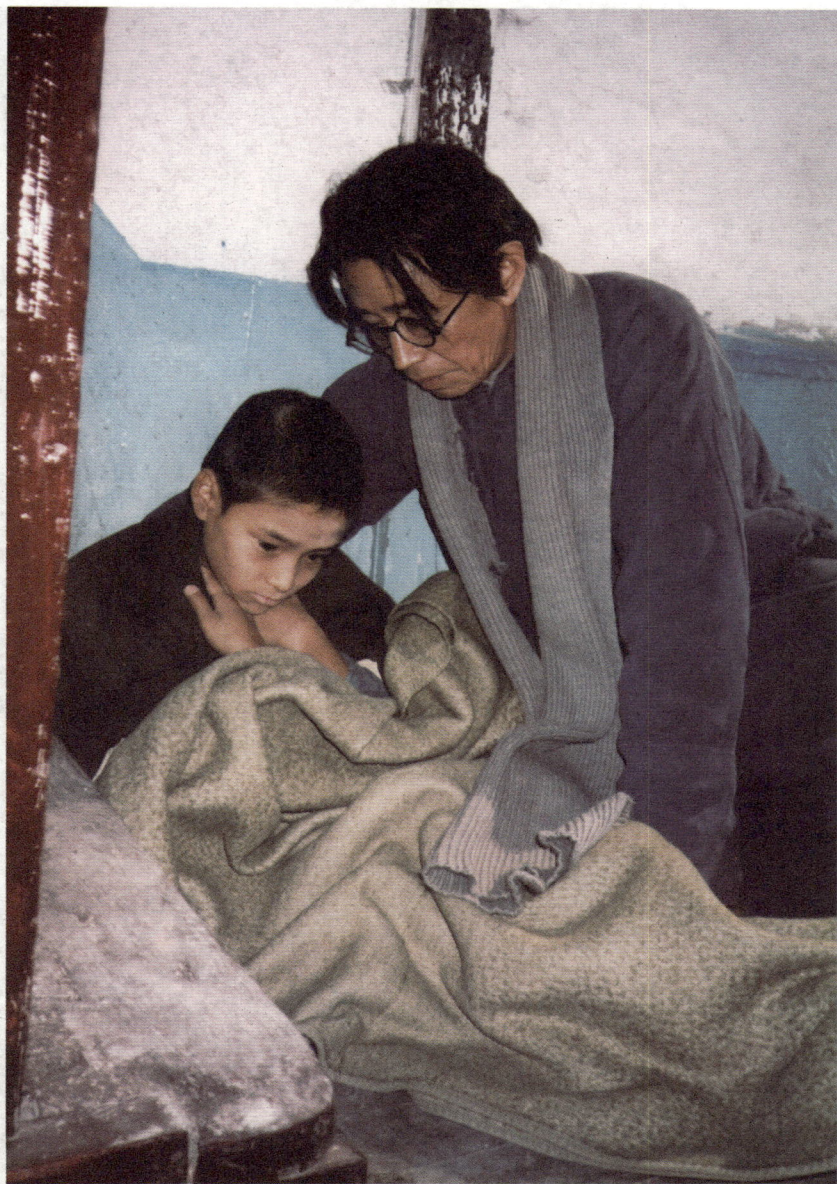

《大地之子》剧照，陆德志领养日本孤儿陆一心

话剧《屠夫》中的经典一幕

朱旭在重排《哗变》时任艺术指导

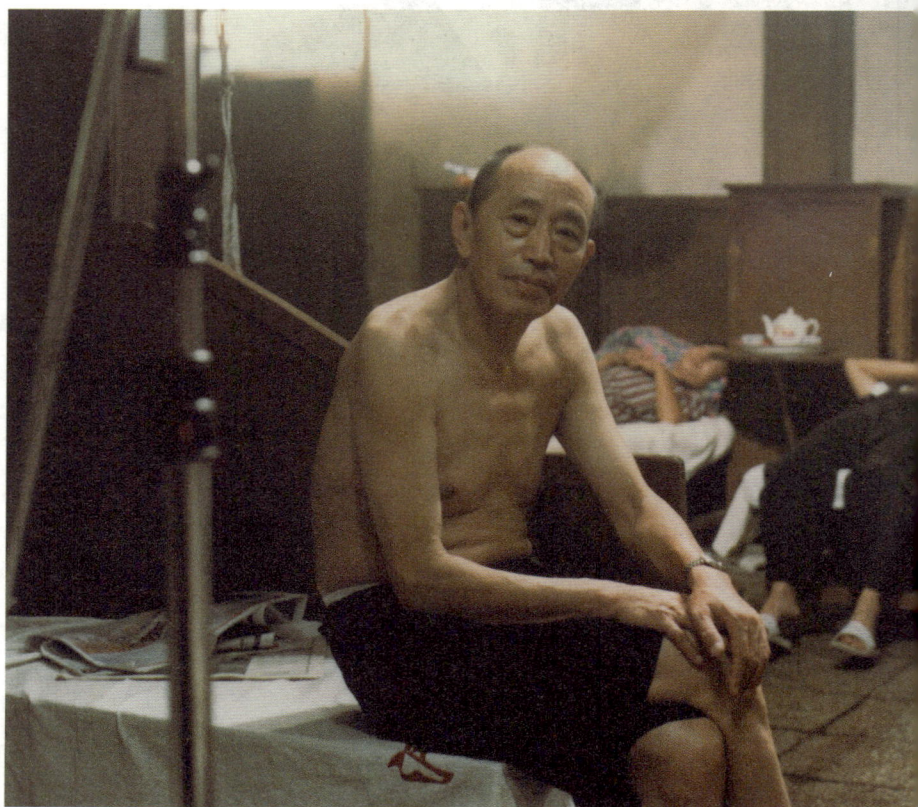

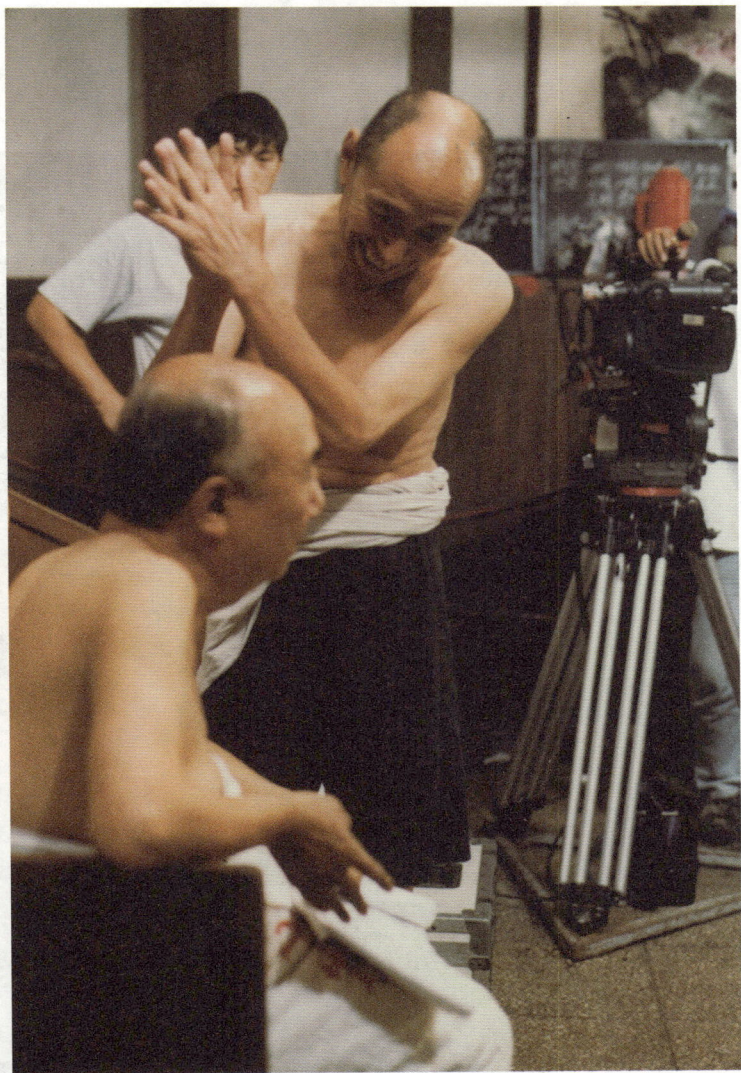

朱旭与李丁在电影《洗澡》拍摄中

朱旭在电影《洗澡》拍摄中

朱旭在反映"非典"故事的话剧《北街南院》中饰演老杨头，
濮存昕饰演女婿

朱旭凭在《变脸》中的精彩演出获得东京国际电影节影帝称号

朱旭获得的部分奖杯、奖状，其中有：

《变脸》第九届东京国际电影节男主角奖

《大地之子》日本创价大学授予为世界和平与艺术做出贡献荣誉奖证书

《大地之子》日本 NHK 电视台颁发银河奖

《刮痧》2001 年获二十四届百花奖最佳男配角

《阙里人家》获文华奖（原"政府奖"）最佳男主角奖

电影艺术学会颁发金凤凰奖

"中华影星"终身成就奖

第四届中国十大演出盛事，中国演出家协会授予金奖

首都精神文明建设奖章

获第二、第五届中国话剧金狮奖

第十一届电影表演艺术学会奖特别荣誉奖

朱旭出演话剧《屠夫》时留影

老爷子
朱旭

宋凤仪 著

中国青年出版社

目录

良师与益友

我们这个家

艺术之路

序

今年是我和朱旭的金婚，作为妻子写这本书的目的是为了纪念我们结婚 50 年（1957 年—2007 年），送给他凝聚着我晚年精力的一份礼物。

提起笔来，想说的太多了，又不知从何说起，我仰头望着静静的夜空，漫天的繁星，有的星星黯淡无光，有的星星熠熠闪烁，这景象使我产生了许多联想……我想到它们像地球上的人群一样，有人奋斗一生都没有获得成功，有人却一生光彩夺目，都是一样的星星，一样的人，为什么呢？它让我思索着，这是多种因素形成的，有主观的因素，有客观的条件，禁不住又让我联想到朱旭能跨进北京人民艺术剧院的大门，这是客观条件，是他的运气，为什么这么说呢？从朱旭的外在形象讲，他不是靓仔帅哥，更不是风流倜傥的小生，只不过是个一米八一的傻大个儿，黝黑的皮肤，说话还带着结巴嗑儿的东北哥们儿。可是从他的眼睛里却时而闪烁出一种智慧和内秀，这种含蓄的内在素质成了他做演员的优越条件，但是结巴嗑儿又是他做话剧演员的最大忌讳。这是一个矛盾，面对一个这样条件的人，如果不是在北京人民艺术剧院，他会不会做演员呢？如果不是在北京人民艺术剧院，他能不能有今天的成就呢？当年很难说，现在肯定地讲，朱旭是经过北京人艺的系列锤炼，才成才的。这是事实，恐怕这就是主客观互动作用的结果。那么，就先从朱旭这些年取得的成绩说起吧！

1984年舞台戏《红白喜事》获文化部颁发的表演一等奖。

1988年舞台剧《哗变》是他一举成名之作，在美国电台及《纽约时报》都进行了报道，并且得到了好评。

1991年《芭巴拉少校》演出后，英国向24个国家报道了新中国成立后中国首次上演萧伯纳的剧作，演出是十分成功的。中国话剧艺术研究会于第二届、第五届两次颁发给他"中国话剧金狮奖"。

1990年朱旭离休后，他的艺术生活转移到影视圈内，此时比他在舞台上演出更加繁忙。观众的影响面扩大到国际影坛，《阙里人家》《变脸》《红衣少女》《小巷名流》《刮痧》《洗澡》《心香》等影片上映。除在我国的台湾、香港、澳门等地放映外，在日本、美国、新加坡等众多国家放映，均获好评。

《阙里人家》于1992年获第一届文华奖（原"政府奖"）最佳男主角奖。

1990年为纪念世界电影100周年、中国电影90周年在上海举行隆重的纪念会，来自台湾、香港及世界各地的著名导演、演员、摄影家、评论家等齐聚一堂。朱旭被邀请参加，他和许多国内外的老朋友久别重逢，促膝长谈，进行着艺术上的交流。他被内外行一致推荐荣获本次颁发的"中华影星成就奖"，这是对他在电影创造上的一次艺术总结，被确认为中国电影界的优秀演员。在舞台上他是老兵，在影坛上他是新秀，他非常珍惜这次的盛会。

1998年朱旭和中国电影代表团，应邀带着《变脸》参加台湾"金马奖"的展览演出。

《刮痧》于2001年放映后，朱旭获得百花奖最佳男配角奖。

2005年中国电影100年时，在海南岛三亚市举行盛大的庆祝会，朱旭被评选为百年百人的"优秀电影演员奖"。

2007年4月百年话剧纪念活动中，朱旭受到国家领导人的表彰。并获得文化部颁发的"优秀话剧艺术工作者奖"。

2007年8月中国电影艺术学会，在青岛市为朱旭颁发特别荣誉奖的"火凤凰杯"。

2007年9月25日，朱旭作为第10届精神文明建设"五个一工程奖"的代表，受到北京市政府领导的接见。

更值得一提的是中日合拍的电视连续剧《大地之子》，轰动整个日本，家喻户晓，他被日本公众称为"中国父亲"，超过当年收视率最高的《阿信》。此剧播出后，他在日本获得两项大奖及一项"为世界和平与艺术做出贡献"的最高荣誉奖，创价大学创始人池田大作先生亲自写信向他祝贺。

他所主演的电影《变脸》在国内获得青年电影节的优秀影片及最佳男主角奖。同年的秋天又在东京第九届国际电影节上被评为最佳影片，朱旭被评为最佳男演员，封为"影帝"称号。这一年他获得了五个大奖，报纸的大标题为"今年是朱旭的获奖年"。

在东京的颁奖台上，他十分激动并发自肺腑地说出："因为时间的关系，我不能多说，但我想说的话是感谢培养了我40多年

朱旭在话剧《芭巴拉少校》中饰演安德谢夫

的北京人艺。日本朋友对《大地之子》评价非常高，他们说这是最好的表演，中国人在表演上非常突出。他们对我的评价实际上也是对北京人艺在表演体系上的成就的充分肯定。说明人艺的表演艺术的主张与实践都是独树一帜的，在艺术上是相当成功的。"

日本记者单独访问他时，他说："北京人艺建院就是以'屹立于世界民族之林'为动力，为目标的。"

他无论在什么地方，走到哪里，他时刻都不会忘记北京人艺，这里有他众多的良师益友。确实是这样的，他爱剧院胜过爱任何地方；这里有他青春时代的脚步，有他中年时期对"文化大革命"的困惑，有他晚年时期的辉煌和安乐。人的一生只有一次青春，他的青春年华都是在这里度过的，他怎么能够不情系剧院呢！这里每一个角落他都熟悉，他都难忘。这座艺术殿堂清楚地记录了他成长的过程，教会他如何清白做人，如何认真演戏，如何凭着艺术良心对待事业和社会。在这座世界闻名的艺术殿堂里，不仅培养他如何走上正确的艺术道路，也培养他如何做一个有文化、有道德的人。出人才不是偶然巧合的事，要育人就要有建树，中国有句古话说："玉不琢不成器。"朱旭是经过这样的磨炼才成长起来的，他的一生都是在这里度过的，这里是他终生难忘的地方，这是怎样的一个母体呢？

1956 年在周恩来总理亲自关怀下，建成专属北京人民艺术剧院的首都剧场。如今首都剧场已被载入"世界建筑史"，是世界知名的剧场之一，它拥有全中国第一个有旋转功能的舞台。

北京人民艺术剧院（以后简称"北京人艺"）是专业化的演出团体，成立于 1952 年 6 月 12 日。由著名剧作家曹禺先生担任

院长，副院长为中国著名导演欧阳山尊，著名艺术行政领导赵启
扬任副院长兼党委书记（后任职文化部副部长），总导演由艺术
大师焦菊隐担任，还有夏淳、梅阡等多位导演。这个领导班子集
中了中国文艺界的精英。

　　1962年以后，人艺党委做出重要决定，鉴于我国艺术领域中
的学术理论还是一片"空白地"，决定著书立说，为在学术理论
方面形成话剧艺术的中国学派做出贡献。以焦菊隐先生为首，创
立了"北京人艺演剧学派"。在建院的55年中（1952年—2007
年）已形成自己的演剧学派。"……以现实主义为基础，民族化
为核心的话剧体系和方法，是相当的完整和系统的，它创造性地
继承了格哥兰·斯坦尼拉夫斯基体系，创立了'心像'学说，它
把世界著名的演剧体系，加以融化、创造，形成它特有的理论和
方法，自成一家，对中国话剧乃至世界话剧理论宝库的一大贡
献……"（摘自《论北京人艺演剧学派》一书，1995年由北京出版社出版）
这是北京人艺艺术创造的指导思想和方法，也是它独具的艺术风
格。北京人艺以学术建院，在戏剧理论指导下进行艺术创造。

　　该剧院在几十年中保留下了许多的优秀剧目，它体现出"洋
为中用，古为今用"的精神，并使舶来品的话剧有了民族化的艺
术特点，曾到德国、法国、瑞士、新加坡、加拿大、日本、美国、
爱尔兰、埃及等国，以及我国的香港、台湾、澳门、上海、武汉、
天津、杭州等地巡回演出。在导演、表演及舞台美术设计、置景、
音响效果等方面均获得好评。

　　由老舍先生所著，焦菊隐先生导演的《茶馆》演遍全世界，取
得许多的殊荣，这和剧院培养出大批的人才分不开。舞台美术设

计方面有王文冲、辛纯、韩西宇、陈永祥、黄清泽以及后来的吴
穹等人。演员中有早已成名的舒绣文、叶子、吕恩、赵蕴茹、杨
薇、方琯德、刁光覃、田冲等多位老艺术家。建院后由剧院培养
出的有于是之、朱琳、郑榕、童超、蓝天野、英若诚、胡宗温、苏
民、牛星丽、吕奇、李婉芬、林连昆……以及目前被广大观众所关
注的中青年演员濮存昕、宋丹丹、杨立新等，一代一代的新人辈
出。还有全国知名的四大导演：焦菊隐、欧阳山尊、夏淳、梅阡。

朱旭就是在这样一个人才济济的剧院成长起来的，如今他已
经结出累累硕果，他要回报自己的剧院。在老一代同龄人中他是
后起之秀。自 1952 年建院起他就迈进了人艺的大门，如今他已
是人艺的元老。学习、排练、演出，与众多的良师益友共同切磋
琢磨，研究探索，体验实践，也共同经过了风风雨雨的年代。

我是他的妻子，也是他的同行，无论他在舞台上还是银幕上，
我都是他忠实的观众。在他创造的许许多多形形色色的形象中，
我以真诚的态度选择出他的一部分成功的创造，并且为他记录下
来，反馈给他自勉。作为同行，我愿意探索他的表演艺术，供文
坛后代借鉴与参考，也是作为一生从事文艺工作的我，仅此对文
化事业稍尽点滴义务而已。并在纪念百年话剧的同时，献给培育
了大批艺术人才，也包括培养了朱旭的艺术殿堂北京人民艺术剧
院，留做一份历史的见证和艺术资料。

在艺术问题上，仁者见仁，智者见智，我个人的意见总有局
限性，难免有偏歧，望朋友们能给予指正。

宋凤仪
2007 年 4 月

朱旭替于是之出演《请君入瓮》的剧照

一
一步
一个
脚印

"三次食言"

2003 年，朱旭是 73 岁的高龄，就在这一年的四月底五月初，北京突然出现人类前所未有的传染性疾病非典型性肺炎。它来势凶猛，找不到病源，没有预防的药物，没有治疗此病的特效药，没有控制病情的经验，一切都在未知数中。疫情在全国迅速地蔓延，人们产生着生死未卜的想法，精神陷入极度的紧张和恐惧。

餐厅停业，商店陆续歇业，娱乐场所关门，马路上行人骤然减少，大街小巷一片萧条和冷清，寂静得更让人内心慌慌、焦灼。我们家也不例外，84 消毒液滴向下水道，檀香不断地被点燃，早晨起来第一件事就是打开窗子通风。

每晚我们全家都坐在电视机前看当天的疫情报告，疫情牵挂着家家户户的心。随着时间的推移，人们看到了党和政府的关怀和有力的措施，尤其是，医务工作者的死亡人数不断增加，看到白衣天使自我牺牲的精神，这些都感动着全社会，也感动着我们全家。

朱旭开始也处在紧张之中，但是没过多少天他就待不住了，非要出去不可，他再也不顾家人的阻拦抬腿就走，一去就一个上午，中午吃饭的时候才肯回来，进门就说："真好！公交车成了我的专列，就我一个人。"

"沿途也没人上车？"

"没有。车上都消了毒，车窗开着，走起来清风透过，别提多舒服了，我连口罩都摘了。"

"什么？把口罩也摘了？"

他倒是兴高采烈地说："啊，摘了！"

我有点生气又担忧地说："那也还是少出去吧！谁知道是怎么传染的。"

"咳！我去的地方绝对没有'非典'。"

"怎么见得，你去哪儿了？"

"香山。空气好，开阔。"

他用双手抚摸着胸口，昂起头长出好几口大气，得意地说："好舒服哇！怎么样？明儿跟我一块儿去？"

"不去！"

"死硬头，出去走走多好哇！明天我还去！"

"还去？！"

果然，第二天早起比平常日子吃得都多。

"今儿怎么吃这么多？"

"中午别等我，也许回来的晚点。"

"唉，还出去呀？"

"啊。"

"干吗去？"

"钓鱼！"

不知怎么，忽然他想起了那个相声，边扛着鱼竿边往楼下走，边自言自语用天津话说："鱼没钓来，饭量见长啊您老。"

真拿他没办法，他就是这样。难道他真的这么不怕"非典"吗？并不是，但他最怕的是把自己陷入烦闷里，他善于用自娱自乐的办法排除烦闷，绝不让自己钻牛角尖。在工作繁忙的时候也是如此，他说："生活要有张有弛，这是古训。会休息才会工作，这不是我说的，是列宁说的。"他让自己的心情总保持在轻松愉快的状态里，也许这就是他身心健康的秘诀吧！

连续一个多月，疫情总算控制住，大家的心情逐步恢复正常。就在这个时候，剧院发出邀请，请他回去排演《北街南院》，这是一出反映非典故事的戏。当时他很矛盾，在这之前的头八个月，有人愿意出资邀请他演《芭巴拉少校》，这也是一出很成功的戏，许多观众发出呼声希望再次看到演出，可是他毅然拒绝了。拒绝的原因当中更主要的是顾虑自己年纪大了，演出舞台戏的精力不够，用他的话说："舞台戏不同于电影电视剧，直接面对观众，说错了台词，演错了戏，不能向观众鞠个躬说：'对不起，您等会儿，我再来一遍'，根本没这个可能。"

他说的是实情，舞台戏更需要高度集中的注意力，饱满的精神，真实的情感，每天对人物都要保持新鲜感，一次性成功地把戏演下来，全靠演员自身的功力，无法靠其他外来力量的帮助。电影、电视剧不同，能有回旋的余地，错了可以重新再拍，一遍、两遍、三遍……甚至于可以更多遍，什么时候导演和演员都满意了，什么时候算是"过了"。更何况他离开舞台已经 12 个年头了呢！是成功？是失败？谁也说不准。为了排演这个戏，他必须推掉一部电影，两部电视剧，他的犹豫是可以理解的。可是，这是自己剧院的邀请，又是反映"非典时期"的事情，一种政治责任感使他产生了勇气，一种挚爱剧院的激情鼓励着他不再犹豫，决定披挂上阵。其实在他内心深处还有更重要的一个愿望：不管在表演上，还是艺术作风上，以身作则，现身说法地把剧院过去曾有过的优良传统继承发扬，传给新一代的接班人，希望他们真正成为北京人艺的继承者。

从接到剧本后，他无条件地投进创作状态，一切生活起居的安排都以排戏为中心点，他建议全剧组群策群力地帮助作者把剧本修改好，这是人艺的优良传统。当年老舍先生所著《茶馆》就是经过导演、演员们出主意想办法，采纳了其中好的建议，经过七次修改，最后才定稿。老舍先生虽是著名作家，但是他十分谦虚，这是他的美德，也是他的修养。谁都知道要出好戏，首先要有好的剧本，有句谚语："三个臭皮匠，顶个诸葛亮。"调动起群众的智慧是股无穷的力量，他坚信这一点，要把剧本改好变成了他的责任。他一点时间都不敢浪费，跟大家一起去体验生活，了解人物的原型，做桌面工作等等，凭着他对社会的责任感去工作，这是他一贯的作风。

在艺术问题上，朱旭所表现出来的个性很倔强，很执着，绝不苟同，不管是名作家的创作，还是小作者写的作品，决不因人论事，也不人云亦云，有他自己的见解，不愿去说违心的话，他认为对待艺术不牵强附会，不虚伪，好就是好，不好就是不好。凭着艺术良心去评论，这也是他一贯的态度。

剧院领导为保障他的健康和休息，无微不至地照顾着他。在

朱旭在反映"非典"故事的话剧《北街南院》中饰演老杨头，吕中饰演洪大妈

日程上做了巧安排，只让他排半天的戏，但他没有照办，只要排戏，不管在上午还是下午他都尽可能地到排练场去。

首场演出爆满，座无虚席，演出的效果超出预想。当剧终谢幕时，鲜花簇拥，掌声不断，欢呼声震动整个剧场，观众沸腾了，朱旭的内心激情澎湃。得到观众的肯定是演员最大的幸福，泪花晶莹地挂在他布满皱纹的眼角上。戏虽然散场了，后台的门外还有无数的观众，等待他签名拍照。

当我陪伴他从剧场回到家里的时候，儿子、媳妇、孙女谁都没有睡，预备好丰富的菜和酒等着他回来，为他祝贺。

一进家门，孙女的第一句话就问："爷爷，忘词了吗？"

他信心百倍地说："没有哇！"

"真棒！"孙女搂着爷爷的脖子夸赞着。

这一晚上的酒，他喝得非常痛快，话也特别多，欢声笑语到深夜，孩子们几经劝说，他才去休息。

这次的演出成功，是他12年之后在舞台上再创辉煌，也是他晚年生活中最大的欣慰。他的成功使我产生许多感悟：成功需要主观上的努力，就是天才后天不勤奋也成不了才。但是在客观上，如果没有展示才华的机遇，就是珍珠也发不了光。假若不具备做演员的条件，有机遇也难放出光彩。他饱含着对剧院的深情，饱含着对在"非典"时期坚强的中国人民的深情，饱含着对"非典"时期做出牺牲的医务工作者和所有做出奉献的善良人们的深情，他不顾自己73岁的高龄，每天坚持在排练场，认真地创作。

在《北街南院》里他所创造的老杨头，是个平常的老百姓，是个普通的人。他有着一颗善良的心，诙谐而又倔强的个性，对待子女有含而不露的自私的爱，他没有把街道积极分子脸谱化、表面化，而是塑造了一个有血有肉的人，心里有广义的爱也有狭义的爱，公与私的矛盾。经过自我斗争，他的思想感情终于被一个"公"字所战胜，他坦诚地当着大家的面向女儿承认错误，道出内心的感人肺腑的独白。朱旭抓住人物的核心思想，演得真实而有激情，使观众深受感动。

这部戏获得了第 11 届人口文化奖、第五届中国话剧"金狮奖"、首都精神文明建设奖、中宣部颁发的"五个一工程奖"，已成为剧院的"优秀剧目"。

他们回报剧院要做贡献的这份情意，这个夙愿，这个梦，在他晚年的时候终于圆上了。

2005 年为纪念反法西斯 60 周年，剧院决定复排德国的优秀剧目《屠夫》。这出戏在 1982 年演出时就由朱旭扮演主要角色屠夫伯克勒，这次仍由他担纲。朱旭本想把《屠夫》作为自己告别舞台的最后演出，谁知道 2007 年又遇到中国话剧百年华诞，剧院要做纪念演出，他又认为责无旁贷，一口答应再继续演出几场。

没想到 2008 年 5 月 12 日，中国四川省汶川县发生 8.0 级大地震，这是前所未有的自然界造成的人类大灾难。死亡、受伤、残疾，受难人数已有 10 多万，造成孤儿寡母数万人。温家宝总理以最快速度，日夜兼程地赶到重灾区指挥营救。我国政府，不惜任何代价，调出陆、空的大批军队，千方百计营救生命，体现出党、国家、人民对生命的尊重和呵护。我国把这一天定为国难日，全国下半旗，鸣笛致哀。即使走在路上的行人和行驶在马路上的车辆，听到笛声，都需伫立默哀。从成人到儿童不顾自己生命的安危去营救别人的生命，当地干部不顾家人的生与死坚守自己的岗位，把爱心呈现给广大的人民群众。救人的部队赶赴灾区之前都写下一份份的遗书，他们的精神感动着所有的人。

朱旭从早上起来就默默地坐在电视机前，了解灾区所发生的层出不穷的奇迹和一桩桩感人的真实故事，他激动得不知不觉地流下泪水。因为他年事已高，不能直接到灾区去服务，他非常遗憾！北京电视台为募集救灾款项，在梅兰芳大戏院义演，集中京剧界的代表人物谭元寿全家的祖孙三代及梅葆玖等，朱旭应邀参加。他演唱了一段"甘露寺"，好像心里有少许的安慰。第二天清晨他又早早地坐在电视机前，随后他又摊开当天的报纸寻找有关灾区的报道，谁和他说话他也听不见，他整个人的精神好像被灾区人民的悲情所牵制住了。我产生了一种预感，现在剧院不管为灾区要做什么事情只要一声召唤，他准会立刻响应，毫不犹豫地应战。果然，电话铃声响了，剧院要为灾区献爱心，组织了骨干力量，迅速写出剧本，邀请朱旭参加修改剧本并且参加演出。他二话没说，立刻全身心投入。其实他的心脏已经有些病灶显现出来，前胸发闷，开始服用一些治疗心脏的药物。但是他不顾这些，和年轻人一样，总共用了一个月的时间就把戏突击排练出来了。演出的效果十分好，得到观众的肯定。

《北京青年报》的大标题写着"朱旭三次食言"，是的，每次演出他都作为告别舞台的演出，可是他都食言了。这不但是因为政治的责任感，也是因为他爱北京人艺，他对剧院有着深深的情感，2008年这一年，他已经78岁。

童年往事

朱旭热爱戏剧不是一天两天，不妨啰嗦一点，从他的童年往事说起吧！

有一年我到内蒙古去看望朱旭的姐姐，在闲谈中，无意间让我了解到朱旭儿时的情况。

1930 年朱旭出生在沈阳的一个旧官吏的家庭里，有两位兄长和一位姐姐，他是最小的儿子。父亲在县府做文书，收入微薄难于养家糊口，辞去职务考入第六期由张学良经办的"讲武堂"，后来为东北军的军官。

1931 年，朱旭一岁的时候在他的家乡发生了"九一八事变"。全家随军离开沈阳，因为家里孩子多母亲照顾不过来，朱旭就由军队里一名老伙夫看护，每到一处驻地，老伙夫晚饭之后收拾起碗筷总要有一场牌局，如果朱旭不睡觉，牌局就要受到影响。所以老伙夫每天吃完晚饭就给朱旭灌上一盅酒，朱旭就安安静静地入睡了，老伙夫也就不再受任何干扰地玩起麻将。久而久之，朱旭就上瘾了，幼儿时期的朱旭就有了喝酒的习惯，成了幼儿嗜酒者。虽然他今年 78 岁，他的酒龄已经 77 年，论资历是资深者。

由于家境不好家里辞去了老伙夫，四岁开始母亲把朱旭交给大嫂看护。晚上大嫂带他睡，真是老嫂比母。大嫂对他特别的偏爱，她做得一手好针线活儿，给家人做衣服的时候分成三六九等，父母亲的是最上等的好活儿，哥哥姐姐穿戴的就显得粗糙一些，只有朱旭例外，因为朱旭是家中的老小，最受父母亲的宠爱，嫂子给他做的衣服也就不次于父母亲的活儿，是上等的。嫂子一直把他带大，他对嫂子的感情也很深。四岁的时候他就很淘气，特别到夏天，吃饭的时候总要拿着搪瓷饭碗，里边连菜带饭都拌在一块，他就抱着小饭碗蹬着木头梯子爬到屋顶上，坐在屋檐边摽着两条腿，高兴地一边晃摇着小腿，一边拿着小勺喂着自己吃饭，好不优哉闲哉！只要哥哥姐姐们谁干涉他淘气，他就会哭给谁看，这时母亲就会说："谁招三儿了？你们都比他大，就不会哄着他点！"

如果其中有人回答说："他淘气！"

母亲又会回答："你们小时候比他还淘呢！"

这一句话过后，谁都哑口无言，以后只要不淘出圈外头去，再也没有兄姐敢管他了。这家里唯一能约束他的就是父亲。被人称作"三爷"的他，只要大门一响，听见父亲咳嗽的声音，小小的三爷脸色立刻严肃起来，忙不迭地迅速从屋顶上爬下来，老老实实地站在那里，表现出既顺从又听话的样子，一扫刚才得意的神态。父亲看他一眼，心里很疼爱，可脸上却不露笑容，随口说："进来吧！"

他好像没听见似的仍旧站在那里，母亲会暗暗地向他使眼色，大嫂也会会意地在背后偷偷地、轻轻地推他，他仍很不情愿又不得不随父亲进屋去，非常缓慢地移动一下脚步，又站在那里。父亲发现他还站在那里，就会提高一点声音说："怎么不进来？"

母亲急走近跟前，弯下腰附在他耳边轻声地说："别磨蹭了，快进去！"

大嫂也蹲下身来摇着他的小手说："快点！别惹爸爸生气！"

他看看母亲，再看看大嫂，然后抬起头再扫视着屋里的父亲，观察着他是不是生气，如果父亲面带微笑，他就会放心大胆地走进去站在父亲的身旁。如果面带怒色，他会急忙走进去，可是不敢靠近父亲的身边，迈进门槛就站住。拉开一定的距离有好处，只要发现不妙的时候，可以方便地转身撒腿就往外跑，免受皮肉之苦。其实父亲很少无缘无故地发脾气，也不知道为什么就是怕他，大概父亲太过于严肃了。进去之后父亲会随便地问："淘气了吗？"

"没有。"

父亲掩盖不住对他的喜爱，脸上泛起一丝慈祥的微笑，嘴角只是微微动了一下，又恢复了严肃的样子，一点笑容也没有地问他："今天认了方块字了吗？"

"认了。"

"拿来，我问问你。"

"嗯。"

母亲忙把方块字拿来递给父亲，他找出两张放在桌上，看着小三爷说："过来，靠近一点，这么远看得见吗？别啃手指头，坏毛病！"

"嗯。"

他毕恭毕敬地走近父亲身边，父亲指着方块字问："这是什么？不许看后面的图！"

"手。"

"嗯，这个字呢？"

"足。"

父亲又拿了一个笔画多的方块字放在他面前，他看了一下觉得很眼生，一下子紧张起来，正巧这时候有客人来，父亲只好作罢不再考问。这个意外解脱了他的困境，使他高兴得立刻奔到院子里跳跃起来，又恢复了他活泼调皮的本来面目。

家里的规矩很多，平常吃饭都是父母亲先吃，吃完后才是姐姐兄嫂在另一张桌子上进餐。朱旭例外，只有他才能和父母亲坐在一张桌子上吃，姐姐哥哥们都羡慕他有这份特殊的待遇。谁知道朱旭倒是羡慕他们呢！坐在父亲的身边就别提有多别扭，只能吃眼前的菜，不敢伸筷子往远处夹，只有等母亲给夹到碗里来才能吃着。有时母亲忽略了，他也就只好慢慢吞吞地吃白饭，好像手脚被捆住了似的，规规矩矩一动也不敢多动，勉强地斯文吃上几口赶快放下筷子离开这屋子。只要跑到兄嫂的桌上，他就狼吞虎咽大口大口地吃起来，没人管他。自由给他稚小的心灵增加无限的快乐，潜移默化地培养他渴望自由、追求无拘无束的生活。

哥哥姐姐都比他年长许多，都非常疼爱他。每逢年节亲朋好友会送些年货到家里，这些年货由母亲和大嫂清理好后放在一间凉房里，那时的窗户多是用纸糊的，大哥二哥深知吃的东西放在

朱旭的母亲

朱旭的父亲

哪间屋子里，想吃的东西在哪个方位。通过大嫂探听明白后，到晚上大哥二哥带着这位小三弟蹑手蹑脚地走到凉房前把窗户纸捅破一块，把竹竿前头缠牢一个用小铁丝弯成的钩子，从捅破了窗户纸的地方伸进去，完全靠着感觉去捕捉食物。想吃梨，正好勾着的是梨，那好，用力提起竹竿使劲地把竹竿头打在梨上，这梨就被钩子勾上了，再用力轻轻提起，借着月光看准窗户纸破处，悄悄提出来，哥儿三个真是喜出望外。对于这份成功的壮举，小三爷满意极了，最后哥儿三个欢畅地分而食之，关键不是在吃上，是这一系列的操作技巧使他欣喜若狂，忘乎所以。礼尚往来是中国人的礼貌，当母亲要回赠人家的时候才发现有不少的吃食都已经被神秘地勾走。

小三爷更爱吃大哥做的芝麻酱糖。这是一种特殊的做法，把家里存放的芝麻酱倒出来，分别放在已经预备好的毛边纸上，再拌上白糖，然后把毛边纸两面对叠起来，把芝麻酱夹在中间，在压上一点沉东西，稍等一等，芝麻酱油就都被毛边纸吸取了，只剩下一块块较硬的芝麻酱糖，现在说起来他还有垂涎欲滴的感觉呢！

从小朱旭就酷爱京剧，喜欢模仿京剧中的武打，尤其喜欢模仿孙悟空的模样，抢起竹棍当金箍棒使，大捻枪花，兴趣之大，常会高兴得忘乎所以。"哗啦啦"放在桌子上的粥锅被打翻在地上，幸好是空锅，索性挑起空锅打转转，一时的兴奋用力过猛，"噔"的一下子空锅飞上屋顶，那时候的室内屋顶都是用纸糊的顶棚，年代久了，烟熏的棚纸就会发黄发脆，经不住这空锅像飞碟一样地冲上去，说时迟那时快，只听"叭"的一声空锅落地，顶棚上呈现出一个大洞。

母亲急忙找来棚匠糊顶棚，在父亲回家之前，顶棚已经补得很完整。这一天大家都低着头干活，平视说话，谁也不敢仰头高望，唯恐引起父亲对顶棚的注意，过了很久父亲偶然抬头，发现只有被补的那块比其他地方都显得白，父亲随便问了问："嗯？那儿怎么了？"

谁都装作没有听明白似的含混而过，父亲也就没有再追问，小三爷这次在大家齐心协力的保护之下侥幸过关。

该上小学读书了，朱旭被家里送到塘沽的明星小学上一年级，不知怎么让老师挑上他排演一个小歌剧，名字叫《麻雀与小孩》，朱旭扮演小孩，歌词里有两句是"小麻雀呀！小麻雀呀！你的母亲哪里去了？"小麻雀唱："我的母亲找食去了。"朱旭给人家改成："我的母亲拉屎去了。"（"九一八事变"后这座小学校被日本兵占用，从此小学就不存在了。）这段儿时的演出在他心里却成了永久的记忆。

七八岁的时候他就酷爱京剧艺术，韵味醇厚的唱腔他百听不厌，那绚丽多彩的戏装，那代表各种人物性格的脸谱，那些一招一式的刀枪架，那些苦练出来的基本功，包括胡琴、锣鼓点都让他着迷。对于京剧不单爱看，还喜欢自己唱，把戏词背得滚瓜烂熟。嗓子又高又亮，有板有眼，唱起来没有乳味，别人一夸更爱唱了。儿童都是天真单纯的，谁叫唱就唱一段，不懂得怯场。到了七岁的时候他就敢和着胡琴上台唱了。逢到亲友家的喜庆日子，他的清唱是少不了的，由于有师长和亲友们的夸奖，朱旭对于京剧的兴趣就更大了。这件事情让父亲知道了，他很不愿意朱旭乐于此道，朱旭在家里也绝不敢引颈高歌。有一天在亲戚家的婚宴上，客人们提出让朱旭唱一段，因为父亲在场，他不敢贸然答应，于是老友向父亲提出这个要求，也是父亲没有想到的，老友说："听说你们家老三京剧唱得不错，让他唱两句，热闹热闹！"

父亲不好驳回老友的面子，只好应允，大声地说："三儿在哪？让他唱吧！"

朱旭好像获得了尚方宝剑，高兴之极，居然能在父亲面前公开亮相地大唱京剧，实在是难得的机会，他很希望得到父亲的认可，规矩地站到父亲身边。

"听说你会唱京剧？"

"嗯……会一点。"

他看见父亲严肃的脸色，原有的高兴已经消失了一半，没有办法，这又是父亲的命令，他鼓起勇气说："张叔，唱什么？"

父亲又看了他一眼说："会的还不少？"

朱旭心里有点得意，可又不敢锋芒毕露，只点头应了一声："嗯。"

父亲意外地"噢"了一声，以后没再说什么。

张叔叔说："唱你拿手的吧！"

朱旭认真地想了想："我唱《甘露寺》吧？"张叔叔点了点头："马连良马派的？好哇！"

朱旭嗽了嗽嗓子，正经地唱起来。他比平时唱得要经心得多，格外地腔是腔调是调，唱完后，大家都赞扬着说："不错！一点也不荒腔走板，聪明！"

父亲见客人都这样夸奖儿子，心里泛上一股喜悦，但很快这股喜悦就收敛了，只说了声："不务正业。"

父亲并不给他高度赞赏，他也随之有些沮丧。他不愿意把自己喜欢的京剧让父亲说成"不务正业"，在他幼小的心灵里一直埋藏着一个愿望，远离开父亲的视线，离开时时事事都约束着他的家。他渴望自由，渴望自由自在地飞翔……

自称"戏篓子"

　　朱旭终于实现了离开家的愿望，随着哥哥到北京上中学，住在西城的公寓里。离开家，离开父亲严厉的管束，他像一只飞出笼子的小鸟，无时无刻不在雀跃着，按照自己的意愿去生活。那时北京的京剧和曲艺，就像今天的流行歌曲一样，大街小巷到处都能听见大人小孩随口哼唱着。朱旭虽然才十几岁，但是可称作老京剧迷了，他家住在唐山时很少有名角到那儿去演出，他只能从高亭公司、百代公司出的唱片里听马连良的《甘露寺》《借东风》等名家名段。到了北京等于到了京剧胜地，他很少再听留声机唱片，直接到戏园子听角儿们唱了。

　　京剧的戏园子大多数都集中在前门大街一带，他住在西城，路程很远，为省下车钱买戏票，经常步行到前门，吃不吃饭都无所谓，只要看见名角的演出，疲劳和饥饿都不在话下。虽然京剧并不是由北京土生土长出来的，经徽班进京后吸收了汉剧等地方剧种，丰富了它，才在北京生根发展起来的。可是人们都认定要学京剧，要看好的京剧必须到北京来才算是正宗的。北京也确实是好角云集，好戏连台。马连良的"扶风社"虽是朱旭最喜欢的，但票价太贵，也只能偶尔地听一次，接触愈多，他愈来愈成了名副其实的戏迷。每逢节假日他总要去听上一两出好戏。特别是对叶盛章的"富连成"、尚小云的"荣春社"，这种著名的科班戏比起名角大牌的票价便宜很多，很适合学生的经济条件，而且这些大牌科班也经常有名角唱，挑大梁的小角都是刚出科的尖子，较着劲的唱难度高的戏，也只有他们常上演大戏班不演的老戏，而朱旭又格外地欣赏这些传统老戏，几乎每一出都在他心里生根扎底，只要听一句唱词，看一眼场面就知道这是哪出戏。朱旭自称是"戏篓子"。

北京的文化生活对他这花季之年的人更有吸引力。他开始对通俗易懂有着浓厚民族色彩的曲艺产生了极大的兴趣。西单商场是集购物娱乐于一体的地方，也是客流量最大的地方。商场里除了卖服装、食品、烟酒等杂物外，还有修理手表、留声机、无线电和卖逢年过节妇女戴的绢花绒花、化妆品等，绸缎店、咖啡店、冷饮店也随处可见，非常繁华。商场的旁边是日本人经营的大百货商场，叫高岛屋。这是东京首屈一指的著名商场，都是从日本进口的衣、食、用品，琳琅满目。西单商场也是娱乐场所比较集中的地方，拉上一块大白布做银幕，台下就是一排排大木头的长板凳，四周墙壁用薄板搭成的，也不严实，刮大风的时候它被震动得微微晃动着，大白天的屋顶还漏光，美其名曰"电影院"。如此简陋的电影院看的人还不少，多数都是小学生下了课，拎着书包就来看电影了，主要原因是便宜，没有固定放映时间，随到随看。好像观众也不要求知道来龙去脉，进来了碰到演什么就看什么，15分钟看一场，到了15分钟立刻停止放映，场灯亮起来，

朱旭十八九岁时在香山游玩

有人拿着柳条编的小筐箩到观众面前收钱，嘴里还不停地说着："下面放的电影更精彩，接着看的再交五分，不看的请退场！"

本分的人掏出五分钱放进小筐箩里，不本分的人不愿再掏钱，可还想继续往下看。往往这时经营者和观众不是吵嘴就是动手打架，不文明的行为经常出现，什么时候不安定的因素不存在了，交钱的人才能接着看。这种电影也就是出于好奇偶然光临一下而已，对于朱旭来说，既不连贯又无声的这种演法，他不爱看，也没兴趣，这种场所他也不喜欢。

真正能吸引他的是这里的曲艺，在二层楼上是正规的小剧场，它和无声电影院是不同的等级，观众的层次也不同，多是知识阶层的，票价较贵，在这里唱的都是当红的曲艺界名角儿，像京韵大鼓孙书均、小黑姑娘，梅花大鼓花小宝，单弦曹宝禄、荣剑臣，乐亭大鼓王佩臣，河南坠子姚俊英等等。名角儿齐聚在这里，那时管曲艺演出的地方不叫剧场和剧院，叫"杂耍园子"。为什么叫杂耍园子？因为演出的节目里不单纯是鼓曲演唱，还有表演飞叉和坛子罐的，踢毽子、抖空竹、变戏法等，个个身怀绝技，精彩非凡，多品种多色调，这些节目都让朱旭入神，使他爱听爱看，比如京韵大鼓的《大西厢》《草船借箭》，乐亭大鼓的《独占花魁》，单弦的《风雨归舟》等曲目的演唱和朴素的表演，多是来自民间的故事、传说、历史经典小说的选编，都是老百姓喜闻乐见的。它的演出覆盖面很大，因为通俗易懂，各阶层的观众都有，无形中在一个时代培养出热爱民族艺术的老少观众。他对相声也很喜爱，知名相声演员常连安，就在西单商场里开了一个"启明茶社"，专演相声。在假期里，他能有半天都坐在茶社里，哪位相声演员擅长说哪一类的相声，哪个新编的或是传统的最好听，他都了如指掌，就是这么熟悉，他仍是百听不厌。

相声的高低之分有两种：一种内容健康，含有高乘喜剧或闹剧的成分，不显山，不露水，很自然地迸发出火花，显得深沉中有幽默，耐人寻味。抖出这样的响包袱不容易，要有思想有高技巧。另一种非高乘的，内容粗俗低级趣味，打情骂俏的硬逗哏，死噱头，没有幽默感。在茶社、园子里演出的多属于高乘的一种，但是偶尔的也有一两个荤段子。

在当时朱旭并没有想到将来会做演员，真做了演员以后，他才感觉到这段生活的宝贵，民族文化、民族艺术给了他许多的营养，也可以说中国的民族艺术哺育了他，使他对于分辨文化艺术的粗细、文野、高低都有着极大的帮助。在表演艺术上，对北京人艺后来形成的表演学派也易于领悟，并为它的形成贡献了一份微薄的力量。

他对于民族文化艺术十分重视，服饰也展示着一个国家的文化特点，他曾说："我随剧院到法国去演出老舍先生的《茶馆》，大家都穿的西服，我穿的中式小棉袄，大家都笑我土。到了法国以后，法国人对我这身土装束十分感兴趣，为什么？它是具有中国特色的唐装。你再怎么洋，也洋不过外国人去。"

朱旭特别热爱中国的瑰宝，这和他这个时期所接受的中国京剧、中国民间文化艺术的影响分不开，甚至作用到他以后在艺术道路上的发展。虽然如此，他并不排斥外国的文化，他认为："外国东西，不管是现代的还是过去的，同样有许多精粹，甚至于能为我们所用。"

终于当上了演员

朱旭虽然从很小的时候就喜欢戏剧，至于将来能不能做演员，他连想都不敢想。因为他所出生的家庭和当时的社会条件不允许他从事职业演员的工作，三四十年代时文艺工作者是没有社会地位的，被"士大夫"阶层所轻视。一般书香门第之子，决不允许从事各剧种的演员工作，有钱的人家可以做票友，只能成为个人的兴趣爱好，取取乐而已。朱旭虽然热爱艺术，他也绝没有要去做演员的想法，至于长大他做什么？还没有到他选择职业的年龄。父亲就不同了，父亲早早地就按照传统的观念构思了，过去有句话，叫作"万般皆下品，唯有读书高"。一般的人家都希望自己的子孙不是做学问成为著书立传的人，就是能在仕途上求得发展。父亲也是这样盼望朱旭能在官场上成龙。到了青少年时期，虽然他渴望自由，渴望不受父亲的约束，渴望自己掌握自己的命运，但在传统观念的包围下，他得不到各方面的支持。正在矛盾徘徊的时候，祖国发生了巨大的变化。

1948 年从春天到冬天，中国发生了翻天覆地的变化。几十万老百姓敲锣打鼓欢庆着，迎接中国共产党解放军进城。北京这座古老的名城和平解放。由于时局的关系，一时断了家里的经济供给，生活发生很大困难，那时他正在北京的教会学校盛新中学读书，学校的管理陷入瘫痪状态，暂时停课，等待军事管制委员会的接管。

18岁的朱旭又兴奋又困惑，困惑的是对于今后的生活、前途的发展还是个谜，不知道会是怎样的一个蓝图。兴奋的是换了一个新天地，让他浮想联翩，产生着许多新的梦想和希望。随着新中国的成立，很多旧的观念开始更新，其中包括原来父母亲要求他将来求得一官半职的想法被他摒弃了，他决定离开盛新中学投身到革命的行列里，毅然投入华北大学第三部戏剧系学习。戏剧系主任是驰名中外的"黄河大合唱"的词作者光未然先生（又名张光年）。这是培训一批新艺术干部的学校，从此改变了他一生的命运。

华北大学对学生实行的包干制待遇，发衣服、鞋帽，管吃管住。对于像朱旭这样的穷学生来说，解决了吃饭的大问题，一时让他感到无忧无虑，十分洒脱。同学之间没有攀比，大家都吃一样的饭，穿一样的衣服。因为校方严格要求一律穿校服，不管男同学还是女同学，必须穿学校发的延安时期解放军穿的灰色粗布军装和农村妇女做的毛边底黑布圆口便鞋，不许穿花里胡哨的衣服和鞋。吃的是大食堂做的小米饭，宽粉条熬大白菜，每逢节日时候改善伙食吃顿白面馒头，不限量管饱。朱旭正处在长身体的发育时期，是能吃的年龄，和他一般大的年轻小伙子聚在一块比着吃，吃馒头用筷子穿成串，看谁能吃几串，吃米饭

刚进入人艺时的朱旭

把空碗摞起来，看谁能吃几尺高。朱旭虽然不是第一名，可也绝不是最后一名。

食堂由班干部轮流管理。轮到朱旭管理的时候，他增加了一份香油醋拌咸菜疙瘩，大家和香油久违了，偶尔拿它就一次窝头吃，别提多香了。这顿饭的粮食消耗量大幅度上升，食堂管理员招架不住，急忙找朱旭谈话，取消香油拌咸菜的供给。朱旭冒了这么一回尖儿以后，再也不敢自作主张加菜了。第二天，食堂就恢复了粉条熬大白菜。

在学习上，每个班分成若干小组，由班干部分别负责生活、学习、宣传。每周都有黑板报报道学习情况，学习收获、感受等，内容很丰富。每班都配有两三位辅导员，采取的教学方法以自学和小组讨论为主。每周都有大课一次，所谓的大课就是全校同学都聚在大礼堂，听有名的专家做大报告。例如，胡绳做关于中国革命的历史，艾思奇做大众哲学的报告等，然后进行讨论。如果有不清楚的地方，班辅导员再做补充或解释，这是第一阶段的政治思想和理论学习。

第二阶段是艺术理论学习，主要研读《在延安文艺座谈会上的讲话》一书，指明艺术发展方向，端正艺术创作态度，实际是对来自四面八方的人进行一次文艺整风，统一思想认识。

第一阶段是理论与实践相结合，选定剧本进行排练和演出。朱旭有生以来演的第一个话剧是《生产长一寸》。

在后半个学期最使他难忘的一件事是1949年7月"宣告中华人民共和国成立"的前夕，召开了全国第一次文代会的预备会，也是首次举行的全国文艺界盛大的集会，全国各省市的知名艺术文学工作者云集一堂。上午在天安门广场集合，华北大学戏剧系的同学有幸参加这一具有历史性的大会，全校师生都十分兴奋。这天清晨刚刚破晓，同学们就已经集体到达天安门，八点钟大会准时开始，毛泽东、周恩来等多位领导人发表讲话，主要内容是讲明白新中国成立后的文艺方针路线，中午大会发给每人一份面包，同学们能吃到面包太有满足感了。

下午进入中南海等待毛泽东、周恩来的接见，被接见的都是知名度高的大师级人物。华北大学的同学席地而坐地等待文艺节目的演出，随后开始联欢。中南海院内临时搭起了一个小型舞台，演出的节目都是曲艺和地方戏的清唱。小白玉霜的清唱给人印象最深，并不是她的清唱引起大家的注意，而是因为她穿了一身灰色细布的列宁装，黑布方口平底鞋，戴了一顶八角式的解放帽子，一扫过去浓妆艳抹的形象。除了她的评戏清唱外，还有曹宝禄的单弦，马三立的单口相声等，节目都十分精彩。晚餐以毛泽东、周恩来的名义宴请所有到会人员在院子里搭起大圆桌，没有椅子就站着吃。饭菜虽很简单也比学校食堂丰富多了，茶足饭饱。

傍晚时分，同学们列队集体步行到长安大戏院观摩演出。谁知七月的天气风云善变，刚过长安街的三座门，骤然刮起狂风，霎时倾盆大雨直泻而下。同学们都毫无遮掩，个个淋得像落汤鸡似的。因为身上穿的是土法染色的粗布校服，不是活性染料，一经雨淋浑身上下流着灰绿色的雨水，头上戴着的帽子也软软地趴下来，满脸流淌着的也是灰绿色的雨水，真像个小鬼脸。大家并不以为苦，都相视而笑起来。到了长安大戏院，雨也停了，可是衣服还是湿的，只能用身上的热气把它焐干了。晚上演出的剧目是三个折子戏，梅兰芳演出京剧《霸王别姬》，韩世昌演出昆曲《费贞娥刺虎》，李桂云演出河北梆子《孔雀东南飞》。这三个不同剧种的艺术大师演出的十分精彩。同学们又列队步行回到学校，这一整天很辛苦，相反谁也都不觉得累。回到学校已经是凌晨零点之后了，可是谁都不想睡觉，兴奋地你一言我一语地交流着，更增加大家学习的动力，对未来充满希望，感觉前途似锦无限美好。这是当时在校学习的每一个青年人的心情，朱旭也不例外，他充满对文艺工作的激情、幻想……

　　毕业后他被分配到华北大学第二文工团，他刚调到二团的时候分配到舞台工作队的灯光组做一名电工。其实这是个误会。起因在华北大学上学的时候，一天晚上，宿舍的电灯坏了，怎么开都不亮，灯泡坏了？电线老化了？还是开关接触不良了？他都没弄明白，凭着自己一时的热情，胆子大，经过他七捅八捅的，电灯居然亮了。于是在众人欢呼中他被认为是懂电的行家，以至于被分配到二团的时候当了电工。

　　1950年抗美援朝运动开始，为了配合政治形势的需要，剧团排演《吃惊病》，这是一出独幕小戏。里面有个美国大兵，一时，演员队里还没有大个子的演员，导演夏淳发现灯光组里有个朱旭，不但个子高，鼻梁也挺高，大眼睛，大嘴巴，化上妆肯定像外国人。果然，染上黄头发，化上蓝眼圈，再加上几个外国人的习惯动作，真的很像。更重要的是，他凭着自己的感性知识，找到人物的自我感觉，掌握着语言中的内在幽默，创造出一个有特点的人物形象。在剧本里这个人物只是有几句台词的群众，没想到一个不重要的角色都让他演得引人注目，引起剧院各位导演的注意。

　　1952 年两团合并，成立北京人民艺术剧院的时候，艺术干部有过一次大调整，演员是演出中的前哨兵，必须具备演员的基本条件才能做进一步专业培训。经过严格的选择，调整、精简掉一大批人员，调往适合本人条件的工作岗位上去。朱旭就是这个时候从灯光组正式调整到演员队伍里，这是他所热爱的事业。在新中国成立前是他做梦都不敢想的事情，今天却实现了，成了他终身要为之奋斗的事业。他发奋图强，立志要做一名新中国的文艺工作者，从此开始他专业演员的生活。他能顺利地走进艺术的领域，是祖国的解放给他带来的机遇。

克服了"口吃"

1952 年两团合并,首先用了三个月的时间进行文艺整风,学习延安文艺座谈会上的讲话,学习党的文艺方针路线,确立文艺为工农兵服务、为社会主义服务、为人民服务的"三为"思想。

定期学习马列主义的基本理论,《唯物论》《辩证法》及《实践论》《矛盾论》等著作……学习国内外的政治形势,学习爱国主义思想培养民族意识。

要求每位演员必须认识到要做一个演员,首先要做一个好公民,否则就没有资格站在舞台上被称为"人类灵魂的工程师"。

记得建院初期,有一次焦菊隐先生复排《龙须沟》的群众戏,演员很多,整场戏的组织工作没有做好,群众演员的意见很多,你一言我一语,七嘴八舌地越说声音越大。助理导演金犁几次制止,都没有制止住,戏无法进行排练,焦菊隐先生十分恼火,拿起风雨衣就离开了排练厅。核心组的领导立刻做出决定,停止排戏,召开演职员的现场会,展开批评和自我批评。有错误又不肯接受批评的,以破坏生产制度,影响排戏的罪名,清除出戏组。

撤换了演员，再排戏时，仍旧是这么多人，可是跟上午的情况截然两样。

第二天上午没有排戏，组织大家学习《演员道德》这本小白皮书，阐明什么是演员的道德，让演员认识到，只要演出就要对观众负责，端正创作态度，建立演出的整体观念，不为突出个人而影响整体，不把私心杂念带进排练和演出中，不在背后抨击同台演员的表演，不伤害同台演员创造的积极性。如违反职业道德，轻者受到批评，重者要受到严厉的处分。

经过这次学习后，排练进入正常轨道，安静而有序，排练的进度也快了。久而久之，演员都养成了习惯，只要进了排练厅，不是三五成群悄悄研究戏，就是相互对台词，或是个人默默思索和体验着角色，绝没有嘈杂和闲聊。后来就把小白皮书里的要求择其所要写进规章制度里，严格要求演员遵守一系列的规章制度。

剧院十分重视演员的思想建设，把它放在首位，成立政治学习委员会，由专人负责演员的思想品质、职业道德的教育，成为演员的必修课。同时还进行演员的业务学习。

朱旭既然正式成为职业演员，就要接受对职业演员的一系列专业技巧的培训。剧院要求艺术处研究每一位演员在条件上的优缺点，针对缺点对症下药，帮助纠正，进行基本功的训练，根据具体人解决具体问题。朱旭参加演出成功的话剧、电影、电视剧，有一个明显的特点，就是台词多，而且都是大段的独白，人们都称赞他的台词功夫深，可谁知道，朱旭有口吃的毛病。语言的障碍曾一度使他很苦恼，也曾经动摇过他做演员的信心。记得有一年，还是解放初期，他和戏剧学院话剧团的同伴们一块乘大卡车

20 世纪 50 年代，朱旭在颐和园

到街上去，在半路上正好碰见中学时候最要好的一位老同学。由于国家发生了巨大的变化，老同学们都各奔东西，天各一方，谁也不知道谁在哪儿，谁也找不着谁。这意想不到的相逢使朱旭喜出望外，他急着想告诉老同学，要找他就到中央戏剧学院话剧团来找。可是汽车一直不停地往前走，后边追车的人越拉越远，他心里非常着急，一着急，中央戏剧学院的这个"中"字就怎么也说不出来了，憋得他脸红脖子粗地才喊出了一个字："等——等——等——"

汽车哪能等啊！还是一个劲儿地往前开，后边的人也越来越追不上，眼看着就快剩下一个人影了。他更着急，越着急越结巴，好不容易才说出了："上——中央戏剧——"还没等这句话说完呢，汽车拐弯了，连人影儿也看不见了。从此他就和这位老同学失去了联系，让他非常遗憾！

朱旭很清楚自己首先要克服的是结巴。特别是话剧，在台词方面要求很严格，口齿清楚、流利是最起码的要求，除了所创造的人物是口吃者可以结巴地说台词外，舞台上不允许出现结巴，我们管这叫"吃栗子"，算做事故，演员要做自我检讨的。他知道一个演员要说好台词的重要性，而自己却偏偏有语言上的障碍。

他刚到戏组对台词的时候，常出现结巴，心里又着急又难为情，很伤自尊。每到这种时候，他就认为自己不应该做演员，何必呢，实在是受罪！导演却认为他不做演员太可惜了，客观的反映又加强了他的自信心，可是内心还是经常出现自我矛盾。要解决的唯一办法，只有下定决心，千方百计改掉口吃，说着容易做起来很困难。

每逢害怕、着急、紧张就会出现结巴，为什么？他经过冥思苦想，终于找到病根和解决办法。首先，先正视自己的思想，解除心理上的障碍，然后再去探索台词的技巧。他细心观察，总结别人演出的经验和自己通过舞台实践体会出"台词的节奏是很重要的"。因为语言节奏是根据人物思想感情变化而产生的，节奏不同，台词的意思也会不同。

他的体会让我想起一个例子：两个人谈话，甲对乙说："你是驴唇不对马嘴呀！"意思是所答非所问，如果结巴着说，就会变成："你是驴——唇不对马嘴！"由于中间结巴，这一停顿，前半句就变成骂人是驴了。只有一口气把全句都说完，才能让人明白这句话真正的意思并非骂人，而是由于中间的停顿才产生了骂人的误会。特别是演喜剧，台词的节奏更重要，如果节奏不对就不会产生应有的效果。喜剧台词的节奏，要求百分之百的准确，不管慢了还是快了，只要在台词节奏上有一丝一毫的不准确，就不会有喜剧的效果，这是技巧上的问题。

朱旭十分注意台词的研究。每当接到一个角色，他都会尽力去挖掘台词的真正意思，就是我们所说的"潜台词"。他不仅研究自己的台词，同时，也研究对方的台词。他谈自己的体会时说："不知道对方跟你说话的意思，又怎么知道应该回答对方的是什么呢！台词不是只看表面的字话，要了解字话的含义（潜台词），才能懂得台词的真正意思。就是忘了或说错了，也会按照你理解潜台词的意思编出来。虽然和表面的字话也许不一样，但是意思是对的，这样就做到心中有底，精神就会不紧张，自然而然地就能松弛下来，结巴的问题在舞台上也就消失了。"

为了进一步巩固已有的成绩，朱旭又不断地琢磨着："为什么唱歌唱戏就不结巴呢？"因为心理上没有压力，想唱就唱，唱好唱坏也没有关系，没有负担。唱的时候把自己掉进唱词唱腔里了，自然产生出了唱词里所要表达出来的意思和感情。他试着把这种感觉带到排戏当中去，尽自己的努力去理解角色的思想感情，拉近自己和角色的距离。他把注意力集中到人物语言的动作性、目的性和怎么做上，与角色融为一体。因此，台词变成了自己想要说的话，就可以直接从嘴里蹦出来，而不是背出来。当他摸索着并掌握住这些要领后，他在舞台上台词说得顺畅而漂亮。

我认为，他在台词方面的技巧更多的是借鉴于说唱艺术。说唱艺术的特点是在唱中融进了道白，道白是夸大了音韵的四声来说话，这种技巧更适合运用到话剧台词里。他并不是生搬硬套，是根据话剧的特点适当加以改造，使之更加强台词的表现力。其实这些语言一经变成艺术语言出现在舞台上，不管是用气，还是音韵、音量都会比生活里要夸张，优差之分就在于夸张的痕迹是否明显与突出，台词的内涵意思是否清楚，是否准确地被表达出来。

田冲对朱旭有过率直的评论，他写了一首打油诗发表在院刊上，诗曰："台上口悬河，台下结巴嗑，诀窍究何在？明智善藏拙。"

田冲是北京人艺的著名老艺术家之一，艺术委员会的委员。30年代时，他凭着一腔爱国热情参加过抗日救亡宣传工作，演出《从军别》《三江好》等戏。1957年他成功地创造了《带枪的人》中的雪特林，这个人物被他演活了，纯朴、挚诚，有着一颗善良的心。他把人物刻画得细致入微，惟妙惟肖。田冲也是 1982 年首次上演《屠夫》的导演，朱旭扮演了勃克勒，所以田冲对朱旭的优缺点是很了解的。

朱旭克服了口吃的毛病，突破了表演上的最大的困难，帮助自己寻找到一条正确的艺术创作方法。他曾经说过："若不是为了改掉这个结巴，我还兴许成不了什么表演艺术家呢！"

后来北京的一个专攻口吃的专家小组研究他的经验，还给予了肯定。有时，我眼前浮现出多年陪伴我们的首都剧场的后院，每天早晨热闹的练功情景，是那么亲切和难以忘怀……

花房前面，宿舍楼下，三三两两各在一个角落针对自己的缺点进行检查和纠正。有的侧重学习西洋发声法的面壁而立，双手抚摸着横膈膜部位练习呼吸。有的侧重学习吐字归音，昂首高唱着京韵大鼓：花明柳媚，爱春光。有的人一边品味着，一边唱着京剧流水板：长坂坡救阿斗，杀得曹兵个个愁……这一些虎将哪国有……还有高声朗诵的、读报纸的、念绕口令的：扁担长，板凳宽，扁担没有板凳宽……

几十年过去了，这些情景记录着老一代艺术家们的青春、朝气、理想、追求、勤奋、毅力和刻苦。这些也是朱旭成功的基石，培养了朱旭的艺术素质。观众的掌声中就有对这些基本功的褒奖。真要感谢剧院老一辈的艺术大师们，为演员们制定的每天要进行基本功训练的规章制度。

声音训练：有民族唱法的训练，学习曲艺。剧院聘请了京韵大鼓著名演员良小楼，奉调大鼓著名演员魏喜奎教学。他们的这种唱法并不都是唱，亦说亦唱，通称"说唱艺术"。话剧台词比较容易借鉴于它，学习它的吐字归音，每个字吐出来都是字正腔圆，不倒字，不跑调，和京剧一样讲究气口。一句唱腔和一句道白中间应该怎么换气，换气不能让观众感觉出来，大段台词一口气说下来，音不变气不断一贯到底。其实，中间已经换过气了，甚至于不只换了一次气，只是气口换得巧，没有让观众发现就是了。导演焦菊隐说过："口齿清楚是做演员最起码的条件，台词说不清楚是不合格的演员。"

他要求演员哪怕在1000人的剧场里演出也要把声音送到最后一排，使最后一排的观众都能听清楚台词，但是不能声嘶力竭地大喊大叫，演员自己累，观众看着也替你累，这是不可取的。音量比生活中要放大，可又要让观众感觉到的是生活，自然、不造作。虽说音乐是语言的夸大，到底台词是说话不是唱歌，可是又要求跟唱歌一样的用丹田气把每个字都送出来才能够打远儿。台词讲出来，只能听见声音而听不清楚字的，嘴皮子没劲的，这叫"音包字"，台下观众不知道台上人说的是什么。但是，说台词也不能"字包音"，字倒是听见了，可是缺少适量的音韵，没有相应的音量伴随着吐字，喜怒哀乐的情感表达就要受到阻碍。为使演员掌握好语言的技巧，除了学习民族说唱艺术的表达能力外，同时进行着音质、音色的检测和锻炼。

学习西洋发声法：聘请著名男高音歌唱家陈玄先生为每位演员检查声音，对于发声部位不对的给予指正，纠正发声方法，训练横膈膜用气发声，延长气息的使用。陈玄先生每星期来一次指导大家练习。同时聘请一位弹钢琴的潘老师，每个星期有三天的上午由她弹钢琴负责纠正演员的发声法，使其正确化。需要纠正发声的演员们在琴前随着"1、2、3、4、5、6、7、i……"的琴声不断纠正着发音的口形,反复地练习"啊、啊、啊、啊……"来解决音质和音量的问题,从中寻找正确的发音位置。

朱旭着重在吐字练气息,纠正口吃,这些勤学苦练基本功的精神一直延续很多年。就是"文化大革命"中,到农村去劳动,早晨起得早,上工之前,仍抓紧时间在河边、在地头上练呼吸,喊嗓子,因为多年已经养成了习惯。

过去,剧院九点钟开始排戏,演员准备进排练厅,一切练声的活动全部停止是为了让演员和导演注意力集中,排练厅周围绝对要保持安静。刚才的热闹戛然而止,像彩云一样悄然而过。明天早晨的八九点钟,这片彩云又会飘回来,仍然再现昨天的情景……

做一个话剧演员和其他剧种的演员一样,要学基本功,并且坚持练功。基本功只学不练等于没学!

练习芭蕾舞

在今天被称作艺术大师的人们，当年都是风华正茂的年轻人，是普通的文艺工作者，都通过正规的形体训练，知其甘苦。专门训练形体的灵活性，使演员能够随心所欲地用肢体表达人物的思想感情，是达到形体训练的最高目的。

剧院请来师范大学体育系齐聚奎老师，他负责的训练项目有垫上运动，前滚翻、后滚翻、倒立、双杠、跳绳等，同时又请来中央戏剧学院的老师教舞台上的坐、立、走，纠正坐、立、走不正确的姿态。比如有人微显驼背，有人走起路来八字脚，有外八字、有内八字。还有人平时看不出毛病，只要一坐下腰就松弛地塌下来，像瘫了一样地堆在那里，特别是胖人更显得十分难看。这种舞台的专业训练要达到目的只是一个字"美"。

学习京剧文、武功，结合排戏的需要决定训练的形式。比如排《蔡文姬》这出历史戏时，全剧组演员学习的是京剧的形体动作，由京剧武功老师来教。它的基本功先从耗腿开始，由十几分钟耗到一个小时左右。什么是耗腿呢？先把一条腿放在撑杆或桌子上绷直，脚尖朝上，脚后跟用力抻腿部大筋。抻筋是很疼的，开始的第一个星期大腿疼痛得走路都感困难，逐渐把大腿的筋抻开后，腿的疼痛就会减轻，只要不间断地练下去，疼痛就会全部消失。看起来是练腿，其实也是练腰，使腰部能够柔软灵活。耗过腿后，接着踢腿、劈叉、下腰、涮腰，最后练脚底下的功夫，走京戏的台步、跑圆场、卧鱼、水袖是练臂上的功夫，这是文功。武功学的是刀枪架、拉山膀、走云手、十字大翻身、车轮滚等，有了这些基本功的苦练，演员才把《蔡文姬》中的汉舞跳下来。在战乱的那场戏里观众才能看到有着规范动作的刀枪剑影。观众以为铜雀台这场胡笳18拍的古典舞蹈是请专业舞蹈演员来跳的呢！其实不是，都是话剧演员自己跳的。戏中的每个人物都将戏曲的动作和话剧表演融为一体。这出戏成为话剧民族化的精品，是北京人艺的永久保留剧目，它也是群众喜闻乐见的剧目之一。1956年上演该剧时倾倒北京城，享誉全中国。购票者争先恐后，为了能买到票，观众头天晚上就带着被子睡在剧场的门口，第二天清晨天刚蒙蒙亮，买票排队的人已经一字长蛇阵排出很远了，这种高潮在话剧史上看还是少有的。

朱旭是后来被选进这个戏里去扮演左贤王，原版是著名表演艺术家童超扮演的，他因病不能登台演出，就由朱旭替补上来。虽然他是后来赶排的，但是很快就找到人物的感觉，掌握住民族化的风格。人物的一些外部动作都获益于京剧的练功，从中汲取了丰富的营养。

结合排戏的需要，同时学习西洋舞蹈的基本功。有几天在排练厅不排戏，也不让人进去，墙的周围都装上撑杆，铺了地毯，放上大穿衣镜、钢琴，这是要干什么？不久，演员明白了，原来是为了让演员学习芭蕾舞的基本功而设置的，并为每位演员量体裁衣地做了一直到脚面的长裙和膝盖以上的短裙，分蓝、白两色的练功服和芭蕾舞鞋等必备的东西。占用一定排戏的时间学舞，每天早晨用练功的时间复习，特请剧院的老艺术家赵蕴如协助辅导。

赵蕴如在抗日战争时期是大后方话剧舞台上的一位知名演员，《清宫外史》中的慈禧太后是她的成名之作。她和张瑞芳、白杨等人都是同一时期舞台上活跃的人物，后到美国学习戏剧进行深造。1949 年新中国成立后，50 年代初她从美国回到祖国的怀抱。在《王昭君》里扮演孙美人，这个角色她演得光彩照人。孙美人在深宫内却朝夕见不着皇上的面，得不到皇上的宠爱，本是一位年轻貌美的少女，却孤单寂寞空守到满头白发，仍未见到过龙颜什么样。这是一个悲剧人物，可是赵蕴如并没有悲悲切切地去演她，而是充满希望和信心，渴望着有一天能见到皇帝，真正得到他的宠爱。她把锁在深宫里始终被皇帝遗忘的女人对于情感的渴求，总燃烧着希望的心态表现得细致入微，塑造出在特殊环境里有着特殊思想感情的人物形象。在全剧中孙美人的戏并不多，这使她展示人物的难度更加大了，没有深厚的艺术修养和表演的功底，很难获得成功，可是她却创造出生动的让人难忘的形象。

赵蕴如每个星期辅导大家两次，其余的时间自己复习。她每次上课的时候都要讲明学习芭蕾舞的目的性，从中吸取了什么。了解每一个固定动作的内在含义，也就是我们常见的雕塑性的动作，比如表示希望、乞求、爱情、和平等系列的基本动作，让演员懂得了什么叫舞蹈语言，用舞蹈语言如何表达内心的思想感情。排演外国童话剧《仙笛》，演员就体会到学习这些芭蕾舞的重要性。

芭蕾舞的基本动作和京剧的基本功是不同的，虽然都练腰腿，可是具体动作的训练是不一样的，训练的方法也不同，还有的倒相反，比如京剧的耗腿是向后面绷脚尖，芭蕾舞是向前绷脚尖，说起练芭蕾舞还有一个小花絮……

1957年由苏联专家指导，由欧阳山尊导演的捷克斯洛伐克的童话剧《仙笛》。剧中有土耳其公主，有吹风笛的人，有从天而降的仙女、洋魔鬼等等，是一出传奇色彩很浓的神话剧。根据这出戏的特点，导演要求所有的演员学习芭蕾舞，请来白俄罗斯的女教师，剧院为演员的习舞做各方面的准备工作，占用一定排戏的时间学习。大家学习的欲望很高，白俄罗斯老师也很负责任，达不到她的要求就不下课。有一天她决定先不集体跳宫廷舞，要一个人一个人地进行高难度动作的检查，大家都很紧张，我们管这叫"过关"，都害怕自己过不了关。检查的这一天终于到了，演员们早早地到练舞的排练厅里，提前换好舞衣舞鞋，谁都不多讲一句话，争分夺秒地抓紧时间练习着。有的把杆踢腿、正踢、侧踢、旋身躯仰面下腰。大厅中间的空地有练跳跃的，有练托举的，有在穿衣镜前查看自己伸手投足有没有毛病的，排练厅充满着青春的活力。当白俄罗斯老师推门进来的时候，大家早已经汗流浃背，老师的脸上浮现出发自内心的微笑。她很满意这些大龄的学生，虽然教得很费力气，甚至于永远也达不到专业芭蕾舞的水平，但是她喜欢他们对艺术的执着追求，他们的敬业精神。

大家希望可又害怕的时刻终于到了，都自觉地站好舞蹈行列，白俄罗斯老师看看大家，随即开口问道："谁愿意第一个接受检查？"

你看看我，我看看你，鸦雀无声，大家都紧握着拳头，手掌心有点潮湿，时而张开，时而攥紧。只见近40多岁又有着肥胖身体的方琯德老大哥，欲向前又踌躇不安。室内静得怕人，站在最后排的朱旭挺身而出，大家的目光急速集中在他的身上，他从容地走到第一排边上站住了，但没有敢站出去，众人对他抱着希望的眼光顿时变成失望的眼光，不约而同地从心理上都怕被老师发现似的垂下头，好像自己不看老师，老师就看不见自己似的。又沉寂了几秒钟："谁？勇敢点！"

老师催促了，又沉寂了几秒钟，老师沉不住气，她巡视着大家又催促着："谁？"

只见朱旭挺直腰板，鼓足勇气信心十足地举起手来，总算被他打破这沉寂的气氛，大家心里一下松下来。他伸开双臂，用芭蕾舞的步子走到大厅中央站住，老师看他已经做好起舞的动作，琴声铿铿响起，只见白俄罗斯老师手持教鞭抽打一下地板喊着："停！"

"为什么？"

大家带着不解的眼神互相看着，眼神里都带着问号。老师操着俄罗斯的音调费劲地说着中国话："不在《仙笛》戏里的演员不用单独做，要和大家一道做的。瘦小子的不要，胖小子的过来！"得！老师点名了。

大家的眼光瞬间转向方琯德。原来朱旭不在这个戏组里，所以不是重点要求的对象。为《仙笛》戏组特别设计的舞蹈动作，必须由本戏组的演员来做。朱旭向大家做了个鬼脸，用舞蹈步伐退回到原来的位置上，大家带着友善的微笑向他点点头。

方琯德是人艺的骨干之一，艺术委员会的委员。在演戏上他有着丰富的经验，其实30年代时他在南京国立艺专学的是导演专业，他是科班出身，到了人艺后，导演、表演他是双肩挑。一张胖胖的憨厚的乐观面孔，好像在生活里从不会烦恼，总是喜笑颜开的，就像老天爷注定他生下来就做喜剧演员似的。苏联的著名导演尤契·凯维奇曾称赞他是最好的喜剧演员。

方琯德在《仙笛》戏里演一个骗子，虽然他体重很大，可是做起动作来很灵活。记得舞蹈老师特为这个人物设计一套舞蹈动作，这个舞蹈有一定的难度，演出时他从角色出发载歌载舞驾驭得悠然自得，他也通过这些舞蹈动作把角色心里的狡黠、油滑、欺诈表现得非常好。芭蕾舞老师为他设计的这一套舞蹈动作必须由他本人来做，不能群舞。胖琯德被指名叫到前面去："起！起来胖小子的！"

方琯德像被施了咒语似的出现了奇迹，只见他轻盈地跳起来，虽离地不算高，可悬空的两脚却碰击到一块，很快地就落在地上，斜丁字步站住。天天的锻炼不负苦心人，方琯德的这个成绩应该说很不一般，很突出，众人为他鼓掌喝彩，老师也感意外，她高兴地不停地表扬着："胖小子的好！跳起来了，轻软，很好，很好！"她又想起了朱旭，边向后边寻找着，边指着他说："瘦小子的也好，勇敢！瘦小子的腿硬了点，练！要练！"

为了把设计好的这些舞蹈动作有机地使用到角色身上，方珺德有多少个夜晚不能成眠，流过多少汗水才掌握住舞蹈的节奏，终于，他塑造出了一个栩栩如生的人物，成绩斐然。

朱旭练起芭蕾舞来总没有练京剧那么得心应手。虽然是这样，他仍旧每天兴致勃勃地练习着芭蕾舞，为什么？形体锻炼不单是提高支配形体的控制能力和形体的表现能力，也是对演员艺术素质的提高，包括审美观点的提高。

一切从生活中来

体验生活不只是演员，舞美各部门同样必须到生活里进行体验，这是斯坦尼斯拉夫斯基体系的核心理论，因为生活是艺术创造的源泉，也只有来自生活的创造才是真实的。但是艺术的真实不等于一丝不变的原生活，它不是照片，要集中、要选择、要发展、要典型化，要有高于现实的思想，这才是舞台艺术的创造，才能体现文艺的社会价值。要达到这样的境界，绝不能脱离生活，必须要以生活为基础。因此，剧院要求每位艺术人员，排戏的和不排戏的，每年都要抽出一定时间，深入到各种领域里去体验生活，这是演员的必修课程。同时，排出适合工、农、兵看的戏，送戏上门，不论在临时搭的土台子上，还是在工厂开大会的礼堂里，还是各大院校的礼堂里，都和在首都剧场演出时一样的要对观众负责任。在农村演出时老乡们从几十里以外骑着驴，拿着干粮赶来看戏。同吃同住同劳动，演员们白天不演出就下地干活。

1952 年两团合并后首先安排的不是选择剧目演戏，而是用了三个月的时间到工、农、兵中间和他们一块生活，了解、熟悉他们。分别到天津棉纺二厂、北京大众铁工厂、丰台区白盆窑农村大队，三个月后大家在思想艺术上取得双丰收。回到剧院，下工厂的两个组集体写出两个小戏剧本，《夫妻之间》由吴世良执笔，《喜事》由梅阡执笔。全部由当时的青年演员担当排练演出。虽然这两部戏的水平并没有达到艺术的高标准，因为它是首次来自生活的创造，没有经验，有困难，靠摸索前进，但它的方向是正确的。

1953年复排《龙须沟》，群众角色有很大的人员变动。第三幕第一场戏的规定情景是在雨夜里，为避免房倒屋塌的危险，左邻右舍的群众扶老携幼相继到小茶馆里避雨。这是一场有24位群众角色的场面，从导演工作的角度看是很难处理的一场戏，要乱中有序，怎么利用舞台空间组织这些人，这是导演的能力。更重要的是这些群众角色不能千人一面，怎么才能丰富多彩呢？这可让担当群众角色的演员为了难，因为剧本里没有给演员提供创造的素材，连一句台词都没有，只标着"群众数人""众人""甲乙丙丁"而已。如果非要说有，那就是规定情景和发生的事情，对于人物，没有形象方面的丝毫提示。没有深入生活之前，群众演员脑子里一片空白，导演斩钉截铁地向演员提出来，要担负起替作者把这块空白填补上的责任，群众角色必须塑造出人物形象。怎么办？这可真难为了大家，焦菊隐看见大家处在迷茫中，他明确地提出："到现实生活里去寻找人物形象。"虽然这时候龙须沟也已经没有了臭沟，可是当年生活在龙须沟里的这些人都还健在。于是由助理导演金犁带领群众演员每天到龙须沟去和这里的人一块干活儿、聊天、交朋友，观察他们的言谈笑语、职业习惯、性格特点，敞开心扉和他们谈心，了解他们内心的欢乐和愁苦。

体验生活结束后，根据体验的对象，写出"人物自传""角色日记"，再设定人物的小品练习，寻找人物内在的自我感觉和外部的形象。进排练场之前经过这么一段历程，群众演员终于在舞台上演出了各种各样不同的人物形象。其中最突出的，也是最成功的一个形象，是由著名演员牛星丽扮演的，服装、化妆都由他自己设计：身穿一件中式对襟半大袄的褂子，黑布中式裤子，两只腿腕子扎着黑色腿带子，干净利索，一双白线袜子，黑布底双脸鞋，腰上系着一块黄色紫花布，原来这是一块大方形的布，把它叠成三角形斜着横系在左胯边上，这块三角巾是用来干活的，扛大麻包、大草包时披在肩膀上做垫肩用。上场后他精神抖擞，腰板挺直，快步走到舞台中间斜丁字步一站，心绪焦急地用眼睛望着远处，寻找着他走失的家人。没有其他角色介绍他是谁，是干什么的，他自己也没有一句台词，全凭这一身打扮和他表现出的精神状态。观众的眼睛一亮，紧接着台下发出窃窃私语，几乎异口同声地说："扛大个的！"

这个体力劳动者的身份、职业都非常清楚地展现在舞台上，观众一目了然。朱旭对于牛星丽这个群众角色的创造，挑着大拇指地称赞。

观众感觉满台的群众人物都似曾相识，这是演员深入生活后捕捉到的，是现实生活里的人，不是演员凭空想象毫无根据臆造出来的，是鲜活的，是真实的。再经过焦菊隐导演精心排练和启发，《龙须沟》才产生出第三幕第一场精彩的群戏，这是北京人

朱旭早期话剧表演剧照，左为黄宗洛

艺的艺术导向。

不得不提一下带领群众演员深入生活的助理导演金犁，他是一位沉默寡言的导演，他为人艺付出许多不为人知的劳动。《龙须沟》初排时，焦菊隐先生正在师范大学任教，不能每天都来排戏。特别是进排练场之前的准备工作都由金犁负责，沟通焦菊隐与演员之间的创作意图，组织演员深入生活，提出许多他的想法，焦菊隐都酌情采纳，为《龙须沟》的成功做出不可磨灭的业绩。他独自导演过《布谷鸟又叫了》《这样的时代》《海滨之战》等戏。由苏叔阳编剧、金犁导演的《左邻右舍》参加 1984 年的全国话剧汇演，获得优秀演出奖。他的导演特点：着重人物的真实性，细致，追求自然、含蓄、不浮躁。他还经常排戏曲，20 世纪 80 年代末他为中国评剧院排演《评剧皇后》，成为评剧院的精品，优秀保留剧目。

排演老舍的著作《女店员》，导演是梅阡。戏的主要内容是讲商业方面的故事。全戏分成若干小组深入到各商店去，有的到前门的药店，有的到山货铺，有的到副食店。他们到生活里首先要了解的是"人"，其次是"事"。各自寻找和自己要扮演的角色有所接近的人，每天和售货员一样，准时站柜台卖东西。例如，到前门药店体验生活的演员，首先先向人家请教什么药品放在哪个柜台里，每种药品的价格是多少，如何开发票等，买东西的顾客发现这里的售货员竟是北京人艺的演员，一传十、十传百，观众都有好奇心，愿意看看演员的庐山真面目。一时店里的买卖兴隆，顾客盈门。有的是真正的顾客要在店里购买东西，顺便看看演员是怎么售货的，有的顾客不是来买东西，就是专门看演员来的，不管怎么说，倒是一时给商店造成了繁荣的景象。

朱旭深入到山货铺里，这是专卖核桃、山里红等物的店。本以为用纸包东西是一件很平常很容易的小事情，谁都会做，经过到商店工作一段时间才知道并不像我们所想的这样容易，同样的包装就有包得好和包不好的区别，什么样的东西怎么包法都有规矩。要包得四棱见角，平平整整，要好看又要拿着方便，包装时不能总让顾客等着，速度要快。合乎这些要求才算规范，这是熟练工种，所以要不厌其烦地练习才能达标。

朱旭扮演魏大哥，是位游手好闲的旧知识分子，什么都不会做。有一场戏是在舞台上包核桃，戏里并不要求他包好，相反倒是要求他表现出笨手笨脚的不会包的样子。本可以不去学规范的包装，谁知道在体验生活的时候他仍旧要求自己学会包好，有人问他为什么要这么做，他说："既然生活到这里了，就要抓住机会从生活里多学习一点东西，这个戏用不上也许别的戏就用上了。再说知道怎么包是规范的才能知道怎么包是不规范的。"

他对于生活的观察和体验就像一块海绵吮吸着海水一样。个人的接触面再广，生活也有局限性，不可能涉足社会的各个角落。可是作为演员却偏偏什么人都要演，演现代戏有条件直接到生活里去，但演古代和近代戏就不能直接到生活里去。我们谁也没有经历过，到哪去体验，该怎么解决这个问题呢？只有从两个方面着手，一方面，探找如今还有没有遗老遗少，听他们口述过去年代的人和事。另一方面，聘请研究历史的专家介绍历史背景、史实、人物等。

从文字里寻找所需要的生活。间接的生活体验同样会运用到

朱旭在《非这样生活不可》中饰演特务

创作中，看资料、读书是其中的一个途径，特别是文艺作品、小说、散文、叙事诗等，多读书多积累，书里有各阶层各类型的人，它能丰富人的形象思维，一旦需要，就会破门而出。

当朱旭知道他要在《咸亨酒店》里扮演阿Q这个角色时，就反复不断地研读鲁迅的原著《阿Q正传》，直接了解鲁迅笔下的阿Q是什么样子的。同时思考着经过改编者的再创造，阿Q这个人物会有什么变化，变化是什么，是使人物苍白了还是更丰满了。这样演员才能知道自己的创造应该丰富些什么，还是需要削弱些什么，力求达到塑造人物的准确性。从书本里体会那个时代的背景、心理状态，才能加深对角色的理解。

每个戏建组的时候由专人负责结合本戏的需要到图书馆查询有关书籍，借来放在戏组里，提供给导演、演员作为参考资料。

朱旭排法国喜剧大师莫里哀的《悭吝人》时，他演雅克大师傅兼厨子。他研读《莫里哀戏剧集》及他的其他作品，从中了解作者所生活的时代背景，写这个戏的立意，他的喜剧特点，当时在法国演出的情况，各界的反映、评论等，都要弄清楚弄懂。他还阅读法国的名家名著，巴尔扎克的著作《高老头》、莫泊桑写的《莫泊桑短篇小说集》等，从中看到法国人当时的社交关系、生活习惯、风土人情，这些书籍都是朱旭艺术创造的参考资料，也是感性知识的积累和间接体验生活的来源。他对于直接体验生活和间接体验生活都同样重视。文学作品和戏剧创造的关系从来都是密不可分的。朱旭喜欢读书，他对读书没有门户之见，只要是好书、有价值的书，他都喜欢读。

曹禺院长常讲：

《悭吝人》剧照

"一位演员往台上一站，再一张嘴说上两句台词，就知道这位演员有没有文化，文化有多高。没有文化对于剧本、对于角色的理解就会受到一定的限制。"

在200多位演员的队伍里，所受的教育程度和文化程度参差不齐。为了提高文化水平，加强文艺修养，剧院规定演员们定出全年的读书计划。除了规定的戏剧理论必读外，根据自己的爱好兴趣选读中外著名作品，或反映现代工、农、兵、学、商的小说、诗歌等，读后写读书心得，同时号召大家写演员日记。无形中锻炼了演员的写作能力、想象能力、理解能力、辨别能力、思维能力。

焦菊隐导演要求演出的完整性。他不仅要求演员的表演是真实的、生活的，要求舞台美术、音响效果、大四门、小四门的工作也是如此，一环扣一环，不能有一环是脱节的。北京人艺的舞美部门人才济济，舞台美术设计王文冲、陈永祥（后调到青年艺术剧院）、韩西宇、黄清泽等都是全国一级舞美设计，是大师级的。音响效果设计冯钦，服装设计关哉生、鄢修民，灯光设计宋垠、方堃林，化妆设计李俊卿，道具制作洪吉昆。在统一思想、统一创作方法、统一艺术风格的严格要求下，舞台各部门的设计、制作，无一不是从生活出发。

《茶馆》的舞美设计王文冲，在《茶馆的舞美设计》一文中是这么写的："……为了搞设计，我参看了一些有关那个历史时期的资料，也和导演夏淳同志到过几处老茶馆的旧址。可惜，有的已盖成新居，有的只剩下一片瓦砾，一点痕迹也不存在了。我们走访了几位当年坐过茶馆的长者，听了他们的口述，加上手头资料和我久居北京对生活的理解，不久，创作出一些初稿草图。金受申先生（北京民俗研究专家）看后说：这是北京大茶馆，不一定是泰和或是广泰，但这是北京老茶馆二荤铺的样式……"舞美各部门也是从直接或间接的生活中取得素材的。

《茶馆》的音响效果设计冯钦所写的《关于茶馆音响效果的处理》一文中所说的："……对这些来自生活中的音响，必须经过提炼、集中、加工，才能更好地配合剧情气氛和人物心理变化的需要，突出时代气氛和人物的内心活动，做到了生活真实与艺术真实的有机结合。"

1980 年 9 月，《茶馆》的原班人马首次在西德、法国、瑞士三个国家演出，盛况空前，《茶馆》的舞台美术也获得了高度的评价。西德的《莱茵内卡报》评论，"舞台美术是'严格的现实主义的'，布景像中国的工笔画那样细腻。当帷幕拉开时，观众对舞台布景和难以用语言形容的、如画的、烟雾腾腾、活生生的茶馆气氛给以热烈的掌声。"

北京人艺的导演、演员、舞美三者的创造方法和艺术风格是统一的。就是要尊重生活的规律，体现生活的真实，表现出经过提炼的典型化的艺术真实。

学习姐妹艺术

有一个时期，由青年人自发地组织两周一次的音乐欣赏会，在首都剧场宴会厅举行，中青年的艺术人员自愿参加，也是发起对姐妹艺术的了解和研究。选取国内外的名曲，如莫扎特的《安魂曲》、贝多芬的《小夜曲》等，同时对这些名作曲家一生的命运做简短的介绍，通过对音乐的欣赏，陶冶性情，丰富人的情感和想象力。

《蔡文姬》的舞美设计陈永祥曾总结过他的经验。陈永祥是清华大学建筑系硕士研究生导师，中央戏剧学院舞美系和中国戏曲学校舞美系客座教授，代表作有《龙须沟》《雷雨》《虎符》《带枪的人》《蔡文姬》等。他说："为《蔡文姬》设计的图纸堆在一起有几尺高，因为总达不到导演的要求，一次一次地被否定掉，每个场景都设计了几十次，仍没有被导演通过，感觉自己的构思已经枯竭，陷入苦闷中，过分的着急和紧张，使思想出现了空白。有意识地让精神放松一下，什么都不想，只是静坐室内听着音乐，《天鹅湖》《梁祝哀史》《二泉映月》《春江花月夜》等古今中外名曲。精神世界完全沉浸在美的旋律里，浮想联翩，思维逐渐活跃起来，像是大坝提闸、潮水宣泄一样，不断敏捷地构思着，终于一张张的图纸出现了，并且又一张张地被导演肯定了。"可见不同门类的艺术都可以成为其他姐妹艺术的敲门砖。没有想到，《蔡文姬》舞美设计的灵感产生是借助于音乐的魅力。

演员学习京剧、曲艺、芭蕾舞等作为基本功进行训练，其实都是为了要从姐妹艺术中吸取养分，获得启发，得以借鉴，能为我所用。焦菊隐先生所排的《虎符》《蔡文姬》等戏，借鉴了戏曲中的许多东西。《蔡文姬》里边的胡笳18拍的音乐就是从昆曲中借鉴来的，经过著名昆曲作家傅雪漪先生的创造与话剧的古典戏结合在一起，两个不同剧种被融合为一体，经过再创造的昆曲主旋律贯穿着全剧的感情，渲染了应有的戏剧气氛，在音乐的感染下演员感受到古代文人的优雅和淑美的气质，它确实为全戏增加了亮点。

演员有意识地培养对姐妹艺术的兴趣和爱好。朱旭有这方面的优点，就拿音乐来说吧，他喜欢中西方的音乐，自己也能拿起一两样乐器吹奏。他是俱乐部主任，由他负责组织一支乐队，这支乐队虽然是业余性质的，但是演奏水平并不低于专业的。每逢节假日，演职员就会大展才能，有京剧清唱、评弹、二胡独奏、诗歌朗诵、歌曲演唱、集体表演"叫卖组曲"、集体跳"瓶舞"等节目，最后跳交谊舞，而伴奏就由这支乐队担负着。在乐队里，朱旭是吹萨克斯风的。乐队的名声已经传扬在外，经常被北京饭店邀请去为中央领导们的舞会伴奏，虽然是没有报酬的义务服务，他们都欣然接受，准时到场，半夜回家，从不说一声累，这支乐队是他的骄傲。

闲暇的时候朱旭会拿起二胡拉着《二泉映月》，二胡的琴声停了，稍后，京胡又响起了，这些姐妹艺术不知什么时候就能用到创作里。

远在朱旭变声的时期，他不懂得保护嗓子，瞎喊乱唱地把嗓子喊"倒仓"了，没有了亮音也上不去高音，从那以后他就不愿意唱了。可是他并没有对京剧失去兴趣，又把全神转移到胡琴上。没有老师教，凭他听京戏时对琴师操琴的手法、弓法的了解，自己摸索着硬练着拉。刚开始"吱吱呀呀"不成调，甭说让别人听，自己听着都牙根发酸。为了不扰民，他就把码子拿下来，给胡琴别上一根筷子。练的时间长了，多少也能听出个板眼和调来。反正内行人一听就明白这是外行人的胡琴，仅此水平而已。他并不气馁，很能自娱自乐，挺潇洒。终于机会来了，那是在"文革"期间，剧院的全体演职员和京剧院的演职员一块劳动，一块学习，生活上也就接触得多了，逐渐大家都熟识了。朱旭登门拜访梅兰芳大师的琴师姜凤山，请老先生给指点。姜凤山老师有这么一位二把刀的学生不但不嫌烦，还十分乐意教他，这让朱旭挺欣慰。从规范角度去纠正姿势、弓法、手法，跟画画一样，宁可教一点都不会的，也不愿意教已经画出毛病的人，纠正起来也很困难。虽说朱旭努力学着，不断纠正着早已经形成的习惯性毛病，也有所提高，但至今也没脱离业余水平。

"文革"后，复排《名优之死》，戏里有位京剧琴师，要当场给角儿吊嗓子伴奏，不能配音找替身。原来是由老演员沈默

朱旭与胡琴名师姜凤山合影

演的，因沈默病逝，必须重新物色人选，怎么办？找谁呢？导演夏淳突然想起来，演员队里唯一会拉胡琴的就是朱旭，毫不犹豫地立时拍板定下来。朱旭接到这个任务，他知道自己的胡琴所欠缺的是什么，他又重登京剧院的大门，再次请教名师姜凤山。这次重点指导他在台上伴奏的两段胡琴，一段是《击鼓骂曹》里的四句，另一段是《汾河湾》里旦角的四句唱。他铆足了劲就练这两段，进步很大，突破了业余水平的可能性在望。丑媳妇总得见公婆，在老师亲自关怀鼓励下，朱旭信心倍增提着胡琴上场，没想到刚拉了一个小过门，就赢得满场观众的喝彩声，让他一直提着的心落地了。看过戏的观众热情地传说着朱旭拉了一手好胡琴，当朱旭听到这个反应后，心里真觉得很惭愧，因为他就这两段拉得还有点意思。

剧场每周都有一天是中央乐团的演出，由著名的指挥家李德伦、秋里担任指挥，是一流的音乐会。女高音刘淑芳、女中音罗天婵等许多位顶尖的男女声乐家、演奏家，演唱和演奏着中外著名的歌曲，百听不厌。那时候我们家住在首都剧场后面的小二层楼里，有近水楼台先得月之便。只要有演出，朱旭准会带着家人坐在观众席里，这不单是他个人的兴趣和爱好，也是为演员自身的工作积累下无形的财富。从各类艺术品种中吸取大量的营养，了解其中的精粹，一旦需要，可以为我所用。平时用心体会、搜寻、获取，作为珍品存放在自己的头脑中备用。

"只有小演员，没有小角色"

"只有小演员，没有小角色"，这恐怕是北京人艺独一无二的传统。在一批炉火纯青的老一辈艺术家的熏陶下，最为世人称道的是，出现了一批被人们称誉的，专演小人物、小角色的艺术家。

在北京人艺优秀的保留剧目中，除了在这些艺术精品中担纲主要角色的艺术家，被世人念念不忘，还有一批赢得赞誉的专演小人物、小角色的表演艺术家。

总导演焦菊隐先生非常重视斯坦尼斯拉夫斯基体系中所提到的"只有小演员，没有小角色"的说法。

黄宗洛在剧院里从没演过主角，他演的都是陪衬的绿叶，但他是被社会承认的知名演员，为什么呢？他在舞台上创造的《智取威虎山》里的东北小土匪、《三块钱国币》里的四川警察、《茶馆》里的松二爷等许多的小人物，被他演的都是色彩鲜明，是丰满的艺术形象，所以受到观众的关注和喜爱，他在北京人艺是专演小角色成名的艺术家之一。

朱旭在《茶馆》中扮演卖耳挖勺的老人

　　每逢演员接到一个新戏，不管是主角还是配角，甚至是一句台词没有的角色，都要倾心尽力地进行创作。

　　朱旭在《茶馆》里对群众角色的态度，也是认真不懈的，这也是剧本里没有任何提示的过场群众角色。在导演的启发下，演员设计了在旧社会街头巷尾经常出现的做小买卖的人，是个无言的、已经70多岁很穷苦的卖耳挖勺的老人。他头上戴着一顶旧的三块瓦深褐色的破旧毡帽子，身穿黑布破棉袄和一件破旧的背心，扎着绑腿带的黑布旧棉裤，一双乌拉草的鞋。原本这个群众角色是为一位老演员设计扮演的，后因其年老体弱多病就被换下来，由朱旭扮演。这个角色的形象和朱旭本人有很大的距离，那时他才三十几岁。演员和角色的距离很明显，很容易演成年轻人装老头，为了解决这个差距，他不断地从生活里寻找老年人心理和生理特有的状态，又结合一个贫苦老人的求生心理仔细揣摩着、研究着、感觉着，终于被他找到了人物的感觉。从形体上看是微驼着背，满脸沧桑，半眯着一双倦怠的眼睛，怀抱着一个插满小耳挖勺用草扎着的木棍，神情有点呆滞地伫立或移动着脚步，又无力张扬地兜售着这小本生意，实像一支将要熄灭的蜡烛。他不但要求这个群众角色要形似，更要神似。为群众角色下的功夫一点也不少于有名带姓的，和主要角色一样，扮演群众角色也有一系列的创作过程，是把他当作人物体验着。

　　朱旭在焦菊隐先生艺术思想的引导下，他从没有轻视过一句台词没有的人物，像这样在舞台上只有几分钟就闪过去的角色，他在幕后都要花去很长时间的脑力劳动，才能在舞台上取得几分钟的成绩。他认为："角色不论大小，都要真实地、艺术地呈现在舞台上，这不仅是为了演出的完整性，也是对自己的演技的一种锻炼。"

　　朱旭的艺术生活也是从演群众开始到演次要角色，逐渐发展到演主角的。"逐渐发展"这四个字里包含着无限的艰苦锤炼。想要成为一个青春常在的艺术家，需要耐得住甘苦，经得住喝彩。艺术的成功是一步一个脚印走出来的，一步一层台阶走上去的。

良师

与

益友

与焦菊隐

　　艺术大师焦菊隐先生在探索民族艺术方面有着很深的造诣和突出的贡献。很早他就对京剧产生了浓厚的兴趣，不断地进行研究。1930年，他任职"中华戏曲专科学校"的校长，对一些落后的旧戏班的教育方法、培训方法，进行了改革。从这个戏校里培养出了不少的京剧界知名演员，像李玉茹、白玉薇、李金鸿、王金璐、宋德珠、傅德威等。后来，他到法国巴黎大学进修文学，获得博士学位。在法国，他多次观摩《茶花女》的演出，使他对话剧也有了兴趣，并初步接触到了法译本的"斯坦尼斯拉夫斯基的体系"。到20世纪40年代的时候，他更系统地进行研究，并用法译本参照译成中文的丹钦柯所著的《文艺、戏剧、生活》这本书，较早地把斯氏体系介绍到中国来。"八一五"胜利后，1946年，他在演剧第二队排演由师陀、柯灵根据高尔基的《底层》改编成具有中国之情的《夜店》，参加演出的演员有：

赛观音——胡宗温

金不换——刘景毅

独眼龙——冉杰（袁敏）

赖皮匠——朱天民

戏子——田冲

馒头张——张金成

卖药的——蓝天野（王皇）

警察——邓毅

林黛玉——宋凤仪

卖报的——任群

石小妹——狄辛（高洁）

小偷——赵候

当时，演出轰动北京剧坛，虽然是他第一次的实践，却获得了极大的成功。

1947年的初冬，焦菊隐先生找到投资者，创办了的北平艺术馆，分为话剧组和京剧组。话剧组演出的第一个剧目是夏衍编剧的《上海屋檐下》，焦菊隐导演，参加演出的演员有：

匡复——田冲

林志成——丁力

杨彩玉——梁菁

小学教员——冉杰（袁敏）

教员妻——高玉倩

李陵碑——于是之
施小宝——宋凤仪
小天津——罗泰

第二个剧目是黄宗江的处女作《大团圆》，特邀上海苦干剧团的丁力导演。参加演出的演员有：

母亲——梁菁
大哥——于是之
大嫂——史瑞林
二哥——唐远之
三弟——孙道临
四弟——黄宗汉
大姐——宋凤仪
大姐夫——程述
尧二姐——许兰
表妹——杨雪明
王妈——朱家琛

观众对此剧评论极佳，后又拍成电影。

焦菊隐把莎士比亚的《罗密欧与朱丽叶》改编成京戏，由陈永玲、高玉倩、王金璐、傅德威等演出，他自己任导演。当时这出戏是一个很大的尝试，也可以说是对传统京剧的一个挑战。20世纪40年代的北京京剧界的内外行，都持的是极端的保守思想，演出并未获得预期的效果。但是"洋为中用"的民族化思想在焦菊隐这里已经有所形成，他又酝酿若干年，终于在新中国成立后的北京人艺的话剧舞台上实现了他的愿望。

新中国成立后他排演的第一个剧目是老舍先生所著的《龙须沟》。这原本是老人艺话剧队演出的戏，两团合并后，1953 年成为北京人艺复排的第一个保留剧目。从第一次演出到复排都取得了成功，生活气息浓郁的舞美设计和生动鲜明的人物形象，再一次轰动北京城。以此剧的经验和后来的发展总结出：深厚的生活基础、深刻的内心体验、鲜明的人物形象是导演和演员共同追求的艺术标准，为北京人艺以后的发展打下了现实主义的基础。

焦菊隐先生在北京人艺任总导演后，进行了探索性的实践，运用中国戏曲艺术的特点排演了《虎符》。首次的实践并不成功，有褒有贬，出现了戏曲的东西，但运用得比较生硬，有不协调等问题。经过反思和总结教训，焦菊隐在新取得的经验基础上，明确了话剧要向戏曲学习的不是形式，而是神。

每个戏演出后，他都进行艺术总结，从中学习成功的经验和吸取宝贵的教训，以实事求是的态度对待艺术创造，绝不掩其劣、扬其优，也正是他的这种创作态度推进了艺术发展，提高了艺术水平。

戏剧真实不等于生活真实的完全还原。焦菊隐再次将传统戏剧的美学精神和集中、提炼、典型化的生活真实极大成功地运用在《茶馆》的舞台演出中。原本是舶来品的话剧剧种，焦菊隐使其成为有中国气派、中国民族化的话剧。

《茶馆》首次代表我国话剧走出国门，踏上世界舞台。西德的曼海姆民族剧院的文学师说："我们之所以喜欢这个戏，是因为你们演的是活生生的人。"

第一幕开始时，后台效果与前台的戏融会在一起。在焦菊隐的要求下，音响形象的效果极其突出，它体现了时代的气氛和反映人物心情的变化。通过音响效果把观众引向舞台后面更广阔的社会生活里，进而可联想到那个历史时期。舞台上表现得嘈而不乱、杂而有序，有节奏地和人物思想感情巧妙地组织在一起，像一曲交响乐章，使得演出达到整体完美性的最高境界。《茶馆》被世界各国公认是民族化的惊世之作，经典之作，它印证着"只有民族的，才是世界的"这句话的深蕴含义。它不仅震撼着中国的艺坛，也震撼着世界的艺坛。它的艺术魅力倾倒国内外的观众，被西方人誉为"东方舞台上的明珠"。焦菊隐为北京人艺创下了"金字招牌"。

1959年，焦菊隐将戏曲美学的观点，又有发展地运用到郭沫若著作的《蔡文姬》中，更进一步地深化了中国民族化的问题。他引申出"欣赏者与创造者共同创造的理念"，实现在《蔡文姬》的排演中。学习戏曲的"神"，要求舞台美术与导演、演员统一在一个基本点上，即在写实的基础上融入写意，以实带虚，以虚带实，虚实相生，化出意境。舞美设计根据这个原则设计出既有宏大场面的穹庐又有诗情画意的郊外，灯光设计出既朦胧又清楚的梦境，达到引发观众想象的效果，台上台下共同进入艺术创造中。舞台上充满着诗意和抒情，继《茶馆》之后又一次达到思想性与艺术性的深刻完美结合。国家的领导人，文化艺术界的专家，都热烈赞扬本剧演出了郭沫若作为诗人剧作家的浓烈情感。

　　焦菊隐在话剧民族化上做了进一步开拓性的工作，比《虎符》更纯熟、更深化、更和谐。郭沫若对导演的处理做了高度评价，认为"演出十分精湛"。它的轰动程度达到了"空巷人何去？争看《蔡文姬》"的效果，又一次为北京人艺树起丰碑。

　　他严格要求导演、演员要从内到外塑造鲜明的人物形象，从而使北京人艺逐渐形成自己的演剧学派，把它理论成"心像学"。焦菊隐从理论到实践，为北京人艺、为中国话剧做出了卓越的贡献。这不仅是中国的，也是世界的。

　　朱旭在焦菊隐的引导下，不断认识、学习斯坦尼斯拉夫斯基的体系，也有幸在他带领下进行艺术实践。

　　早在 1959 年，在由焦菊隐导演的《三块钱国币》里，朱旭就扮演了主要角色杨长雄。故事发生在抗日时期的大后方四川，吴太太有一对瓷花瓶，被她的保姆无意中给打碎了。吴太太有钱，是位待人苛刻的刁钻人（金雅琴饰）。吴太太非让保姆赔偿花瓶，同时开除了她，断了她的经济来源。杨长雄是位有正义感的年轻大学生，他很同情贫穷而又勤劳的小保姆，由此引起杨长雄和吴太太的争论，争论要不要赔偿花瓶的问题。在争论激烈的时候，杨长雄一时激动，一失手把另一只花瓶也给打碎了，杨长雄二话没说做了赔偿。这是一出喜剧。焦菊隐在排练过程中不断地让演员进行间接的生活体验，对那个时代的特点、人们生活的思想状态、地方特色等产生感性认识，逐步引导演员进入人物的创作中。全剧共有五个角色，这五个人物思想、性格各不相同。这出戏获得了观众的喝彩。

　　朱旭通过排练，受到有关创作人物的启示，也是他一次成功的实践。他敬佩焦菊隐先生的艺术修养，同时，自己也是在以焦菊隐为首创立了"北京人艺演剧学派"的理论指导下逐渐成长、成熟，成为一名优秀的演员。

在特殊的年代里，焦菊隐带着惊人的才华悄然离开人世。这颗耀眼的巨星，过早地陨落，不仅给中国和北京人艺，也给国际舞台带来了巨大的损失。

焦菊隐不只是朱旭一个人的导师，他也是北京人艺所有艺术工作人员的导师。

朱旭在焦菊隐导演的《三块钱国币》中饰演杨长雄，金雅琴饰演吴太太

与舒绣文

朱旭非常善于研究吸收成熟老艺术家们的创作经验，这使他比别人少走了许多的弯路，其中舒绣文就是他最敬重的良师之一。

舒绣文，30年代时在上海从事电影工作。"九一八事变"后，大批的演艺人员为抗击日本帝国主义的入侵，毅然辗转到大后方。到了四川后没有条件拍摄电影，电影明星们纷纷走上舞台改演话剧。一时，大后方的话剧呈现出繁荣景象，人才集聚蓬勃发展。演出许多著名话剧，《屈原》《家》《清宫外史》《风雪夜归人》等都是脍炙人口的演出。当时被封为四大名旦的有白杨、舒绣文、张瑞芳、秦怡。

1945年8月15日，日本投降，这批明星大腕又回到阔别八年的上海滩，胜利后上海电影制片厂拍摄的第一部电影是《八千里路云和月》，第二部就是著名大片《一江春水向东流》。这两部电影集中了全国的一流演员，白杨、舒绣文、上官云珠、陶金、吴茵等人。舒绣文的台词是有名的流畅，她被邀请为苏联时代拍摄的著名影片《乡村女教师》的女主角做华语配音，该片被评为优秀配音片。舒绣文虽是电影演员，她更钟爱舞台戏。北京人艺建院后，她请求调到北京人艺，从此谢绝银幕，重返舞台。她初到人艺谁也没想到，她演的第一个戏却是《风雪夜归人》里只有三句台词的群众角色俞小姐，又在《带枪的人》里扮演一句台词都没有的女打字员。这给人艺带来了很大的影响，全国知名的一级大艺术家首次在北京的舞台上露面就演一个群众角色，很多同行都觉得不可思议，这不是大材小用吗？人艺真是人才太集中了。殊不知这是舒绣文自己提出来的要求，她带头实现剧院领导提出的"一棵菜"精神，也就是要注意整体演出的水平，不管主次角色，还是大小演员在一出戏里的艺术水平不能参差不齐，即使有所差距也不能相差太远。所以，经常在排戏过程中出现哪一位演员不称职，导演就有权撤换，另选合适的人担任，这是人艺一贯的艺术作风。一时半会儿没有舒绣文合适的戏，先演个群众也就不足为奇了。但是不管怎么说，她总是大师级的演员，影响还是不同于一般人。首先她给青年人做了表率，由此她受到全体艺术人员的尊重，她也是演员队伍中年龄最大的，大家都尊称她为舒大姐。当时还是青年演员的朱旭也不例外，他很钦佩舒绣文的演技，特别对于她在《骆驼祥子》里塑造的虎妞这个人物形象尤为赞赏。她没有只表演这个人物在表面上的泼辣，而是抓住她在特定环境里所形成的思想感情的特殊性。这类人物很容易演过火，正是因为从人物的思想出发，她才十分准确地把握住人物的分寸感。

首当其冲，话剧演员必须把台词说好，思想感情是通过台词表达出来的，就像歌剧演员必须把歌唱好是一个道理。虎妞在全剧里的重点戏都是大段台词，大段台词很难讲好，也是最考验演员的功底。舒绣文扮演虎妞的台词讲得十分经典，不论戏里虎妞向刘四爷挑明她和祥子的关系后父女二人的争吵，还是虎妞到曹先生家，找祥子谎说自己已经怀孕，企图说服祥子必须娶她的这两大段台词，舒绣文不但吐字归音准确，还有韵味。她更把台词的思想内容字字清晰地表达出来，让观众不会漏掉每句话的意思，尤其快节奏的长台词又要一口气说下来，不倒字、不变调、不断气，字字都要底气十足清晰地送到观众的耳朵里。这是功夫，观众听了是一种艺术语言的享受。

朱旭经常到排练场看舒绣文排戏，到剧场看她演出，从观众的角度去感受、去欣赏，又从演员的角度去研究，了解观众的反映和效果。他经过对舒绣文台词的潜心研究后，带着问题敲开舒绣文的房门向她请教。舒绣文毫无保留，热情地把自己的经验讲授给朱旭。翻开她的剧本，只见在台词中间密密麻麻地注释着许多小字，仔细查看后才发现还有不少符号，这是干什么用的呢？经过舒绣文的讲解才知道，她除了注释台词的意思以外，符号的标注是说明在什么地方该换气，什么地方根据人物思想感情的变化，节奏该缓下来还是加强，什么地方要突出重点，这些都有着细致的处理，可见她在台词上下的功夫不是一般人能比的。这给朱旭极大的启发，他明白了这多是从曲艺里学来的方法，他像拨开迷雾一样的豁然开朗。舒绣文把台词讲得那么经典的秘密终于被朱旭探索到，并让他总结认识到，台词不是会说话就行，是要经过艺术加工、艺术处理才能成为台上真正具有魅力的语言，是艺术性的语言。

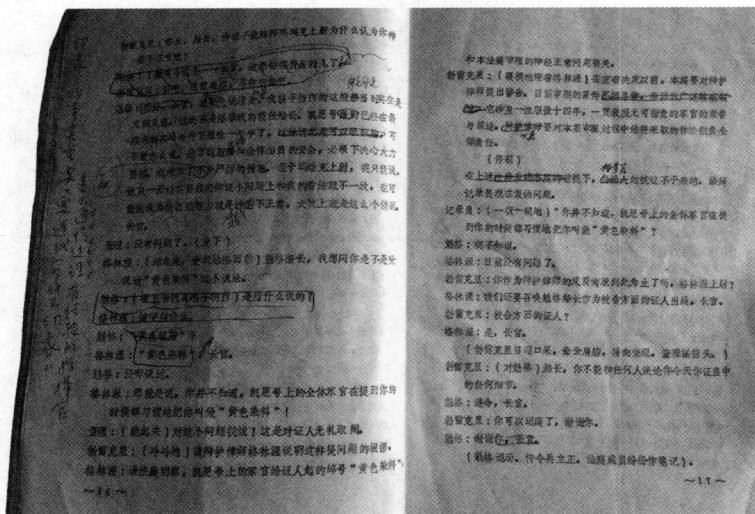

朱旭的《哗变》剧本，上面密密麻麻都是他的批注

　　把别人的经验一旦变成自己的，就需要一段时间来消化。朱旭继续不断地研究琢磨，反复实践。皇天不负有心人，他在原有的基础上，突飞猛进地跨越着。他把学习到的经验灵活地运用到《哗变》《芭巴拉少校》及电视剧《末代皇帝》中。语言的动作性、目的性、性格化、音乐性、节奏感他都掌握得准确、自如，不露技巧的痕迹。我在观众席里和所有的观众一样，为他讲出漂亮而又精彩的台词报以热烈的掌声。

　　朱旭在学习了舒绣文的经验后，又有所发展地做了一些改变。他从剧本上把台词抄在小本或卡片上，经过抄一遍就能加深他的理解和印象，对方的台词是什么意思，应该如何处理，都清楚地记在小卡片上。因为是小卡片，放在口袋里很方便。不论是排练厅、摄影棚，还是汽车和飞机上，随时都可以掏出来琢磨、思考。这已经形成了他几十年来的创作习惯，无论戏份多少，台词都是他最关注的重点。

　　掌握台词要领是他从成熟的艺术家那里得到的启发，学到的技巧。人艺是个藏龙卧虎的地方，值得他学习的不仅有舒绣文，还有许多位称得上大师级的人物，例如：叶子、田冲、赵蕴如、朱琳、蓝天野、苏民、吕齐、胡宗温、郑榕等，都是他学习的榜样，是他尊重的老师，也是和他相知相交多年的老朋友。他们的艺术修养、创作态度、艺术道德都潜移默化地影响着朱旭一生的艺术道路，使他受益匪浅。

与于是之

　　朱旭与人艺几位大师级艺术家的关系亦师亦友，他不仅善于吸取他们在表演上的长处和经验，也由衷地佩服和尊重他们。在艺术上，朱旭尊他们为师长，因为他们都比他大几岁，艺龄也比他长。在生活里他们又是好朋友、知己，朱旭是他们的小老弟。还有一个很大的特点，他们是多年的酒友。

　　现在这几位良师益友有的已经永远离开了我们，有的患有不同程度的慢性疾病，丧失在舞台上再创造的能力。想起这些，朱旭有着无限的感慨和惋惜。他经常在心里怀念着这些好友。

　　于是之，朱旭非常佩服他在《龙须沟》里对程疯子的塑造。于是之在北京人艺众多老艺术家中最具代表性的一位。他是在焦菊隐运用斯坦尼斯拉夫斯基体系的理论指导下，第一个在表演上获得成功的演员。用于是之自己的话说："要想生活于角色，先要角色生活于我，要想创造形象，首先得有心像，焦先生的这些话我总难忘，只好照办。"

　　他确确实实是在焦菊隐的调教下成长起来的大艺术家。焦菊隐之所以选择于是之演《龙须沟》里的程疯子，演《茶馆》里的王利发，是因为他对于是之早有了解。早在1947年，创办北平艺术馆的时候，在夏衍著作、焦菊隐导演的《上海屋檐下》里，于是之饰演了李陵碑，这是一个在旧社会被压在底层的小人物，巡夜的更夫，于是之演来得心应手。后来，他又在黄宗江编剧的《大团圆》里演一位不问政治、整日陶醉在小提琴琴声里的大哥。通过这两部戏，于是之的演员素质、创造能力等方面，焦菊隐都有所了解。说起于是之的文化修养也是在种种困难条件下披荆斩棘积累出来的。他酷爱文学，童年时由于家境贫寒，屡屡辍学，他只好断断续续读大学。在好朋友帮助下在辅仁大学听过课，在北京大学读过书，因为经济关系都没有读完。他是一位半工半读自学的、没有大学毕业证书的大学生。可是，他的文学修养一点也不比有毕业证书的大学生差。他熟读国内外著名诗人的诗歌，他自己能写出一篇篇漂亮的散文和一手好书法。正因为他有着深厚的文学修养和很高的理解能力，才创造出一个个光彩夺目的人物形象，例如《茶馆》里的王利发、《骆驼祥子》里的老马。

1985年，他退休前演出最后一个戏是《洋麻将》。故事发生在美国的养老院，揭示出两位孤寡老人的内心世界，通过极细微的思想感情的变化，展现了人物性格受到扭曲的社会原因。此剧的演出得到社会上极高的评价。中国戏剧家协会向全国文艺界推荐演出，推荐他们的创造精神，表演艺术的基本规律和美学原则，是将体验和体现相结合得十分成功的表演艺术的典范。特别对于于是之、朱琳二位老艺术家炉火纯青的杰出的演技给予盛赞。

《龙须沟》，不管看过电影还是舞台演出，只要一提起这个戏，首先在人们脑海里出现的就是于是之塑造的程疯子，程疯子发病的这场戏是精彩名段之一。

程疯子好强又不得志，内心十分痛苦，长时间不被周围人所理解，他委屈、压抑、郁闷了多少年的痛苦，突然在一天雷鸣闪电的日子里爆发出来。他又发了疯，要冲出家门，程娘子（韩冰饰）为了阻拦他，和他奋力抢夺院门，她为疯子发疯而心痛，撕心裂肺地一声狂喊："疯子！"这声狂喊震撼了疯子的心。他惊呆了，带着无助而又愧对程娘子的目光，愤懑的激情变成了更深重的痛苦，缓缓地沉静下来，反倒去安慰程娘子已经破碎了的心。舞台上出现了少有的停顿，这个停顿不是为了停顿而停顿，而是让人感到程疯子的徘徊不定，不知道用什么样的语言才能安慰程娘子的心。突然的安静让人屏住呼吸，紧密地关注着程疯子内心的变化，观众的心被紧紧抓住，久久不能松弛下来，如置身其境，忘了这是在看戏。这场戏韩冰演得真切动人，于是之的无言动作演得深沉，更是催人泪下，观众席里发出低低的啜泣声。这场戏的处理和节奏是导演的功夫，人物内心思想感情的体现是演员的本事，程疯子的艺术创造不愧是于是之的成名之作。

于是之有一篇关于程疯子的艺术总结，朱旭反复研读。从中，他看到于是之所付出的艰辛劳动。他精心研究于是之如何在生活中从唱单弦的名演员荣剑尘的身上，选择出由于他职业习惯形成的手势和走路的姿态，又怎么把它有机地运用在程疯子的身上，又如何把外部动作和人物的内部动作有机地融为一体的。朱旭更看到，于是之首先对于角色的精神世界有着深透的理解，体验着角色的内心生活，才在舞台上创作出一个鲜活的程疯子。这个真实的、典型的艺术形象给广大观众留下难忘的印象。朱旭通过对于是之这篇艺术总结的研究，掌握了现实主义艺术创作方法，坚定了走现实主义艺术道路的信心，他明白了一条很重要的原理，戏演的不是形式，是人，是人的内心世界，形式是根据内心的需要而存在的。

每当他想起于是之扮演的程疯子，就会在耳边响起那悠扬的吆喝声："卖哎……大小……哎！小金鱼儿来！……"这是程疯子哄着小妞子玩的时候的一声叫卖！如今已经成了绝唱。

于是之患病后，逐渐地丧失了思维能力，丧失了记忆力，丧失了语言能力，永远不会再听到他这声既有凄凉沧桑感，又有着十足老北京韵味的叫卖声了！这悠扬而深沉的叫卖，不单纯只是一声叫卖，而是发自人物内心的呐喊和心声。朱旭每想到这个深刻、动人的魅力人物，都痛惜在舞台上失去这位中国当代最优秀的演员，一位真正的话剧艺术家，一位知心的朋友。

从年轻的时候起，于是之就是朱旭在艺术上的崇拜者。那时他们私下并不认识，当两团合并后，他们两个人一见如故，亲密无间。朱旭不管碰到什么问题，什么困难，都愿意找于是之倾心而谈。他们也是酒友，每当散戏以后，买点花生米、豆腐干、一瓶二锅头，到于是之的房间，边吃边喝边聊，真是酒逢知己千杯少。他们谈话的范围很广，几乎无所不谈，谈恋爱、谈结婚、谈家庭里产生的矛盾、谈角色创造、谈艺术的规律、谈个人的思想、谈对某件事情的观点、谈对某本小说的感受、谈书法、谈读字帖，天南海北，广开思路。谈到有共同点的时候，高兴地举杯畅饮，产生不同看法的时候，争得脸红脖子粗，谁也不让谁，争到最后谁也下不了定论，好像相互之间默默地妥协了，又好像谁也说服不了谁，不了了之啦！他们经常促膝长谈到深夜，很晚……很晚……

于是之比朱旭只大两三岁，可他却像是朱旭老大哥，老成持重，有时又很风趣。排《骆驼祥子》的时候，他演老马，老马是在旧社会给死人抬棺材的杠夫，年老体弱，还有老寒腿的毛病。抬不动棺材也就失业成了沿途讨饭的乞丐，这个角色也是于是之创造成功的人物之一。

有一天不排戏，大家在排练厅看服装设计图。设计图中的老马首次上场穿的是杠夫的衣服，最后一幕的老马已经在路边倒卧。服装师给他设计的是一件不能遮体的破烂棉袄，于是之很满意这身衣服，忽然他眯缝起小眼睛笑了，冲着英若诚说："要是荒诞派设计，没准给老马穿一身牛仔装的乞丐服，膝盖上掏两个窟窿，肚脐眼儿上一个大窟窿，往那儿一站，正好一个品字！"

英若诚撇着嘴，摇摇头，十分认真地说："不对！没准是拿张报纸糊身衣服穿上！"

"也不错，又有文字又有照片的，再加上套色版色彩缤纷，远看还挺鲜亮，没准还成了欧美时尚新装呢！一时红火起来，老马兴许不当杠夫改行当模特了呢！你信不信？"

英若诚不以为然地说："就您这老寒腿？！"

"哎！不走猫步走马步哇！"

说完，于是之真的站起来里倒歪斜地走了两下所谓的"马步"就跌坐在椅子上了，两个人忍不住地悄声笑起来。在他们的心灵深处，还保留着一份天真，时不时地就会冒出来。

于是之也许由于性格的原因，十分能克己、有耐力、能忍，特别是他当上了北京人艺的副院长以后，在这方面更见功夫。有一年调薪调级，不是普调，是有重点地调，有升级的就有不能升级的，就会出现不是所有有才能的人都能调上去，因为有名额的限制。每遇到这种情况，人与人之间的矛盾就会很尖锐，没有极高的修养很难做到用平常心去对待，很容易出现心态不平衡。觉得领导对自己有看法，不公平，积愤在心。对于于是之来说，他绝不是一位会用打击报复伎俩的人，这些问题的决定不是他一个人说了算的，是领导班子集体的决定，单骂他一个人也真有点冤枉，他也没有权力更改名额的限制。一位年轻的女演员挺有才华，但是那时候她的才华还没有完全展现出来呢，必然这次会调不上去，她的情绪很激动。一天下午下班的时候，于是之刚要迈进汽车里，突然一只纤细的手拦住车门，指着于是之的鼻子带着脏字痛骂着。于是之的脸色忽红忽白，他的自尊心受到严重的伤害。只见他的嘴角嚅动了几次，最后还是咽下去了，既没有做任何的解释，也没有为自己辩白什么，他的脸上闪现出一丝难言的痛苦，晚上血压就升高了。

事后有的老朋友很关心地问他："你为什么不回击她一下，气就不会憋在心里了。"

于是之叹了口气摇摇头说："我是院领导，是党员干部，我不能跟她对着骂，影响不好！"

"那你就别真生气。"

"不行啊！她骂人还带脏字，光骂我一个人也就罢了，连我

在话剧《请君入瓮》中，于是之饰演公爵，朱旭饰演欧奇路，之后由于于是之生病无法演出，朱旭中途接演公爵

祖宗八辈都给带上了，这我受不了！"

"那你就不带脏字地回她几句。"

"我不能这样，我也说不出口，我也不会骂人。"

"那你就受着吧！活该！"

"活该？嗯，是，活该！"

"什么事你都委曲求全。谁让你当官来着，好好的戏不演！？"

"谁不愿意演戏？这官不是我要当……"

"不是你要当的，我知道，是组织决定的……"

"是呀！"

"你不会不干？"

"我推辞过几次，都没有被批准，我就不能不服从组织的决定了。"

这位朋友长出了一口气，一副爱莫能助的样子，点点头："也是。"

于是之总是宽于人，严于己。别人犯错误他总认为自己是没领导好，谁犯错误他都有责任，是他没有把思想工作做好，没有关心到，他把责任都揽在自己身上。

20世纪80年代末，我国的企业家刚刚认识到广告的作用和名人的效应。当时，演员做广告在话剧圈子里还是件新事物，也是一个挑战，引起了许多的议论，有赞成的，有不赞成的。剧院的领导层就持反对意见，从上面贯彻到群众的说法叫作"不务正业"。它是一种商业运作，从文化角度看，广告的制作也是一门艺术，演员做产品和消费者之间的沟通没有什么不可以。

关于演员外出拍电影、电视剧也是社会发展。剧院也有一条规定，在不影响剧院排戏演出的大前提下，允许演员去拍电影或电视剧，反之，就按违反规章制度给予惩处。于是之作为院领导，要以身作则，不能带头破坏规章制度。当时上海电影制片厂预备拍一部大型的重点片《赤壁之战》，由谢晋导演，邀请于是之饰演曹操，山东临沂酒厂请他做羲之酒的电视广告，他全都婉言谢绝了。他对自己十分严格，绝不做营私舞弊的事情。

一天，为了《芭巴拉少校》演出的事，我到于是之家里去，见他正在伏案挥毫，这时候他已经开始有些病态反应，患有精神忧郁症。他见我来了，就停下墨笔，指着他身后边的书柜上堆着一大堆中草药包说："你看，这么多的药，让国家为我花了这么多钱！"

我看他心里有些内疚的样子，就解劝他说："你是有功之臣，你为社会做了突出的贡献，这是国家对你的回报。"

"做贡献是咱们应该的，是不是？"

"是。"

他脸上浮现出一丝愁苦，一双忧郁的眼睛看着我，轻轻地拍了一下他身边的沙发背，示意我坐下。把正事谈完后，我就询问他的病情，可能谈话的时间太长了，他显得有点疲倦，我建议他出去走走，换换环境，旅游一下，他摇着头说："不去！"

"为什么？"

他坚决地说："不去！"

"为什么？"

他仍坚决地说："不去！"

"到底为什么呀？今儿非打破砂锅问到底！"

他欲言又止，真让人有点着急，我说："你这个人怎么还这样呀！我是谁？你跟朱旭什么话不说呀？怎么跟我就不能说了？你要这样，不说拉倒！回去我把朱旭找来。"

站起身我就要往外走，他一把拉住我的袖子，用命令的口吻说："坐下！你也是，急了？"

"往后我不来了！"

我被他推搡着跌坐在沙发上，刚坐下，他又说："你站起来！"

我莫名其妙地站起来。他说："你把沙发垫子拿开。"

我把沙发上浮盖着的小棉垫子拿起来，立刻突现出沙发中间被磨损的一个大洞。他紧接着说："你别告诉朱旭，啊！"

"为什么？"

"回头他……他……"

"他怎么了？"

"他……"

"他怎么了？又不愿意告诉我了？"

"不是，我怕你告诉他，他非拉我去旅游不可，我不去。"

"你还记得吗？1957年，我们结婚的第二天，你和曼宜请我们俩到动物园去玩了一个下午，还吃了饭，一晃都几十年过去了。那时候你的工资比我们高，现在朱旭在经济上比你好点，他请你玩就不应该？"

"那时候花多少钱？现在得花多少钱？不去，不去！"

随着社会的发展，经济改革，这几年大家接拍电影、电视剧或多或少地都有些额外的收入，可是于是之没有哇！因为他是领导，要带头做表率，他真是一位一点额外收入都没有的大腕儿，只凭每个月的工资收入维持生活。虽然挨不着饿，可是很清苦，谈不上经济富裕又拿什么去旅游呢！我灵机一动又劝他说：

"不是朱旭请你，是有位企业家由于工作的关系，要请朱旭到大连玩几天，你也去吧。能够邀请到你，他们会非常欢迎你的。"

他有点胆怯地看了我一眼，摇着头说："我……不去。"

"为什么？"

"我没为人家做什么，平白无故地让人家为我负担费用，我不能无功受禄。"

"要不……让朱旭帮你找个广告做吧，茶叶的！"

"不去！"

"又不去，为什么？"

"我不能带头搞不务正业呀！"

我只能无奈地跟他说了句："你真没治，我服了。"

回家后，我把在于是之家看到的情况告诉了朱旭。朱旭拍着大腿叹了口气，他什么也没说，两眼凝神看着窗外半晌，忽然决定说："他必须换个环境调节一下精神，找个地方我陪他出去旅游几天。"

"我跟他说了，他不去。"

"为什么？"

"你还不了解他这个人，清高，不求人，更不能让你为他花钱。"

"不管怎么说，不能让他这么闷着，他要闷出病来的。让我想想……"

经过再三思考，朱旭拿起电话打给于是之："是之，紫竹院附近有个钓鱼场，离你们家不算远，你去过吗？"

"我没去过，干吗？你要上那儿钓鱼呀？"

"是呀！自己钓上来的跟买的吃着不一样，你想啊！一条条活蹦乱跳的鱼都是你亲手钓上来的，吃着是什么感觉？拿回家去烹炒蒸炸随便，怎么吃都好，新鲜啊！再来二两，别提多自在了，简直就是神仙的日子，怎么样？体验体验，你陪我过把瘾去。花钱不多，还挺痛快。"

对方有点动摇，只听他说："是吗？我没钓过鱼。"

"太好玩了，太阳底下晒一晒又可以日光浴，环境也好，干净、安静，不信你跟我去一趟，看看你就知道了。不是有'渔歌唱晚'吗？咱们给他个'渔歌唱早'，怎么样？明天一大早我就接你去啊！定了，就这么定了！"

我急着问："他去吗？"

"去！"

"你还真能忽悠！"

"那是，咱是煽情能手，要是在旧社会我能把人都给煽忽得暴动了，你信不信？"

"我信！那就用不着枪杆子里面出政权了！"

第二天一大早，朱旭带着两副鱼竿去接于是之钓鱼。从来没有钓过鱼的于是之感觉很新鲜。这一天他好像什么事情都没想，思想很放松，玩得十分高兴，可是他一条鱼也没钓上来，倒是他的夫人李曼宜钓上两条来。过了两天，于是之打来电话，我和朱旭都不在家，二儿子接的。我们回来后二儿子就告诉我们，有个人只说了一个于字没说名字就挂了电话，不知道是谁？

朱旭想了想明白了，准是于是之打来的电话，也许他还想去钓鱼。果然李曼宜又打来电话说："是之还想钓鱼去。"可惜朱旭已经到外地拍戏去了。

三个月后，于是之演出《茶馆》的告别场，也就是他最后一次站在舞台上了，许多没买到票的观众在剧场外面一直站了三个多小时，等着散场后和他告别。

这场演出盛况使人终生难忘，观众沸腾了。当剧终谢幕时，掌声如潮经久不息，观众谁都不肯离去，有的观众在台下向他挥手大声喊着："老于，再见了！"

只见于是之深深一鞠躬，半天没直起腰来，他已经热泪盈眶，哽咽着无法用语言答谢观众。这之后，他就卧病在中日友好医院。朱旭还没有回来，我就代表朱旭到医院里去看他。他按捺不住地一遍一遍诉说着这场告别演出的感受，他真希望朱旭能在他的身边聆听他的倾诉。他不断地重复两句话："那天不知怎么了，脑子就是空白，就是空白，台词一下想不起来了，想不起来！错词呀！咳！"

他用手掌猛劲拍着，连连摇着垂下的头。内疚地说着："我真对不起观众，真对不起观众，我多想一句台词不错地再为观众演一场啊！"

我心里酸酸的，半天不知道说什么才能安慰他，终于找到一个不是理由的理由，我说："观众没听出来，也听不出来，后来你不是把台词补上了吗？别总这么揪心。"

在纪念世界电影诞生 100 周年、中国电影诞生 90 周年的日子里，朱旭和于是之一起荣获了国家电影局颁发的"中华影星"称号

他带着意想不到的眼神看着我说："你怎么也这么说！？咱们不能糊弄观众啊！朱旭要是听你这么说，他准得批评你，咱们得有艺术良心啊！"问得我无话可讲，我只能说："是，是。"他转身扑在椅子背上，把头埋在双臂中间，他哭了，他无声地啜泣着。我和朱旭都能理解他对观众的这份感情，这份责任心，这份愧疚，但又无法替他挽回。我知道，没有任何语言能再安慰他，解除他内心的这份痛苦，就是朱旭在场的话恐怕也会言穷词尽。他心酸落泪，我哑口无言，只能默默地陪他坐着，直到他的夫人李曼宜从家里送饭来，我才离去。

三个月过去了，朱旭拍完戏回来，他首先询问的是于是之的健康状况，我告诉他说："是之的病愈来愈严重，语言已经出现障碍，他已经失去过多的记忆，很多的老朋友去看他，他都不认识了。"

朱旭沉默了半天，心情沉重地说："他太爱钻牛角尖，死心眼，心又重。也许他的性格就决定了他得这种病。我真后悔，没能在他清醒的时候再陪他多去钓几回鱼，让他多高兴高兴。"

朱旭突然站起来说："我看看他去。"我刚准备穿上外衣陪他去，他又坐下了。我说："怎么了？"

"要不，咱们不去了，等他好点的……"他多么希望于是之能恢复原来的智慧、风趣，还有一份童真的心。

"你心里矛盾？"

他眼圈红了，迅速避开我的视线，看着别处说："我怕看见他那种不认识我的样子，这种陌生我受不了。"

从那以后，直到今天他都不敢去看于是之，我理解他的感情，他不去看他不等于他心里不挂念着他。他愿意把于是之健康时候的精神状态永远存在心里。

于是之不仅是朱旭生活中的大哥、知己，也是他艺术创作、艺术道德的楷模，他敬佩于是之！

与童超

北京人艺最辉煌的年代里，在舞台上有一颗十分耀眼的明星，他创造了许多不同性格的角色，其中最突出的人物有三个：《茶馆》里的心态怪异、外形老而丑、风一吹就要倒的棺材瓤子庞太监；《蔡文姬》里英俊潇洒、儿女情长、可又不被儿女情长所羁绊、感情深重、顾大局的左贤王；《骆驼祥子》里的二强子，一个拉洋车的车夫，本来挣不了几个钱很难养家糊口，偏偏又痞子成性，好吃喝又爱赌，逼死老婆又逼着亲生女儿为暗娼，最后仍是披着麻袋片儿流浪街头的求乞人。这三个人物性格的反差非常大，没有深厚的演技功力很难获得成功，也是通过对这几个人物的成功塑造，使他成为人艺演员队伍里的"大腕"之一，他就是硬线条的小生胚子，具有男性特质的童超。

童超平时不讲究穿戴，不修边幅，忙的时候还胡子拉碴的。他并不把仪表当回事，却仍旧洒脱自如，对于阿谀奉承的人他最不喜欢，在他身上焕发出一股年轻人的活力和积极向上的精神，很有个性的魅力。20 世纪 60 年代的时候他被选为北京市的先进青年，在剧院的年轻人眼睛里他是排头兵、代表、旗帜，是年轻人中的核心人物。他负责解决青年人的各种思想问题，在群众中有一定的威信和影响。

童超原来是北洋工学院土木工程系的大学生，他的父母本来希望童超毕业后，成为一名工程师，谁知道他却成了一名成功的话剧演员，这跟他学的专业一点关系都没有，可是他又是怎么迈进文艺界这个门槛的呢？说来话长。1945年8月15日抗日战争胜利后，进入国民党统治时期，不久国民党就暴露出反人民的本性。爱国的进步青年奋起反抗，反压迫、反饥饿的各种反抗活动风起云涌，利用文艺形式进行斗争，也是打击反动势力不可低估的一分力量。其中北洋工学院的学生组成北洋工学院话剧团与北京剧社（业余团体）联合演出，里面的成员绝大部分都是进步青年和地下党员。童超就是这个话剧团里的主要演员，他在由果戈理的《钦差大臣》改编成的中国话剧《狂欢之夜》中饰演县长，在由莫里哀的《悭吝人》改编成的中国话剧《守财奴》中饰演守财奴，在郭沫若著的《棠棣之花》里饰演秦王。那个时候他刚开始演戏，正在摸索阶段，但是在业余的学生舞台上却已经显现出他不凡的艺术才华，从此他爱上戏剧艺术。新中国成立前夕，他随文艺界地下党人离开国统区到了解放区，这以后他决心放弃做工程师的理想，去追求做一个好演员的梦想。1949年以后，他到了华北大学第二文工团，后改编到中央戏剧学院话剧团，又随两院合并到了北京人民艺术剧院，才正式走上专业的艺术道路。多少年来人艺的辉煌有他的一份辛苦和贡献。

朱旭和童超在文工团的时候就已经认识，那时朱旭还是电工。

因为工作部门不同，接触的机会很少。直到人艺建院后，朱旭是共青团的宣传委员，童超是书记，不论在共青团的工作，还是戏组里的核心工作，朱旭都是他的左膀右臂，得力的助手，他们合作得十分融洽。在性格秉性上他们两人有许多共同的优缺点，自信、爱憎分明、重感情、主观、脾气暴躁、容易冲动等。在爱好上也有着共同点，从京剧到曲艺，他们都是"迷"。谈起京剧的名角名段，曲艺的京韵大鼓、梅花大鼓，更是如醉如痴的"晕"进去，兴趣达到高潮时，哥俩儿索性就唱开了。童超学着曹宝禄的单弦《风雨归舟》、太平歌词、各种牌子曲，不管是嗓子、韵味、吐字、节奏都很有水平，不比专业的差。朱旭学马派京剧《甘露寺》，不能说好，能唱下来就是了，他学的最好的是王佩臣的乐亭大鼓《王二姐思夫》，有一股来自民间土味的诙谐。他们两个人边说边唱边研究，废寝忘食，这不只是他们的共同爱好，也是在业务方面的探讨，剧院规定学习曲艺的精粹是演员的必修课，和他们的兴趣正好相结合。

他们俩不仅在爱好方面相同，生活习惯也有很多共同的地方。童超和朱旭都是自由散漫惯了的人，刚开始对于剧院的一些规章制度的约束很不习惯。为了不影响同台演员的演出，为了对观众负责，他们不得不严格要求自己遵守各种制度，特别是在规章里有这么一条细则"演出时严禁演员及全体舞台员工饮酒"。不管你在舞台上出没出事故，只要带着酒气进后台，就要受惩罚。年轻的时候，他们两人每顿饭都要喝上二两小酒，为了强制自己接受这条规定，只要有演出，他们绝对滴酒不沾。即使把茅台、五粮液摆在面前，他们也绝对不尝一口。遇到有热情的亲朋好友非让酒不可，朱旭就会说："我犯错误您替我去受处分，还是您拍着巴掌叫好？咱不找这麻烦，是不？"

他们一起调整着自己，改变原有的生活习惯。他们改成在戏散后，吃夜宵的时候再喝酒。三五酒友聚在一起边喝边议论着当晚演出的效果或是天南塞北的海聊着，倒也其乐无穷。几十年如一日，直到今天，朱旭仍延续着这个习惯。

他们两个人同样不喜欢喝洋酒，多有名的洋酒和国产二锅头放在一起，他们两人准会不约而同地选择二锅头。

大约在1961年，演员队的某位演员和另外的三位演员同住一室，那时我们国家刚在市场上出售半导体收音机，能收到广播电台的广播剧、音乐等节目。某演员与他同室的人合计好四个人均摊钱合着买一台收录机，谁知某演员中途变卦，他不想出这个钱了。同住一间屋子，你不出钱也不可能不让你听啊！朱旭并不和他们住在一起，其实这件事跟他一点关系没有，可他就要打抱不平。他认为某演员出尔反尔，明摆着要占人家的便宜。朱旭挺生气，当他看到某演员的时候，就理论起这件事。谁知道某演员不但不觉得自己不对，反倒强词夺理地蛮横起来。朱旭更生气了，没过三句话就发生了口角，朱旭按捺不住自己的怒火，抡圆了胳膊给对方一个大嘴巴。不管事情的曲直如何，就是你批评的对，动手打人也是错误的，何况朱旭是共青团员是团干部，更不能打群众了。共青团对他进行严肃的批评，并且撤销了他宣传委员的职务作为处分。当时朱旭很不服气，他认为他并不是为了自己，而是为了主持公道，反而受到处分，一时情绪低落。童超的心情也很郁闷，但这是党委的决定，他不能不执行。童超特意找到我，他紧皱着眉头，进门就坐在椅子上，一口一口地长叹着气，也不说话，把眼睛定格在一个地方半晌。突然，他狠狠地拍了一下自己的大腿，"咳！"了一声，又长长地叹出一口气，眼圈红红地几乎要溢出泪水。他猛地用手掌抹了一把脸，算是把眼泪掩饰过去了，他指着水杯，我倒了一杯凉开水递给他，他一口气喝下去以后，才开口跟我说话："你说朱旭他冒什么傻气！抖什么机灵啊！人家同住一间屋子的人都没说话，他打什么抱不平？你要主持公道讲理就行了，怎么动手打人？本来有理的事也变成没理了！你这不是找着挨擂吗？！"

他猛劲地拍了一下自己的后脖梗子，烦躁地站起来在屋子里没有目的转着圈走溜儿，显出爱莫能助的样子。一时我也不知道说什么好，只能看着他瞎转悠，我知道他是特意来找我的。忽然他不转悠了，站住看了我一眼，嘱咐我说："这阵子你要多关心他，体谅他一点，他心情不好，要是发脾气，你就让着他点，别再给他施加压力了，让着他点，啊！我再找他谈谈，他还有点想不通。"说着就走出去了。当时，童超给我的感觉，他的心情很像"诸葛亮斩马谡"，爱莫能助，不得不如此。

童超作为共青团的书记，当然责无旁贷地要把朱旭的思想做通。经过童超和朱旭多次的倾心长谈，朱旭终于认识到："不管你多有理，打人总是错误的，正确处理应该是有理讲理，以理服人才是对的。"

通过这次事情，朱旭吸取了深刻的教训，以后遇事就冷静多了。

童超并没有因为朱旭是要好的哥们儿就无原则地偏袒他，而是秉公而行，不徇私情，但是他的内心深处很心疼他的这位小老弟。朱旭很能理解童超，没有丝毫的怪罪。事后，哥们儿还是哥们儿，朱旭仍旧是童超在工作上的得力助手，依靠对象。该谈心的时候谈心，该唱单弦牌子曲的时候唱单弦牌子曲，不愉快的阴影很快就在朱旭的心里淡化下去。

每当谈起《茶馆》，朱旭都要挑起大拇指赞赏着童超演的庞太监，用他的话说："庞太监这个人物，真让童超演绝了。"

难怪他这么赞赏，从全剧看，庞太监只在第一幕占据了一定时间，后两幕就没有戏了。但是演完全剧后，观众并没有忘记这个形象，人物仍旧回荡在观众的心里。这是因为童超对待艺术的热爱达到痴迷的程度，对待每一个不是主角的角色都像对待主角一样地去创造。

《茶馆》初排时，快开始排戏了，童超还没找到体验生活的对象，他着急得不得了。他到图书馆查阅若干有关历代太监的史料，可是他真想见到活着的太监，这可上哪儿找去呀，只能千方百计地通过各种渠道去找。有一天真像是天上掉馅饼似的那么意外，居然在北京城里还有几位屈指可数的 90 岁上下的老太监尚活着。当他得知这个信息后，抑制不住自己的兴奋几乎雀跃起来，一扫前些日子的愁眉苦脸，立刻让剧组安排他去体验生活的日期。经过一段时间的接触、观察，他了解到他们这些人的言谈笑貌，生理和心理的特征，抓住特点不断地揣摩着、体验着。

庞太监的生理发生变化后，声音变成了女人的尖嗓说话，节奏也较慢，说的都是十足的京腔京调。童超是天津人，在他的台词里有时不知不觉地就带出一点天津的尾音，其实并不是很严重的，但是他就非要把北京话说得地道纯正。为克服语音语调问题，他观察了很久，最后他认为我最合适，正符合他的要求，特邀我当他的老师。每天早晨拍戏前一个小时（占用练声的时间），我在后台的化妆室等他。刚开始的时候，他让我把庞太监的台词从头到尾地给他读一遍，听后，他觉得我对台词的理解有的地方和他不一样，所以说台词的语气、轻重音和他要求的也就不同。于是，我们停下来一块讨论着，直到统一认识，再重新逐字逐句地学，纠正乡音，如此反复，他很快地就掌握了京腔京调。当首场演出后，我正从后台往外走，他叫住我高兴地说：

"怎么样？还够老北京味吧？"

"挺够味，焦先生都肯定了，还说什么呢！"

"把朱旭找上，吃夜宵去！我请客！"

童超所塑造的庞太监在看见年轻俊俏的小姑娘的时候，会高兴地尖声狂笑，紧接着又会咳嗽带喘地差点噎着背过气去……经过童超精心的刻画，出现在舞台上的是一个从内心到外形都让人感到是一个很丑的畸形的怪物，是一个至今让人难忘的典型的人物形象。

在《蔡文姬》里他所扮演的左贤王却恰恰相反，英俊、潇洒、浑身充满了阳刚之气。

蔡文姬由北京人艺的艺术骨干之一朱琳扮演。朱琳扮演的蔡文姬雍容华贵、情深意长、真实动人。她和童超的合作珠联璧合。穹庐告别是第二幕最有亮点的一场戏，根据人物思想感情的起伏，蔡文姬有三个不同层次、不同节奏的行礼告别。

左贤王和蔡文姬已经有了一双儿女，他们是耳鬓厮磨共同生活十多年的夫妻，十分恩爱。如今曹操召蔡文姬离开匈奴回汉朝，路途艰难遥远，此一别能何时相见，遥无佳期，如同生离死别。最后落幕落在蔡文姬和左贤王的告别。他们充满恩爱的儿女深情，又不能在众多官员面前坦诚流露。当蔡文姬向左贤王最后一个深深行礼的时候，左贤王急转身慢扶起，在这个变慢的节奏里突然停顿下来，他和蔡文姬无言相视着，无限依恋，难舍难分的感情抑制不住地流露出来。在"一步一远，足难移啊……"的歌声中，左贤王咬紧牙关忍住泪撒开扶着蔡文姬的手，转身背朝着她，只见他心痛欲碎缓缓地垂下头，任蔡文姬逐渐离他远去。这场戏闭幕时，台下安静得掉根针都能听见声音，稍许，突然掌声雷鸣般地四起。掌声静下来以后，就听见观众席里不断传来饮泣声。看过戏的观众带给没看过戏的观众一个信息：看这个戏得多带两条手绢。报纸上有人画出一幅漫画，楼下观众都打着伞看戏，因为楼上观众已经泪如雨下了。

北京人艺打造的这块金字招牌，有着童超的一份汗马功劳，他是朱旭心目中的楷模。

1966年"文化大革命"开始，一切都在瞬间万变，原来围绕在身边的合作伙伴、好朋友，一夜之间都变成了黑帮、走资派、特务、反革命、黑线基础、黑线苗子。除了造反派之外，几乎绝大多数人都被戴上了各种帽子。童超也被划进黑线的范围里，使这位性情刚烈的人陷入困惑、迷惘、徘徊、矛盾，种种复杂的思想感情抨击着他的灵魂，长夜不能安眠。久而久之，他的血压持续上升，突然有一天崩溃了，他半身不遂，语言也含混不清，内心的焦虑和惆怅袭击着他，他的脾气变得更暴躁，谁劝解也听不进去。一天，我从他家门口路过，一声巨响从他的屋里传出来，我以为出了什么意外，急忙冲进他家，只见满地杯盘狼藉，桌子翻倒着，他满脸怒气，两手微微有些发抖地坐在椅子上。他的夫人，一位很有文化素养的女子，正蹲在地上默默地捡着碎碗碴儿。见我进来，她忧郁地看了一眼童超向我摇摇手，我只好迅速地退出来。他的病情一天天恶化，行走愈发地困难，不久就卧病在床，很难在院子里再看见他散步晒太阳。

朱旭被造反派打成特嫌分子，打倒朱旭的大字报像铺地毯似的贴在地上。在那个特殊的年代里，只要戴上这么一顶帽子，好多朋友也不能再接近。因为会给对方带来划不清界线、敌我不分的罪名。朱旭怕因为自己给朋友们带来不必要的麻烦，他把自己关在家里不跟任何人往来。当然，也有的人躲避着不跟他再接触，人与人之间的关系霎时发生了不正常的变化，也有着说不清的微妙。

朱旭和童超也不例外，他们偶然在院子里碰见，谁也不敢和谁说话，就像不认识似的，只能眼看别处擦肩而过。有一天很凑巧，朱旭在红五类的革命群众嘴里听到童超的病情好转，能够扶着拐杖下地了，朱旭为他欣喜，为他庆幸，那天晚上为他的健康祝福，特意多喝了两杯白酒。他也感慨万千，不断地让他想起他们在一起谈理想、讲事业、举杯欢歌却成往事云烟的日子。"文化大革命"结束，已经被禁锢了十几年的友谊应该解锢了，可是"文革"的余悸就像物理的惯性一样，还长时间地在人们的思想、心理上不停地滑行着，而不是挥之就去。

20世纪70年代末、80年代初，一个春天的早晨，风和日暖，花苞待放。在这个绿树吐芽的日子，朱旭吃完早点正从史家胡同口往里走，一眼看见童超拄着手杖扶着路边的榆树干步履艰难地往前走，时而停下来站一站。当童超意外地看见朱旭从远处走来，索性就停下不动，显而易见地是在等着他。朱旭加快速度疾步走上前去，虽然住得近在咫尺，却是多年的隔离，久别重逢的哥俩终于在胡同里的大榆树底下见面了，彼此都有着千言万语，可又不知从哪儿说起，该说什么，真是尽在不言中。相互对视良久，不约而同地都在寻找着对方有什么变化。童超两鬓斑白，显出过早的体态衰老，眼神也有些呆滞。朱旭困难地吐出四个字："你还好吗？"

过了半天，童超含混地说出两个字："你看！"他轻轻举起一下手杖。

朱旭双手按住他的肩头说："我没去看你。"

他表示理解，苦笑地点点头说："我明白。"

朱旭关切地嘱咐着："别总冲动，啊！"

他由衷地："禀性难移呀！"

"改改，咱们都改改，为了健康！啊！"

他深沉地看着朱旭，又笑着点点头："嗯，你放心！……回去吧！我慢慢地走。"

朱旭回来有点兴奋又有点沉重的样子说："我看见童超了。"

"是吗？说什么了？"

"没有。几次到嘴边的话又都咽下去了，他那样子不能再让他激动了。"

　　我为他们的见面没能把彼此在这些年的变化和感受倾心而谈感到遗憾！可是朱旭却说："只能这样，让他保持平静吧！现在对童超来说健康第一。"

　　说来也凑巧，自从童超不能演戏，他曾经演过的左贤王、二强子都是由朱旭接替演下来的，童超创造的痕迹潜移默化地影响着他。

　　多年以后，这位在舞台上有着卓越成就的艺术家与世长辞，朱旭没能向他的遗体告别。因为全剧院的人都知道他们的友谊，老干部处出于善意，怕他难过，没有把这噩耗告诉他，等到一切后事都处理完毕才让他知道的。这已经成为朱旭心里永久的一个遗憾！

与英若诚

学者型的英若诚，毕业于清华大学外国文学系。他出身满族的名门世家，从小就受到中国传统文化的熏陶，可是等到他该上学读书了，家里又把他送到外国人办的教会学校去接受洋教育。可能是同时接受两种文化的影响，他个人的爱好、审美观点、生活习惯等都是中西掺半的融合体，敢想敢做敢创新，是跟着时代走的人。在他家里大客厅的墙上不仅挂着一幅大尺寸的画着他夫人遗像的油画，也挂着黄永玉、胡絜青（老舍先生的夫人）画的中国画。他喜欢喝咖啡，也爱喝二锅头，他的客厅里摆着西式沙发，也摆着明清时代黄花梨的太师圈椅。有一次到他新搬的别墅去贺新居，他拿出一个毛蓝布做的棉套，套在一把有老红铜提梁的旧时代的茶壶上。壶上画着中国的工笔画，这把茶壶古老得引人注目，朱旭的眼睛立刻一亮，问他："你哪儿来的这老古董？"

他很得意地说："淘宝去了，我在潘家园淘换来的，怎么样？够古老的吧？这可是个老玩意儿！"

朱旭带着怀疑的态度问："是真的？潘家园可净是假的。"

"当然了。今儿我是特意拿出来给你沏茶的，敢情是整个一个蛤蟆跳井，不懂！（扑通的谐音）"

"还真让你说着了，咱对这玩意儿是擀面杖吹火，一窍不通。其实我也喜欢古董，我在潘家园买过一副对联，是否古老不知道，像你说的，蛤蟆跳井不懂，咱在这方面是知识上的黑暗。"

"那就慢慢学呗！这里学问可大了，其实我也不懂，喜欢就是了，要说知识方面连醋底都不够。"

他从壶里倒出带茉莉香味的花茶后说："喝茶，喝茶，今儿咱吃炸牛。"对于中西的吃、喝、用，只要是精品他都喜欢。

在大学读书的时候，他的英语水平超过同班同学。因为从小学的教会学校开始，他就和外国孩子打成一片，外国孩子嘴里的土话，甚至带脏字骂人的话都让他不经意地学到了，这对他后来的翻译工作获益匪浅。美国一位有名的独角戏演员华夫曼应邀到中国演出，他的演出台词多是美国的土话，等于中国的单口相声，很难翻译，中国观众看后觉得索然无味，因为听不懂什么意思。第二场演出就换了英若诚当翻译，这场演出气氛热烈，华夫曼十分满意。华夫曼认为这场演出观众的反应是正常的，应有的喜剧效果都有了，跟他在美国演出的时候差不多，他十分感谢英若诚，佩服他的英语水平。

英若诚知识渊博，古今中外的天文地理他都能引经据典，查实论证，很难问倒他。他不但十分健谈，还有谈话的技巧，本来平平常常的一件事，由他嘴里讲出来就会变得精彩，引人入胜。他很有吸引力，走到哪儿都会有人围着他讲讲东、说说西，他的幽默风趣给大家带来快乐；并非是无稽之谈的死嗫头，而是有着丰富的知识和内容，于是大家给他起了个雅号"英大学问"。
"英大学问"能演戏，能导演戏，能翻译戏，包括到国外演出和
文化交流工作，哪一项他都做得很拿手。

在曹禺编剧，焦菊隐导演的《明朗的天》里他扮演陈洪友。
1956 年全国话剧调演时，他获得表演奖。他在电影《白求恩》里
扮演童翻译，在《知音》中扮演袁世凯，在中意合拍的电影《末
代皇帝》中扮演战犯管理所所长，在电影《马可·波罗》里扮演
元世祖忽必烈。

1982 年应美国密苏里大学的邀请，英若诚任戏剧系教授，导
演巴金原著、曹禺改编的《家》。

1984 年赴美讲学，他被密苏里大学聘为终身教授，并导演
《十五贯》，密苏里州授予他荣誉公民称号。

1993 年他获得美国包度因学院名誉博士学位。

1998 年获菲律宾泰格赛赛总统纪念奖及马尼拉荣誉市民称号。

北京人艺几个有重量的外国戏都是他翻译的，例如莎士比
亚编剧的《请君入瓮》，就是由他翻译并导演的，阿瑟·米勒编
剧的《推销员之死》，赫尔曼·沃克编剧的《哗变》，萧伯纳编
剧的《芭巴拉少校》，这些戏都成为北京人艺的保留剧目。其中
《芭巴拉少校》我个人认为是他所有翻译的剧本里最为出色的一
部。因为这部戏大多数的台词都是讽刺性的政治语言，要把这样
的台词的含义准确、清楚地翻译出来有很大的难度。剧场演出的
效果是衡量它的一把尺子，观众的反应才是真正的评价。萧伯纳
写得精彩，英若诚翻译得也出色。他翻译剧本的一大特点是不把
本来倒装句的外国语言原封不动地翻译过来，而是按照中国语言

的习惯和逻辑表达出来，使语言中国化，让中国的观众易懂，能达到这种水平，说明他中英文的根底都很深厚。在这部戏里，除了翻译以外他还要做修改剧本的工作，因为按原著的剧本演出要达四个多小时，太长了，必须压缩到三个小时之内，需要减掉一个多小时的戏，这该是怎样的一个删减法呢？结构必须改变，这是大手术，等于让翻译者对剧本进行一次二度创作。他的工作量非常大，经常通宵达旦，终于成功地完成了任务。

英若诚很好客，每当节假日或是没有演出的日子，他家里准是宾朋满座，谈笑风生，饮酒、喝茶、打桥牌、谈文学、谈演出……他喜欢打桥牌，而且打得很精明，他愿意和朱旭做一方。他们两人合作得顺手，好像心有灵犀一点通似的。不管是输还是赢，战局结束后总要大概做个总结，有时总结出的问题不一样，还能以和平共处的态度小小地争论一下，争论得也挺有情有理的。每当争个没完没了的时候，主妇吴世良就会出来拦住大家。（吴世良和英若诚在清华大学是同班同学，毕业后又一块进入北京人艺，刚到人艺的时候，吴世良是演员，后因工作需要，调到曹禺身边做秘书。）她会半命令似的说："行了，行了，别争论了，反正是该输的输了，该赢的赢了。洗手！吃饭！肚子提意见了。"

说也奇怪，大家都听话地该洗手的洗手，该坐到饭桌前的坐在饭桌前，一时间倒酒的倒酒，倒茶的倒茶，话题就会转到别的方面去，至于桥牌小结经验也就不了了之，没人再提它了。吴世良做得一手好菜，总是咸甜适宜，清淡可口，大家吃得很惬意，无拘无束地高谈阔论，各抒己见，充满家庭氛围的温馨快乐。

朱旭与英若诚在话剧《推销员之死》中同台演出

人艺建院 40 周年时，朱旭与英若诚同领元老杯

　　三年困难的时候，除了粮油少缺，市场上也缺烟少酒，爱喝酒的人一筹莫展，怎么办？到底是"英大学问"点子多，他邀朱旭到他家去，要做一个有趣的实验，让朱旭过把酒瘾。朱旭兴高采烈地应邀而至，以为他学会了酿酒呢！其实不是，是他冥思苦想地才想出了一个馊主意，用少许酒精兑上大量的白水，我知道后很生气，立刻给他打了一个电话："老英，干什么呢？找死呀！你又瞎出什么主意，喝什么酒精？"

　　"谁这么夸张？没人喝酒精，只不过做个实验，好玩而已。"

　　"这有什么好玩的？"

　　"有意思，我只用一大杯凉开水往里滴了两滴跟眼泪似的消毒酒精，我们轮流尝了一口，别提多难喝了，就把剩下的都倒在手上当消毒液洗手了。"

　　"我告诉你老英，酒精喝多了伤肝伤肾。"

　　他有点着急："我们就是大伙儿起着哄地玩而已，你怎么就认准了我们是大口地喝酒精？你是不是大脑进水啦？"

　　我听得出来他是真有点急了，还有点生气，我平静一点跟他解释："我是为你们的健康着想。"

　　"我知道你关心。再说我也不傻呀！就算我智商不高，朱旭智商也不高？谁这么夸大其词！我给你讲个故事：有人捡了一个鹌鹑蛋，传到第二个人的耳朵里就说成捡了一个鸡蛋，到了第三个人的嘴里就说成大鸭蛋，到了第四个人嘴里变成鹅蛋，到了第五个人的时候，就变成鸵鸟蛋了。就是这样，还要我说什么呢！信不信由你！"

我一时无话可说，只好回答他："那就行了，只是提醒你。"

"姑奶奶，你倒真实在，给个棒槌就认针（认真）。"

他是一位对新鲜事物都有兴趣、喜欢探讨的人。在事业上他总是无穷无尽地探讨、研究、追求着新的高度。他的这种精神也影响着朱旭。

后来，市场逐渐缓解供不应求的局面，偶然也能买到一点酒或是有亲戚把特供的票送给朱旭时，他一个人舍不得喝，买来存放着，当到英家聚会的时候再带去和他共享。

"文化大革命"开始，他们一块以"英家门楼"的名义贴出了第一张大字报。内容是提倡用马克思、列宁主义的观点闹革命，批评造反派不讲政策的错误做法。这张大字报的内容被红卫兵反驳为右倾观点，"英家门楼"被打成反动黑窝，更以莫须有的罪名将英若诚夫妇逮走，入狱审查。这期间，剧院内的造反派拘押朱旭让他揭发英若诚，朱旭了解英若诚不是反动分子，拒绝揭发。

这夫妻俩一进去就是三年。英若诚的儿子英达、女儿英小乐年纪尚小，他们的外婆只好从上海来北京照顾他们，经济很窘迫。在那个特殊的年代，这些被称作牛、鬼、蛇、神的人都是被监视、被专政的对象。革命群众为了划清界限谁还敢跟你接近，都是"各人自扫门前雪，莫管他人瓦上霜"。朱旭也是"泥菩萨过江，自身难保"，没有条件照顾他们姐弟，可又放心不下，只能有时候悄悄地去家里看看，或者跟外婆打听一下他们夫妻在狱里的情况，仅此而已，回家来谁都不敢告诉。因为不能给他们一些实际的帮助，朱旭懊丧、烦恼。

三年过后，朱旭突然听到英若诚夫妻被宣布查无罪证，释放出狱的消息。他兴奋地刻不容缓直奔英家。久别重逢，不知过了多少个日夜仍有说不完的话题。这时已经是"文化大革命"的后期，"文革"快结束了，各大艺术院团都在逐渐恢复正常的工作。北京人艺经过整顿恢复，上演的第一出戏是《丹心谱》。随之，在思想观点上极"左"思潮有所改变，一切都逐渐步入正常轨道。

1981 年开始，英若诚翻译外国剧本《请君入瓮》，该剧的导演是托比·罗伯森，英若诚兼做排练现场的翻译，沟通导演和演员的交流。朱旭扮演路奇欧。

1988 年和美国进行文化交流，排演了《哗变》，由英若诚翻译剧本并做现场翻译。该剧由美国的查尔顿·赫斯顿导演，朱旭在剧中扮演魁格舰长。

1991 年由北京艺术文化交流中心（由北京人艺离退休老干部组成的文化团体）和北京人艺联合演出《芭巴拉少校》，英若诚任导演，朱旭扮演主要角色安德谢夫。

这四个戏，他们俩是灵犀相通的合作，导演和演员之间都能吃透对方的创造意图。在艺术上他们有着共同语言，知己知彼，合作得很默契，使两个人感到前所未有的融洽、顺畅、愉快，共享成功的幸福。英若诚愈发欣赏朱旭塑造人物的独特风格，他说："朱旭的创造有自己的特点，内涵丰富、幽默，这是别的演员所没有的。他对角色的理解、剧本的认识是准确的，有理解和体现的能力。我喜欢这样的演员，可惜，这样的演员现在不多。"

英若诚被提调到文化部做副部长的这个阶段，他的工作很繁忙，但是只要有一点空闲，他就邀请朱旭到家里，一如既往、一吐为快地倾心而谈，直到一醉方休。

1991 年 6 月 1 日《芭巴拉少校》在首都剧场演出，演出出乎意料的热烈，他和朱旭都陷在兴奋的情绪里。正当考虑择日庆祝演出成功的时候，突然他在后台鼻孔出血，开始大家都以为是他排戏太累，睡眠不好，加上天也热，空气干燥所致。谁知道在后台，大夫把所有止血的措施都用上了，仍止不住大量的流血，没等到演出结束，就急派人送他到医院急诊，当时就给留下住院。一时查不出病因，经过多日的检查才确诊是肝硬化。从此病情总是好好坏坏，他也就经常被召进医院治疗。

一年的春天，正是春暖花开的季节，他又旧病复发住进医院。朱旭正在外地拍戏来不及看他，临行前嘱咐我代他多去看望老英。北京春天爱刮风，有天风停了，天气显得格外晴朗，我正好休息，给英若诚打了一个电话问他想吃什么，做好了一块儿带去。

"炸酱面，带点青蒜。"

"再给你带一小瓶醋？多吃点酸的好。"

"对。"

"还要什么？"

"不要什么了。千万别买水果，谁来都带水果，都成堆了。"

"好吧。"

"你什么时候来？"

"今天上午。晚上吃炸酱面不好消化。"

"中午我就不让医院送饭了。"

"好。"

我掐着钟点到医院，正好是吃饭时间，进门就催他赶快趁热吃。他吃得挺香甜，也吃得不少。我发现病房里出现一台电脑，他看我注意到了就说："我是倒计时的人，再说，吴世良在天堂等我好几年了。我要老不去，上帝该烦了，谁总替你托管老婆呀！是不是？"

"别瞎说了！"

"真的。哦，中国对外翻译局出版公司要出版我翻译的所有剧本。"

"这是好事。"

"对呀！所以我要抓紧时间校对，先校对《芭巴拉少校》……"

瞬间在他脸上浮现出一丝笑容，看着窗外，沉浸在一种满足的感受里。我猜想他是回忆起《芭巴拉少校》首场演出时的盛况了。稍许，他回头看见我正看着他，好像才从回忆中又回到现实环境，平静地说："如果我不在了，再演这台戏的时候，除了朱旭能导演，别人很难排得好，因为通过这次演出，他对萧伯纳的思想有所了解和研究，我相信他会导演得好。"

"你这么信任他？可能出于你对他的偏爱。"

"不是。我了解他的创作能力，他的悟性高，理解力强，聪明。"

他又打趣地跟我说："他不聪明，你能嫁给他吗？"

"又没正经的说了。"

"有。说正经的，现在我手里《芭巴拉少校》的剧本是修改过程中的本子，没有定稿本，你替我到剧院要一下演出本，好对照着修改一下。"

"没问题，我现在就去。你睡会儿午觉。"

剧院很支持，通过院长办公室找到艺术处，主动复印出一本《芭巴拉少校》演出本。下午两点钟病人该起床了，我带着演出本直奔医院。当我推开病房门的时候，见他已经坐在电脑前，开始工作了。两个月后，他出了院。

有一次这位副部长把他的好友朱旭、于是之等请到家里吃饭。当年他们都是酒友，这时只有朱旭一个人没有被大夫下通禁令，大家只能看着朱旭一个人喝。英若诚和于是之十分羡慕地说："我们大伙看着你一个人喝也高兴啊！"

人生苦短，日子就像湍急的流水，不知不觉几年过去了，英若诚的健康每况愈下，经常出现肝昏迷。一天，他从医院打来电话，朱旭刚巧去散步，我接的电话，他问我："昨天是不是有个美国中年妇女，到你们家找朱旭？"

我很奇怪，说："没有哇！"

"没有吗？是不是你不在家呀？"

"我在家，一天都没出去。"

"哦！那等朱旭回来你问问他。"

朱旭回来后我告诉他这件事，他显得很不安，他说："不好！准是又肝昏迷了。"

第二天一大早，朱旭就嚷嚷着要到医院去看他，但临时有事耽误下来，直到下午五点钟才腾出空来，我说："医院已经到了不让探视的时间，明天再去吧？"

英若诚在去世前一周给朱旭留下的最后的字条，朱旭珍藏至今

2003 年 12 月 20 日，朱旭去医院看英若诚时，英若诚与朱旭提及一首民谣，"东三省，三宗宝，人参，貂皮，乌拉草；保定府，三宗宝，铁球，面酱，春不老；天津卫，三宗宝，鼓楼，炮台，铃铛阁。"所以在字条上英若诚留下"鼓楼"二字。——责任编辑注

朱旭在英若诚追思会上

他心急火燎地说："不行！现在就去，你快点！"

已经是秋天了，我迅速穿好外衣，陪他赶到医院。正好华灯初上，好在他住的是高干病房又是重病号，医院特别给了照顾。进到病房看见他坐在椅子上正输液。他女儿英小乐闻讯病危，从美国急赶回来正在医院陪伴他。看见朱旭进来，他高兴地说："我想你该来了。这两天不好，常昏迷，还给你打电话来着。"

朱旭有点揪心地看着他："是，我听说了。"

显而易见英若诚想证明一下是不是在昏迷中打过电话，他追问："美国女人去你们家，有没有这回事？"

"没有。"

他自己有点担心地说："哦！……那是我又出现幻觉了。"

我们在场人的心情都和他一样，紧了一下，顿时病房气氛沉闷了下来，英若诚很快地就感觉到，他笑着用诙谐的口吻问护士："我昏迷这么多天没说反动的话吗？"

护士笑了，说："没有。"

他又故意追问："没有？一句也没有？"

"一句也没有。"

"要有可赶快揭发呀！"

大家都笑了，是一个会心的笑。谁都明白，他不愿意让大家心情沉重，接着不约而同地都捡高兴的事说。忽然他好像想起了什么似的要给朱旭写几个字。他拿起一张较厚的纸，右手无力地紧握着笔，好像一时想不起来写什么，勉强写下朱旭两个字，字迹比较难辨认，他看了看，笑着对朱旭说：

"给你签个名，你看还行？"

他冲朱旭甩了甩手说："没劲儿，拿不动笔了。"

"行，挺好，我保存起来。"

这次看望他大约过了一周后，博才多艺的"英大学问"就和我们永远告别了。

英若诚和朱旭同是新中国成立后进入的文艺圈子，他们的艺龄是一样的。他们共同经过特殊的年代，共同经过了触及灵魂的考验，共同为艺术殿堂添砖加瓦。在艺术创造上他们有着共同的语言，有着共同的追求和理想，有的已经实现，有的还没有……我相信，朱旭会继续带着你们共同的愿望，追求……追求……再追求……安息吧！老友！

与牛星丽

天津牛砣子的农家子弟牛星丽，不爱单线平图木刻版的杨柳青年画，却偏偏爱上洋玩意儿的油画。年轻时代的他就喜欢画油画，当他发生经济困难的时候，就在后背上背着一张自己画的油画，骑着三轮车在天津满大街地转悠，兜售自己的油画，一天也能卖上几张，以此糊口。一个偶然的机会，他参加了戏剧团体，从此就和话剧结上了终身的姻缘。淳朴、实在是他的本色，不善言谈巧语，多么有噱头的故事，到他嘴里说的一点都不可笑，可是他会演戏，他有他的戏路子。《茶馆》里康顺子爹（只在一幕中有一场卖女儿的戏），《骆驼祥子》里的大个子，他都有着出色的表演。他是一位踏踏实实、一步一个脚印的敬业的人。他拍过张艺谋导演的电影《老井》，还拍过电视连续剧《铜嘴大茶壶》《酒友》，特别是《末代皇帝》中扮演小溥仪贴身太监张谦和，使他获得全国优秀电视剧"飞天奖"最佳男配角奖。

如果说起牛星丽和朱旭的友谊，就得从上一代谈起。朱旭母亲住的房子和牛星丽母亲住的房子仅是一墙之隔，老姐俩很说得来。夏天搬个小饭桌放在院子里，沏上一壶茉莉高沫的花茶，坐在树荫底下乘凉。牛奶奶手里拿着大芭蕉叶，嘴里叼着尺多长的旱烟袋，朱奶奶手里摇着小蒲扇，抽着"大婴孩"牌的香烟。农村人比城里人结婚早，别看牛星丽比朱旭大两三岁，可牛奶奶却比朱奶奶小几岁，总以老妹子的身份照顾着朱奶奶。老姐俩边喝着酽茶，边津津有味地聊着孙子孙女如何淘气的趣闻趣事，孙子们每天都有翻新花样的淘法，两位老人家就有说不完的新话题。对于孙子们的调皮，老姐俩的态度是一致的，有数落有欣赏地说着笑着，是一种快乐又是一种幸福的交流。这种乐趣可说是一种满足，是一种精神上的享受。牛奶奶身子骨硬朗，每天必到街上走一趟，了解市场上的行情。哪个早市的活鱼好，哪个菜市场的菜便宜，哪家的肉铺肉新鲜，哪家小百货店里甩卖床单、小花布……她都了如指掌。虽然说的都是生活琐事，可内容很丰富。

　　牛家住在北京城里也住了十几年，农村生活的习惯却大都保留着，仍延续着农村住大炕的习惯。人艺宿舍没有条件盘炕，就借几副铺板，从墙东严丝合缝地摆放到墙西，虽然没有热炕头，可也俨然一铺大炕。牛奶奶和牛爷爷带着小儿子和小外孙女睡在这铺大炕上，也很惬意。冬天来了，老姐俩就盘腿坐在铺板大炕上，盖上一床毛毯压住腿一块儿焐着热。只要刮风下雨，牛奶奶买菜准给朱奶奶带回一份，朱奶奶就在家里看管着牛奶奶的小外孙女。她们相处多年，十分和谐融洽。我们年轻一辈的关系也就相处得很好，更何况在"文革"的时候，他们俩一块儿被大红卫兵打成牛鬼蛇神。在精神压力最大、最艰难的日子里，他们共同经历过了，有着共同的感受，也有着共同的语言，他们怎么能不知己知彼呢！牛星丽的夫人金雅琴，是东北人，有东北人的豪气、爽朗、热情，也有东北人的大大咧咧、急脾气。她是一位心宽体也显微胖的乐观人，只要听见可笑的事情，别人只是小声笑两下而已，她都会肆无忌惮地仰头大笑，笑声洪亮，街坊四邻的都能听见。找她最好找了，不怕找不着。有朋友夸张地说："只要金雅琴一笑，胡同口外头都能听得见，好嗓门！"

因此她得一绰号"金嘎嘎"，难怪她年轻的时候爱唱黑头。

只要她闲着，有事没事的一天都能到我们家来两趟。俗话说，能踢破门槛。我们家的大事小事，烦事喜事都瞒不过她。

她在舞台上演戏的特点是松弛，有个性。她在和朱旭合作排演的《三块钱国币》中饰演的吴太太，取得了良好的成绩。82岁高龄的时候，她拍了一部电影《我们俩》，这个人物的性格和她本人的性格距离很大，但是她创作成功了。她在创作上的潜力通过这部电影充分发挥出来。2006年在日本东京国际电影节上获得"最佳女主角奖"，同年又在"中国100年"电影节上获得"金鸡奖"，封为影后。

她在海南岛领奖的这一天，朱旭被邀请为其他的演员颁奖。正在舞台的边幕旁候场，边幕的灯光很暗，金雅琴领完奖从舞台上走下来经过边幕，正从朱旭身边走过，朱旭热情地张开两臂说："来！祝贺你，拥抱拥抱！"

她却说："你是谁呀？"

"气不气死人，我是朱旭呀！"

她努力克制住自己的笑声，小声地说："哎呀！是你呀，我看不见哪！"顺便给朱旭的肩膀一巴掌。确实，她是真的没看见，几年前她的眼睛患黄褐斑症，视力只在一尺之内，这种眼病在国际上也是老大难问题，无法治愈。一只耳朵失聪，另一只耳朵只剩少许的听力。拍摄《我们俩》时，她付出了巨大的劳动，艰辛地克服着困难。因为是小成本制作，各方面的条件都很差，在酬金和她付出的心血不成正比的情况下，她毫不松懈，本着对艺术负责任的态度，做出了贡献。我和朱旭都被她这种精神所感动，当她从海南回来的第二天，一大早我带着一个大三角形的包装纸里面插着一支鲜艳的红玫瑰，到她家里去祝贺，正好她刚起床。

我说："影后千岁，万福！"

她高兴地大嗓门嚷着说："你是第一个来给我祝贺的。"

话还没说完就和我拥抱起来，又拍后背又胡噜起我的脑袋，还时不时地拍拍我的脸蛋，急着又让保姆把两个奖杯拿给我看。

"我和朱旭祝贺你，为什么只送你一支玫瑰花呢？82岁的人，同时能获国内外两份含金量高的大奖，你是独树一帜，也够拔尖的了。我让包装上边出个尖。"

她爽朗地大笑着说："朱旭比我早回来一天，我在海南和朱旭住的不是一个宾馆，离得很远，他找了我好几天也没找着我，他要提醒我，刚做完腹膜炎手术不能吃海鲜，要发病的，后来他找到组委会的人让他们转告。领奖的那天在后台边幕碰见他，他说要跟我拥抱，我说我不认识你，给他气个倒仰，这怨我吗？我眼睛看不见哪！"说完她又嘎嘎大笑不止。

金雅琴最大的优点是心宽、乐观，她并不为自己的视力减退、听力退化而发愁。她总说："发愁有什么用，并不因为我发愁眼睛、耳朵就能好了。与其愁眉苦脸地过一天，还不如高高兴兴地

朱旭与牛星丽在电视剧《酒友》中合作演出

过一天，干吗非跟自己过不去呀！"其实她也有遇到烦心事的时候，每当这时，她就会邀上三两知己到北海的茶座沏上一壶茶，连说带笑地聊上半天，她的烦恼也就烟消云散了。她很善于排解自己的愁闷，所以她给人的感觉总是哈哈哈大笑的样子，洒脱，就是脾气暴躁。牛星丽喜欢搜集古玩，瓶呀罐的在他家里有几样，只要"金嘎嘎"发脾气了，不管什么古玩不古玩的，抄起什么摔什么。他们夫妻吵架经常听见的是金雅琴一个人吵，很少听见牛星丽和她对吵，并不是牛星丽怕她，是为了少惹她好保住他那些古玩不受损伤。他常会很大度地让步，让步也得不到熄火的效果时，那他真是气极了，也会嚷两嗓子，最后总是牛星丽先偃旗息鼓，每当这时金雅琴会错误地误认为牛星丽甘拜下风，向她告饶了，她更会得理不让人地吵着。真没办法了，牛星丽就会到我们家搬救兵，一般情况都是我先去劝解，实在调解不了啦，再请出最后的王牌朱旭去调解。朱旭态度严肃地往他们家门口一站，绷着脸，眼睛一瞪，也用不着大嗓门，压着声音对她说："嚷什么，嚷什么你！你当老牛怕你？你错了。只不过他不跟你一般见识就是了，你还有完没完？"

金雅琴立刻停止吵闹，顶多再为自己辩白地嘟囔两句。这时朱旭会乘胜补两句："再吵街坊四邻的都会找你来提意见，影响大家休息，顾全点大局。再说了，拔着嘎调半天了，你不累呀？！喝点水，休息休息，别吵了，啊？！"

说也奇怪，她还真的就不吵了，也许是一物降一物。这时牛星丽觉得朱旭真是他的大救星。

牛星丽很内秀，手也巧、心也细，这方面他和朱旭有共同点。

他捏的"鲁智深醉打山门"的小泥人，不论是整体造型，还是精神醉态都栩栩如生，谁看了都赞不绝口。拍电视剧《酒友》的时候，周寰导演特意把这位"鲁智深"请到戏组，为它拍下特写镜头。牛星丽喜欢做一些小工艺品，做养冬虫的小葫芦罐，很精致，绝不次于花鸟市场卖的，北京市的花鸟市场许多摊主都认识他，也佩服他做的东西。有位企业家邀请梅阡、吕齐、张瞳、李婉芬、牛星丽、朱旭等人到北京西山八大处玩滑道，大家被安排住在山上的小四合院里，院内有藤萝架、小石鼓凳等，安静、幽美。房间安排好，晚餐过后，牛星丽到房间来找朱旭，他带着又得意又神秘的笑，不言不语地慢慢从怀里掏出一个小葫芦把玩着，这个小葫芦还没有食指长呢！据说这么小的，底圆大、上圆小，中间还有腰的是很难得的。小葫芦的顶端是用花梨木雕的瓶口，瓶口上镶着白色骨质镂空花的小盖，雕的花纹很细。它所以镂空，一方面是为了美观、典雅，有观赏性，另一方面是为了透气，不至于让在里面生活的小虫子缺氧。小葫芦被打磨得油亮亮，呈现出金黄色，显得周正、俊俏，很招人喜爱。为了引起朱旭的注意，他伸长手臂把手里的小葫芦故意在朱旭眼前闪一下，迅速把手掌一握，又开始揉起小葫芦。朱旭的眼睛一亮，他伸出手来向牛星丽要着："我看看。"

牛星丽十分得意地把小葫芦递给朱旭说："你看怎么样？我新做的。"

朱旭接过来，他仔细地观赏，爱不释手地夸奖着："好！你真行。"他撩了一眼牛星丽，又继续夸着："真好！真精细，精品。可称得上'完美'二字。"

牛星丽看出来朱旭赞美这个小葫芦不是假的，是发自内心的喜欢，他有心送给朱旭却又舍不得。朱旭几次想跟他要，又不好意思张嘴，几次要还给牛星丽又攥回到手里。看到这个情况，牛星丽咬了咬牙，狠了狠心地说："你这么喜欢，送你了。"

朱旭欣喜地："真的？你不心疼？"

"心疼有什么办法，你攥这么半天不撒手。"

"君子不夺人所爱，给你吧！"

牛星丽犹豫一下，最后决定说："送你了，我已经说送给你就送你。"

他把小葫芦放回朱旭手里，朱旭像失而复得似的看着小葫芦说："那我要了！"

"我再做一个。就是像这么小，又长得这么端正的不多。"

"我也找，找着了我让儿子给你送去。"

"行，就这么着了。"

牛星丽走后我批评朱旭不该跟人家牛星丽要这个小葫芦。朱旭说："喜欢就是喜欢，要就是要了，干吗那么虚伪。再说，我们俩谁跟谁呀！"

话是这么说，可是他心里还是过意不去。从八大处回家后，过了没几天，也不知道他从哪儿找来一大口袋大小不一的葫芦，让儿子给牛星丽送去，他嘱咐儿子："这些都是给牛大大的，让他尽量拣好的挑，剩下的再给你……"因为我大儿子也喜欢做这些小工艺品。

"……你不许先挑啊！"

中央电视台拍摄的单本电视剧《酒友》，这个戏里主要角色就两个，一个是朱旭演的养鸡专业户，一个是牛星丽演的村长。他们不但在生活上情投意合，就是在艺术创造上也是情投意合。拍戏时总难免遇到有理解不一样的地方，造成卡壳，卡住了怎么办呢？坐下来研究、分析、沟通。牛星丽也有犯倔的时候，可是在艺术上他很少犯倔，只要对方是正确的，他就会放弃自己的意见，特别是对朱旭的意见他十分重视。所以《酒友》的拍摄比较顺利，没有碰到多少卡壳的地方，这是他们两人一次愉快的合作。

牛星丽在北京人艺是数得上的好演员，虽然在人艺的舞台上并没有演过主要角色，用京剧科班的说法叫"硬里子"，但他刻画出来的人物一个是一个，就像他捏泥人一样，一下子就能抓住人物的特点，有典型性。不管角色在戏里占的戏份有多少，他都踏踏实实，正经八百当角色创造，他在演员队里是受大家尊重的骨干人物。

与梅阡

梅阡出生于天津极负盛名的诗书名门，他之所以懂得诗歌，擅长书法和绘画，是受他家里传承下来的影响。他的高祖擅长书画，很有声望，在天津的博物馆里收藏着他的四条幅。他的曾祖父是嘉庆年间的举人，在天津创立梅花诗社、辅仁书院，并担任主讲。著有《四书讲义》《吟斋笔存》《欲花竹间楼诗文集》，与崔旭合刻《畿南二俊诗集》等，现收藏在天津出版社的文史资料馆里。他的祖父是著名画家诗人和清朝末科的副榜，主讲天津会文书院。天津旧时城中心有一座鼓楼（新中国成立后被拆除），鼓楼上有一副楹联：高敞快登临，看七十二沽往来帆影；繁华谁梦醒，听百零八杆早晚钟。此文是梅阡的伯祖父所撰。他的父亲是北京协和医院第一期的学生。

梅阡是上海东吴大学法律系毕业的大学生。在他成长的过程中，显赫有名的梅家已经逐渐败落，炊粮困难，他上学全靠已结婚的姐姐帮助。为了不依靠亲友的资助，通过二哥梅熹（20世纪40年代上海著名电影演员），他边上学边为电影厂写剧本，以稿费为学费来源。迫于生计，他毕业后就走进电影圈子，后又成为自编自导的电影导演。他所编写和导演的电影当年放映时特别有票房价值，由著名红星李丽华主演的《新茶花女》《千里送京娘》等片红极一时。

他做人很低调，从不张扬自己。开始建院时就和他在一起工作的许多人，算来都已经 50 多年，很多人都不知道他写过电影歌词。在他逝世的追悼会上，放的不是哀乐，而是美国电影《魂断蓝桥》的主题曲。大家很奇怪，就问他的夫人，夫人边波说："这首曲子的词是梅老写的，他喜欢这首歌，我就选了这首歌为他送行。"

大家这才恍悟过来，原来我们常爱哼唱的歌曲歌词竟是近在身边、朝夕相处的梅阡所写，可见他多么不爱张扬自己了。

为什么一部美国电影的主题曲竟是梅阡填写的词呢？在三四十年代的时候所放映的外国电影都是原文版的，没有被翻译成中文的。那时，外国电影的主题曲都是由中国人填词的，新中国成立后才有了中文翻译版。随之，歌词也就由原文翻译过来了，才有了中国演员的配音和中文字幕。梅阡为中国电影写过很多的歌词，也为外国电影填过很多的歌词，20 世纪 40 年代时出版过他的歌词集。他也是一位不爱提当年勇的人。

梅阡 1944 年写出抗日舞台剧《党人魂》，这个剧本他无条件地提供给上海地下党领导的"一青团"使用。1945 年抗日战争胜利前夕，"一青团"先后在皇后、大光明、金都三个大剧场演出共 10 场戏，场场爆满，观众达到 13000 人次，反应空前热烈。剧中，爱国主义思想激发着上海市民众的抗日激情，《上海文化史通讯》杂志第 12 期上，以"一次特殊的演出"为题，记述了"一青团"当时演出的盛况。

梅阡的书房门口上方，他自己写了一块小横匾，名为"苦寒斋"，这三个字给他招来了不少的麻烦。反右倾的时候，他被人批判，说这三个字是流露他对新社会的不满，是"今不如昔"的反动思想。报纸也批判他改编的电影剧本《桃花扇》是大毒草，一时谁也弄不清楚事实真相，在群众脑子里就留下一个问号，梅阡到底是什么样的人？有人就对他敬而远之了。剧院领导对他有全面的了解，做了正确的分析和认识，并没有盲从群众把他打成右派分子。其实他是从"宝剑锋从磨砺出，梅花香自苦寒来"的古诗词中摘取的"苦寒"二字，作为激励自己勤学苦练的意思。反右运动过后，曾经把"苦寒斋"歪曲成反动思想的这个人，有时到他家里谈工作或来作客，他都像没发生过任何事情一样，仍旧热茶接待。事隔多年以后，有位朋友问他："梅老，想不到你还能接待他？"

他坦然地回答："咳！人嘛，谁能一辈子不犯错误，难免，孔夫子说：'人非圣贤，孰能无过'！"

他是一个胸襟宽厚的人，从不跟任何人争名誉，他强调一切要靠自己的能力获得，在他身上具备着知识分子的特点，清高、自恃。

他的朋友很多，上至权贵之士，下至平头百姓，他持的态度都是君子之交淡如水，合则多交，不合则少往而已。他平时少言寡语总是一副严肃的面孔，很难得看见他开怀大笑。在排练厅里，他坐在导演的沙发上，碰到戏排得不顺利，演员排不出戏的时候，他没有向演员发过脾气，只是把翘着的二郎腿微微抖动着，并把两只大手合掌放在腿上，两个手掌不停地搓呀搓的，直到解决了问题。戏又顺利地排起来了，他才放平两腿，松开两掌，把身体再往后重新靠在沙发上，脸上才能闪现一丝笑容。平时排戏他都比演员先到排练厅，带着头天晚上就用大号雀巢咖啡瓶子泡好的浓浓的酽茶，带一包早点。这包早点包的不是面包，不是油条，也不是蛋糕，是一个白面馒头加萨其马。

"文化大革命"过后，人艺排的第一个戏《丹心谱》，梅阡导演，作者是苏叔阳，这是作者的处女作。那个时候苏叔阳还没有踏进文艺界，是业余作者。梅阡初读这个剧本时感觉剧本还不够成熟，他像创作自己的剧本一样帮助作者进行修改，演出后获得文化部、中国戏剧家协会颁发的"优秀剧本奖"。有人问他："为什么在剧本上没署上你的名字呢？"

他淡淡地一笑摇着头说："我是导演，进行二度创作是应尽的义务，何必非得署上我的名字呢？出好戏是咱们的目的。"他把为他人作嫁衣视为艺德，帮助年轻作者是义务。

1956年开始，梅阡用历史的、唯物的观点，在尊重原著的基础上，进行创造性地改编了老舍先生的名著《骆驼祥子》，使之适合话剧舞台上的空间和时间的要求。他高度地集中了主要矛盾的冲突，把它们展现在舞台上。更重要的是，他挖掘原作中的积极因素，使之与今天的脉搏相结合，他赋予原作以崭新的思想，因此使舞台演出具有了现实性，改编取得了成功。他坚持现实主义艺术创作的原则，以生活、真实的魅力震撼着观众。从语言的塑造上严格保持老舍先生的风格，受到老舍先生和夫人胡絮青的肯定。胡絜青说："它的成功就在于把改编所赋予的新思想、新变化和原小说内在含义、表现技巧和语言风格极巧妙地结合在一起。"

老舍先生却受到启发，以至于想写一部话剧《骆驼祥子》的下集。《骆驼祥子》演出后，成了观众喜闻乐见的好戏，受到周恩来和邓颖超的好评，也成为北京人艺独具老舍风格的优秀剧目。不久，梅阡又根据鲁迅的多篇著作，改编成话剧本《咸亨酒店》，并由他导演。这出戏里阿Q一角他选中朱旭扮演，谁知道朱旭不愿意接受这个角色。起因是在排《女店员》时，有些艺术处理没有统一意见，朱旭认为他和梅阡的艺术见解不一致，不一定能合作得好，并非是他不喜欢这个角色。可是梅阡却认准了阿Q一角非朱旭莫属，事情就僵在这儿了。我和梅阡的夫人是好朋友，经常到他家去。梅阡说："我知道朱旭对我有意见，为嘛呢？其实《女店员》排戏的时候他的意见是对的，我没有好好考虑，这事怨我。"

"艺术处理有不同意见是正常的，导演有导演的想法，演员有演员的想法，可能你们俩没有好好沟通，朱旭的脾气你还不知道，他主观。"我只好抹稀泥地说。

他却说："不，我亲自去请他，和他面对面地谈谈。"

"最好在他心情好，也没喝酒的时候找他谈。"我怕朱旭的脾气不好，谈不拢再翻车，还不如不谈呢。梅阡信心百倍地说："只要把扣解开就好了。"

"您老人家也别急，还是那句话，等他心情好的时候又没喝酒再找他。""嘛时候合适，就拜托你了，到时给我个信。"

一天中午，朱旭没喝酒，睡醒午觉后精神和心情都很好。我赶紧通知了梅阡，果然梅阡特意登门拜访。出乎我的意料之外，他们谈得很好，朱旭欣然接受。事后我问朱旭怎么没拒绝？他说："人家很诚恳执着，让我没办法拒绝。"

此后，朱旭就进入了排演前的准备工作。梅老可能接受排《女店员》时的教训，他不过多地把自己的意见和要求强加给朱旭，他十分尊重演员的创作意图。有不同的想法时，也很耐心地听取对方的阐述。他给朱旭极大的创作自由和信心，他相信朱旭会塑造好这个人物。确实，朱旭像如鱼得水般地把鲁迅笔下这个有名的小人物演得既有戏剧色彩，又有一定的深度。他没有把阿Q演成一个木讷的人，而是有着淳朴感情又自认为自己是个机灵人，阿Q式的特有精神都是自然流露出来的，而不是故意造作出来的，这个阿Q形象是被观众认可的。著名画家袁运生，特地把他画成了一幅画像，朱旭对这幅画像十分喜爱，直到今天一直悬挂在我家的客厅里。

这次，他们两人合作得十分愉快，弥补了曾有过的小摩擦。

朱旭很欣赏梅阡的绘画和书法。梅阡从小就学习颜真卿，临篆书、魏碑等书法。他有扎实的书法根基，特别到了晚年，他的字愈发显得苍朴蕴力。在绘画上他有功力，他擅承吴昌硕的画风，经过自己的钻研创造，也独具自我。他擅长画梅花，他喜欢梅花不屑污浊的傲骨精神。著名画家，也是他的学生王森曾浅析梅阡的书画时说："梅先生的字酷似吴昌硕，但仔细地品味，却又似是而非，还是具备着顽强的自我……"

他又说："……梅先生的画，画之所贵，贵存我，梅为知己

朱旭与梅阡举杯共饮

己亦梅。"

内外行书画界的朋友都十分欣赏他的书画。说起外行人也喜欢他的画，还有个小故事，2003年我们要搬入新居之前想参考一些人家里的装修供我们择优所用。经吴桂苓热情地介绍，我们到他邻居家中去参观。我们并不认识此家的主人，梅阡的夫人陪同我们一块去的。这天这家的男主人还不在，只有女主人在家，我们一行人进去后，在客厅迎面挂着一幅梅花伴月的画，因为画幅很大，引人注目。我们停步观看，朱旭意外地发现落款处写着"梅阡画"，他问道："是梅老画的？"

我们几个人都不约而同地回头看着梅阡的夫人边波。因为不管从画的布局，花瓣点的没有层次等处都不太像梅阡的画。边波往近处走了两步仔细地查看着，她向女主人说："这不是梅阡的画。是假的。"

女主人不以为然地说："不会吧？我们花了3000多块钱买的。"

边波带着肯定的口吻说："是假的，梅老从没画过梅花旁边挂着这么大的黄色月亮。"

女主人半信半疑地问："你怎么知道的？我先生特别喜欢人艺大艺术家梅阡的画才买的。"

边波又说："谢谢你。但真的是假的。"

吴桂苓赶紧接过话来，指着边波说："这位是梅阡的夫人。"

女主人意外地说："是吗？那肯定是假的了。"她呈现出无限的遗憾和无奈。

离开这家，我们几个人在路上边走边说："没想到梅老的画还有赝品，可见内外行的人都喜欢他画的梅花。"

梅阡开过个人的画展，出过画册。那本画册的封面是淡蓝泛灰色铺底，侧面挺出一枝苍劲却又婀娜多姿的主干，枝干上缀满含苞待放的白色梅花，仿佛暗藏幽香，显得格外清高典雅。另一侧则是由于是之提写的"梅阡画册"四个金色大字，为画册封面增色不少。梅阡是位多才多艺的人，可是他学的专业跟书画和戏剧艺术一点关系都没有。

梅阡长朱旭十四五岁，朱旭尊称他梅老。他不但是老师，也该是长辈。通过舞台话剧《咸亨酒店》的合作，朱旭打消了对他原有的成见，反而成了忘年之交，闲暇时就陪他打打麻将消遣解闷。

梅阡退休以后，专心致力于书画。他频繁参加各种笔会活动，还鼓励朱旭把丢掉多年的字重新捡起来练习。他喜欢朱旭的字，认为朱旭的字不拘泥，有根底，如果不练就此丢掉的话很可惜。于是只要有人邀请他参加笔会，他总愿意邀请朱旭同去。朱旭第一次陪他参加洛阳牡丹节笔会时，以为笔会上会预备笔的，所以他一支笔也没带，只带了一枚图章。到了洛阳后，梅阡命他的夫人边波陪朱旭立刻去买大小狼毫、大小羊毫数支，还有小竹子卷帘。回京后，朱旭兴致勃勃地又去琉璃厂购买笔筒、笔洗、笔架、墨汁、宣纸、毡毯、镇尺等物，练书法的东西基本都购买齐了。梅阡送给他一块大砚台，朱旭开始经常早起或是晚上练字。绘画也好，书法也好，都能修身养性陶冶情操。他在梅阡的带动下，重新捡起丢掉多年的毛笔字，这不得不感谢梅老的鼓励和督促。

与周寰

在北京人艺以外，朱旭还有一位通过艺术合作而深交的朋友，这是一位十分有才华的电视导演，他毕业于中央戏剧学院导演系本科，中央电视剧制作中心、国家一级导演，中国电视艺术家协会会员，1995 年荣获中央戏剧学院首届"学院奖"（导演奖）的周寰。

他所执导的电视剧几乎每部都获得"飞天奖"和"金鹰奖"。其中《离别广岛的日子》除在我国获"飞天奖"外，还在日本获 NHK 节目制作局特别奖，日本电视评论专家大奖。他所导演的《末代皇帝》更是成绩卓越。

他不但是一位优秀电视剧导演，还是一位很好的话剧导演。

屈指算来，周寰和朱旭已经相处 20 多年，他们是忘年之交。用周寰的话说："我把朱旭当成长辈又是老师，更是朋友和亲人。说朱旭是长辈，因他在为人处事上的道德风范，是表率和楷模。说他是老师，因为在合作的每一部电视剧里都有朱旭的建议。朱旭从来不会以长辈的身份给人以说教，而是讨论式的启发和诱导，并能激发合作者的创作激情。你只要是有心人，就能从他身上偷偷学到不少非常可贵的艺术技巧和知识。说他是朋友和亲人，因为我们之间除了艺术创作上的默契，在生活情趣和爱好上也志同道合。朱旭的平易近人，像他在舞台上、屏幕上塑造的艺术形象一样，吸引着每一个和他相处的人。"

　　他们第一次合作是在1982年拍电视剧《奖金》。当时中国电视剧经过10年"文革"以后刚刚恢复，是朱旭第一次触电，也是周寰刚刚接触用录像的手段拍摄电视剧。朱旭不仅演戏，他还在剧本的处理上提出许多修改意见。因为是短剧，故事比较简短：一个飞机工程师因技术革新而得到一笔奖金，按领导的决定和大家一块分，结果所剩无几，回家无法向爱人交账，引发了一场家庭矛盾。最后在邻居的帮助下，得到爱人的理解，反映了在奖金问题上，对知识分子的不公正待遇，也展示了工程师的不计报酬、献身为国家和事业的优秀品德。

　　《奖金》这部电视剧是喜剧风格，对刚刚开始做导演的周寰来讲是个新的课题，在很多处理上心中没底。他和朱旭讨论剧本的过程中，被朱旭对自己扮演的魏工程师的理解和设想所吸引。魏工程师拿了奖金不敢回家，这位从来不会编瞎话的老实人，在邻居大李的自作聪明的策划下，闹出了不少笑话。最后取得了爱人的理解和支持。他完全是从生活出发，通过细节的刻画，挖掘出人物内心的善良和对事业的执着。这部电视剧获得第二届"飞天奖"。

　　这是周寰、张建民和朱旭的初次相识与合作，并打下了"酒逢知己千杯少"的良好基础。紧接着就是《末代皇帝》的合作，

在《末代皇帝》的拍摄中，张建民、朱旭、周寰三人结下了深厚的友谊

朱旭和周寰同月同日一起过生日

随后，又是《酒友》的合作。如今周寰和 20 多年前一样仍保留着帅气、稚气，还有豪气。热情、实在是他的本性。只要是他力所能及的，谁找他帮忙，他都有求必应。他把别人的事当成自己的事一样，尽心尽力地去做，甚至于比自己的事情还尽力。

1958 年我国刚刚开始直播电视剧的制作。（拍摄的同时就向观众播出。没有录像和剪辑等过程。）他就进入了中央广播电视剧团，初时任演员。那时他还是位 15 岁的少年，就已经跨进这项事业的门槛。中央广播电视剧团的领导非常重视向中国民族传统的艺术学习，周寰被派去拜马连登为师，学说评书。这对他后来的导演工作很有帮助，用周寰自己的话说："电视剧很重要的是讲故事，电视连续剧更要会编排故事的布局，安排好戏剧与人物命运的悬念，丝丝入扣、起伏跌宕、引人入胜。"

之后，他又进入戏剧学院学习，于 1969 年毕业于中央戏剧学院导演系本科，从此开始了他的导演生涯。从电视剧早期的直播剧到后来用录像的手段拍摄，他伴随电视剧的发展走过了 48 个春秋。现在他已经是 60 多岁的人了，可是还被当年的领导称作"小寰子"。俗话说："萝卜虽小，长在背（辈）上。"他可是做电视剧的老前辈、资深者。他拍戏很细致，有独到之处。

1982 年以前中国没有长达几十集的电视连续剧，日本的长篇电视连续剧《姿三四郎》，是中国观众首次看到的长剧，紧接着又是日本的《阿信》，受到中国观众的热烈欢迎，达到很高的收视率。赵寻、金山等人为此做出努力，决心要在中国拍摄自己的长篇电视剧。责成著名剧作家王树元执笔创作《末代皇帝》。经过严格的筛选后，决定由周寰导演，朱旭扮演老溥仪。

　　《末代皇帝》从开机到全部完成，共用了四年时间。后半部老溥仪的戏约用了不到一年时间。在这将近一年中，朱旭和周寰、张建民同吃、同住、同创作，共同经历了艰辛困难。张建民是《末代皇帝》的导演之一，也是朱旭在艺术创作上志同道合的知己。这是一位彪形黑大汉，真诚、热情、嗜酒如命，他可以不吃饭，不能不喝酒。早晨起来不吃早点，他的早点就是白酒伴花生米，长此以往，患有严重高血压，有次脑充血，昏迷 40 多天，已经成了植物人。医生束手无策，可是在他夫人执着的爱心下，奇迹般地把他从死神的手里抢救回来，他醒了。又延续了八年的生命，于 2007 年病逝。他病危的日子，朱旭没能去看他，他心里始终带着歉疚。开追悼会的这一天，朱旭由于感冒引起严重气管炎住进医院检查治疗，听到噩耗后，他不顾大家的劝阻，输完液从医院立刻赶到八宝山和张建民做最后的告别。周寰为了操办和他共同合作多年的好伙伴的丧事，两天两夜没有合眼，在追悼会上看见他两眼通红，筋疲力尽的样子，使人感到老友的离去给他带来很深的伤痛。

　　《末代皇帝》拍到后半部老溥仪的戏时，剧本显出弱点，可看点少了，怎么办？周寰非常虚心地向戏组中的老演员们征询意见，朱旭责无旁贷地积极参加进来出主意想办法。群策群力下解决了不少其中的薄弱环节，导演和演员共同享受到克服困难后的创作愉快。朱旭接戏是从溥仪成了战犯开始的，用朱旭的话说："人家都在皇宫享受完了，到了溥仪受罪的时候我来了。"

　　是这样的。他的戏从绥芬河苏联战犯所开始，到回国后又进了抚顺战犯管理所。为了边体验生活边拍戏，采用实录方式，全剧组都住进监狱。朱旭就住在当年溥仪住过的 981 号牢房里，他们一块摸爬滚打地进行着创作。他们也是酒友，既不喝葡萄酒，也不是特别钟爱啤酒，只偏爱白酒。每当拍完戏从现场回来，总要凑在一起喝上两杯小酒。一边喝着，一边研究着当天拍的戏，什么地方拍得好，什么地方需要修改，什么地方需要补镜头。为了拍出好作品，他们都直言不讳地交流着，没有恭维的话，没有不实之词，都是赤诚地为艺术负责，他们的友谊就是这么结下的，《末代皇帝》的戏拍完了，他们在创作中结下的友情却愈来愈深，直到现在。有个机会或是找个理由就会聚在一起，如果日子长点没见面，周寰就会打电话来问："大爷干吗呢？朋友带的小烧，给你一半，回头我给你送去。"

朱旭就会说："好哇！你别开车了，打车过来吧！"

朱旭为什么让他打车呢？开车就不能喝酒了。朱旭只有跟周寰在一起的时候才能把酒喝得痛快！

朱旭大周寰 12 岁，他们是同月同一天的生日。在抚顺监狱是他们两人第一次一块过的生日，以后每逢到生日的时候，不论是朋友为之祝贺，还是自己祝贺，他们都在一块过，一块点蜡烛、一块切蛋糕、一块推杯换盏、一块玩这么一天，这是他们俩最快乐的日子。

有一年是朋友为他们俩过生日，邀请一些好友在一起聚会。席间，大家要朱旭表演一个节目。过去，他总是表演一段他在话剧《哗变》中魁格的那段七分钟的长台词。可是这天他换了，他要表演《末代皇帝》中溥仪在东京军事法庭上作证的大段台词。台词虽然长达四五分钟之久，而且时隔 20 年，他竟能一字不漏地表演出来，这让周寰很意外，他感到这是大爷对他俩二十多年"忘年之交"友谊的表达，一时百感交集，止不住泪流满面。大家都以为是周寰喝多了，其实不是，是他们之间尽在不言中的友情深深打动了他。

2006 年 11 月，朱旭应友人之约到印度尼西亚拍专题片。印尼是世界有名风光旖旎的岛国，第一个想到的导演就是周寰，这是一次特殊的拍摄，当以朱旭的名义邀请周寰时说明："这是友情拍摄，没有劳务报酬，去吗？"

周寰一听有朱旭去，二话没说，回答着："有大爷不是吗？行，去！"

这是平常周寰对朱旭的称谓"大爷"。

经过短时间的行程准备，组成 10 人的队伍，乘飞机五个小时，下午五点钟到达印尼。没有更多的休息时间，第二天早晨就开始工作，为了沿途拍摄方便，只能乘大巴士，车上带有卫生间、小屏幕可以放光盘，听音乐，吃、喝都有，不管怎么说，大汽车坐的时间长了腰腿总会酸痛。印尼处在赤道两侧南北回归线之间，日照时间最长，全年气温变化不大，总在 35 摄氏度左右，降雨多而均匀。植物不用人工浇灌就能生长得十分茂盛、美丽。那里的天时不定，早晨阳光明媚，下午就阴雨连连，对拍摄工作很不利，造成很大的困难。

周寰一向对工作不肯马虎，他虽然已经是六十多岁的人，工作起来还是跟年轻的小伙子一样。爬山路，受雨淋日晒，决不示弱。在炎热的大太阳底下拍摄十分艰苦。这天安排去拍火山，刚出发时红日高照，经过几个小时热带雨林中的穿行，到达覆舟火山脚下时，已经乌云涌上，天阴下来。覆舟火山位于万隆和温泉的附近，海拔 1830 米。1950 年曾爆发过岩浆，至今还有热岩浆、硫酸质从山谷渗出汇入低谷，数分钟内能煮熟生鸡蛋。日本大涌谷的岩浆煮出的鸡蛋是黑皮儿的，这里岩浆煮出的鸡蛋是白皮儿的，味道是一样的。

在阴沉的天气中，由当地印尼人带领拍摄组的人走向火山的低谷，走了约有半个小时，问带路人还有多少路程？

带路人回答："不远，还有 20 多米吧！"

又走了一段时间，大家感觉有点累，因为扛着沉重的摄像设备，又问带路人："还有多远？"

"快了，还有 20 多米。"

仍继续走了一程，天阴沉沉的，眼看雨就要下来，大家心里有点着急地问："还有多远？"

"马上就到。"

大家一听，还到不了，更着急地追问着："到底还有多远？"

"还有 20 多米吧！"

众口一声地："啊！……这都走了几个 20 米了！？"

大家顿感就跟上了贼船似的，前进无涯，后退无路，只能随着带路人走，望眼欲穿地盼望着到达目的地。路上滑坡，很不好走。终于到了，可是一场雨扑面而来，好不容易才到了低谷就不能不拍。在倾盆雨水的攻击下，把镜头抢拍下来。回来的路更难走，坡陡、泥泞、路滑，已近日落。从老远就看见周寰从头到脚湿淋淋的，手拄白木棍带领这一行人马在雨中困难地一瘸一拐走回来，带着滴不尽的雨水，冰凉凉的。没有白酒驱寒，也没有热茶喝，工作组临时在山上买了几件T恤衫送给每一个人。还没有换下冰凉的湿衣服，车已经向山下驶去。

我们吃饭和住宿的地方也没有固定的标准，时而好，时而差。从雅加达到万隆的路程很远，下午四点钟左右从雅加达出发，从红日高悬到沉寂的黑夜，这辆载着我们的大巴，一直奔驰在曲折的盘山道上。将近深夜11点多钟，我们才安全地到达山顶，"山顶"既是地名又真的是山顶，是去万隆的必经之地。山上一片农村土地，大家都住在山村酒店。名曰酒店，其实就是一个设备简单的招待所，房间极小，人一进门就要坐在床上。我们第一次在印尼餐馆吃的地地道道的印尼饭，是晚餐也是夜宵。第二天早晨继续赶路，一路颠簸十分辛苦，晚上七点多钟到达万隆。住在沙曼·沙里10号，这是万隆最有名的五星级酒店，它是当年周恩来总理开万隆会议的时候所住的酒店，豪华、舒适。每天吃和住的落差就是这么大，周寰既不挑剔也没有怨言，默默地不怕苦不怕累地工作着。到泗水市，又是从日出到日落，一口气坐了13个多小时的汽车乘驳船度大海、爬山路、过岗卡地到了世界上最美丽的巴厘岛。沿途的风景虽美，确实很疲乏，有时只能放弃欣赏美景的眼福打个小瞌睡。在印尼一共20天整，总行程10000多公里，周寰从没有叫过苦，一直坚持下来，这是他一贯的工作作风。朱旭从来没有当面恭维过他，可是在他的心里却是一直敬佩着他。

印度尼西亚是伊斯兰教国家，有严格的规定，不准抽烟喝酒，但是可以娶四个老婆。印尼的餐馆里不卖白酒和香烟，这下可把朱旭和周寰急坏了，特别在疲劳的时候，喝两口白酒能让全身舒筋活血解疲劳。周寰千方百计满大街寻找着，终于有一天晚上，他在中国人开的药店里发现有低度白酒卖，这下可把周寰乐坏了，真是喜从天降。又在旁边店里发现有卖小花生米，他把白酒和小花生米偷偷买好揣在口袋里，在朱旭面前一点不露声色。直到吃晚饭，大家都坐在餐桌前，周寰突然把酒拿出来在朱旭的眼前一晃，这意外让朱旭欢喜若狂。俩人谁也不谦让，迫不及待地你一盅我一盅地对饮起来，他们俩把没趣的话也当成有趣的话说起来没完没了，直说到酒足饭饱、夜幕深垂才结束这顿饭，这天晚上两人都不约而同地睡了个好觉。第二天清晨到餐厅吃早餐的时候，还一块举着咖啡杯回忆着昨夜的酒香。

朱旭和周寰都期待再有合作的机会，共同享受着艺术创作获得成果后的幸福和快乐，他们的友谊也是在艰难的创作环境中形成的。

朱旭与宋凤仪的结婚纪念照

我们这个家

恋爱与结婚

1948年的冬天，北京的人民带着紧张心情翘首以待数月，终于获得最大的喜讯。有着古老文化的北京城避免了遭受战火的涂炭，老百姓举双手赞成，发自内心地欢迎解放军不开一枪不放一炮地进驻北京城。我和朱旭都幸运地赶上新时代的诞生。在过去封建观念统治下，书香门第的家庭决不允许女孩子出头露面去演戏，这是下九流的行业。中国解放了，戏剧艺术不再受歧视，更新观念的同时，文艺工作者的社会地位提高了，女人也不再受旧观念的约束，和男人一样有平等社会地位，有工作的权利。我就按照自己的意愿，不顾家人的反对，参加了人民文工团。为了充实自己，1949年根据我的请求，调进华北大学第三部，在戏剧系进行政治及戏剧理论等方面的学习。这时朱旭也已经进入华北大学戏剧系。我们同校同系并不同班，每星期总有一次大课，全系的学生都到礼堂听课。虽然有许多机会可以在大课堂认识，可我们并没有相识。

我从初中时代就开始演戏，为了不让家里人知道我演戏，就把名字雪如改成凤仪。每到冬天我都参加由同学自发办的为穷苦人

8岁的宋凤仪

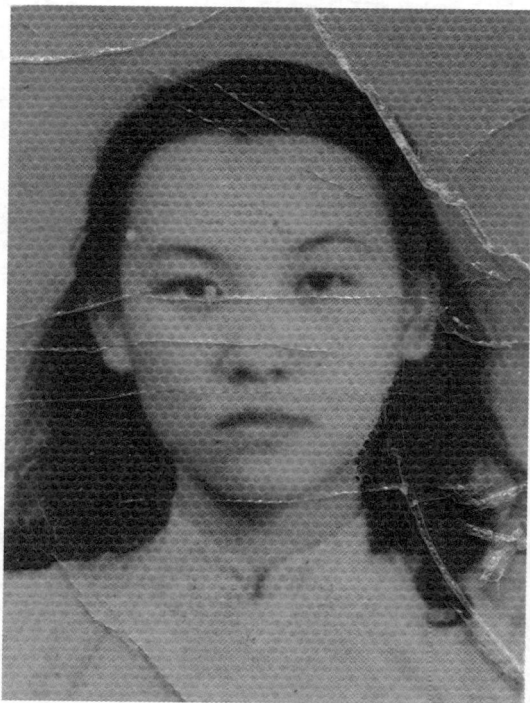

少女时代的宋凤仪

募捐寒衣的义务演出。到新年的前夕，再次为他们义演一次，卖票的钱全部捐给穷人。首次排的是独幕话剧，由日本剧本翻译过来的，名字叫《父归》，我演女儿，由北京剧社社长刘景毅导演。这之后，我就参加了学生业余剧团北京剧社，从此对话剧发生了兴趣。

"八一五"胜利后，我随刘景毅参加演剧第二队，正式成了职业演员。1948年在演剧二队演出话剧《夜店》，根据高尔基原著《底层》改编而成，由焦菊隐导演。我演其中的林黛玉一角。这出戏的演出很轰动，也是我个人获得的创作上的成功。积累了几年的演戏经验，源于此。当政治理论学习结束后进入实践阶段的时候，校方免去了我的戏剧实践，提前毕业，并调到华北大学第二文工团成为正式演员。半年过后，朱旭也调到华北大学第二文工团，这样我们才彼此认识，可是并不熟识，接触的机会不多。因为朱旭刚来的时候分配在灯光组管理灯光，我在演员队，分工不同，部门不一样，很难得见着面，见面也不认识。

华北大学第二文工团改编成中央戏剧学院话剧团的时候，精简一大部分人员。人少了，在会议上，在食堂里常容易见着面，也只是说些不咸不淡的话：

"忙吗？"

"还好。"

"今儿天气挺好，没出去玩？"

"没有，在排戏。"

1950年抗美援朝，中央戏剧学院组织巡回演出队，我们话剧团参加了三个小戏的演出。我在《母亲的心》里扮儿媳妇桂花，朱旭在《吃惊病》里扮演美国兵。这期间我们在化妆室里每天都能见面。由于他在《吃惊病》里演得很出色，引起全团人对他的注意，我也是此期间加深对他的印象。以后我们又同在一个演员队，接触的机会逐渐多起来。

我们从无量大人胡同搬到史家胡同的大宅院。这里的房子和院子更多了，前后共有三层大院，是一座中国庭院式的建筑。有长廊，假山石，苹果树，正房带宽大的走廊，冬暖夏凉，真是有点景色呢！到了秋收季节，大家用竹竿去打核桃，摘苹果，采海棠，好不惬意。有一年核桃丰收，打了多半大竹筐的核桃呢！按人头分果实，数量不多，每人都能收到点。那时我们还是少男少女，三五知己聚在一起吃着收获的果实好不快活。休假时，冬天结伴去滑冰，夏天结伴去游泳。年纪大点的就留在花园式的大院打克朗棋，玩扑克牌。玩的时候大家可以尽情玩，工作的时候必须全身心地投入，决不允许懈怠。每到节日总有晚会，朱旭是俱乐部的主任，通常他都是这些活动的组织者和带头人。

朱旭也是球类爱好者，在我们史家胡同大院里有一块空地，他提出了一个设计方案，想把这块空地建成篮球场，这份建议书得到众青年和院领导的支持。他招兵买马动员起全剧院的小伙子，一时间平地的平地，运土的运土，热火朝天，连曹禺院长都被感动得参加到劳动的行列里。几天的工夫，一个像样的篮球场豁然出现在眼前。朱旭很爱护这个篮球场，以他为首的健儿们经常出现在篮球场上打比赛，个个精神抖擞，其乐无穷。偶尔我也到篮球场上去看他们的比赛。因为那时候我父亲正瘫痪在床上，养家糊口的担子就落在我的身上，在心理上承受着压力，比较少地出现在这种热闹场合里，也许这倒引起他的关注。不知道从什么时候开始，他经常到排练厅看我排戏，他总是很认真地经过思考再诚恳地提出建议。他的艺术见解很有独到之处，我经常从他的意见里得到启发，在艺术创造上我们逐渐地产生了共同的语言。随之，互相之间都有着好感。有优秀的影片上演时，相约同去观看。闲暇的时候，我们同去北海游园，在同伴中有敏感者提醒我："当心！他看上你了。"

"别瞎说了。"

我坚决否认，因为他从来没有用语言表示过什么，我们只是朋友而已。果然，在这一年的秋天，晚饭过后，他约我到他心爱的篮球场上去散步。那天晚上月亮特别的亮，我们边散步边闲谈，突然他站住脚注视我半天，抽冷子说了句："我喜欢你！"

没想到他就直截了当提出来了，我一时精神准备不够，又觉婚姻大事应取慎重态度，而且我还需要征求父母亲的意见，不宜马上回答，就先婉言谢绝了。他有点懊丧并没有气馁，他仍旧鼓起勇气说："你考虑考虑，不必立刻回答。"

"好！"

"我等着！"

"行！"

经过这么明确表态后，反倒觉得很不自然。我们俩人都不知道再说点什么，默默地走了一阵子。秋夜的风有点凉，互道了一声："明天见！"各自回到自己的宿舍楼里。

第二天见面仍感尴尬，经过再三的思考，我认为我们并不合适。原因是我比他大两岁，艺龄也比他多几年。我比他成熟，他还是个单纯的小伙子，我们不宜做夫妻。更主要的原因还是来自

20 世纪 50 年代，朱旭在宿舍里看书

中国旧传统的观念和女人的虚荣心。谁都想嫁给一个显赫的人物，我也不例外，在婚姻上也幻想着白马王子。50年代时候，我比他高一个级别，按照传统的观念，女人要嫁给比自己的学历、级别都高的人，甚至于家庭的社会地位、财富等都要高于女方，要讲"门当户对"，否则就要受到亲朋好友的非议，父母的谴责。这是我当时不能接受他的最大障碍。处在情感和旧观念的矛盾中，我内心深处撞击得很激烈，久久不能决定。可是我们还经常在一起。朱旭是个自尊心很强的人，他呢，什么都不再提了，我们仍旧是保持一定距离的好朋友。我看得出来，他心里也很不平静，是惆怅，是苦闷。他本来是很爱玩的人，这以后一反常态，当假日大家出游的时候，他总一个人留在宿舍里，不是打扫卫生，就是蒙头睡大觉，再不然就没完没了地洗衣服。这不像他平时的表现，很明显他的苦恼是我给造成的，我心里很觉不安。刚巧我排练曹禺所著《北京人》里的素芳，在创造角色的过程中遇到一些困难，他知道我在工作上碰到了苦恼。于是他抽出时间专门到排练厅看我排戏，从中找出问题，企图帮我解决，帮我排忧解难。他并没有因为我的拒绝有所忌恨，仍旧保持着友善的关心。从他的身上我找到了人与人之间最难得的东西——真挚。想起陶行知先生曾说过："千教万教教人求真，千学万学学做真人。"

可见有什么比真挚更珍贵的呢？！这不是谁都能有的，也可以说这是做人的根本。我开始思考我们之间的关系，真挚的情感不光是他做人的根本，也是他作为一个好演员的素质。他的聪明，他在学习上的刻苦，在艺术上的表现能力，都是对于他在今后前途上有所发展的条件。凭我对他的了解，我相信，今天他虽然还是一个普通的演员，明天他就会成为舞台上一颗光彩夺目的明星。突然我对他产生了希望的寄托，把我对他的认识坦率地向父母亲说清楚，请他们不要只看现在，要看到将来的发展。终于，父母亲被我说服了，我取得了他们的同意。

一个星期日的下午，我约他到北海公园去散步，在这次游园中我明确地告诉他我的决定，他高兴地不想回来，只想在公园里走哇……走哇……这一天很晚了我们才回到宿舍。

我们于1957年12月12日，正式举行了结婚典礼。和我们同一天结婚的还有剧院的剧作者兰荫海与张虹，著名表演艺术家董行佶与陈国荣，我们三对集体结婚。剧院的领导把我们三对的婚礼当作一件大事来做。这一天，各戏组都停止排戏，行政部门和演员队的朋友们都来帮助布置新房。礼堂设在史家胡同新落成的小剧场内，全剧院的干部、家属都来参加婚礼。门外敲锣打鼓，门内大放音乐。由工会主席杨宝琮主持婚礼，副院长赵启扬主婚，剧院决定，大家自愿送份子，可以送五毛钱。这笔钱集中起来交给食堂做婚宴的酒席钱，差多少再由剧院给补上。全剧院好好地热闹了一天。那正是首次排演《茶馆》的时候，第一版里有一个人物叫"小心眼"的，是国民党时期的吉普女郎，这个角色由我担任。首次演出后发现这个人物跟小丁宝重复了，到第二次演出的时候"小心眼"就被删掉了。兰荫海当时是核心组的成员，董行佶演马五爷，我们三个人都是本戏组的。焦菊隐先生为了祝贺我们三个人的婚礼，特别开恩，第二天全戏组仍放假一天。难得有这么一天休息，于是之和他的夫人李曼宜也为了庆祝我们结婚，第二天一大早，其实是十冬腊月的天时，也不知道是谁建议的，

1957 年，刚结婚的宋凤仪在新房

1957 年，新婚不久的朱旭、宋凤仪夫妇

他们特陪我和朱旭跑到动物园去玩了半天。

　　一年以后，当朱旭知道他要当爸爸的时候，他高兴地找了好几位已经做了母亲的人，询问人家怎样注意胎教，应该怎样照顾孕妇。他买了许多这方面的书籍，闲时就翻阅一下。当我不能演出时，只能在家休息待产，正值春天到了，万物复苏，气象宜人，窗户的玻璃上贴了许多飘来的柳絮。我也是闲着无事可做，打扫着室内的卫生，一时高兴，爬上窗台推开窗户擦玻璃。朱旭正在排戏，乘中间休息，跑回来看看，看我正坐在四层楼的窗台上兴高采烈地擦玻璃，可把他吓坏了。他急跑到窗台前让我扶着他的肩头下来，因为擦到半截，我执意要擦完，他又要急着去排戏无法帮我，怎么办呢？他急中生智找来一条捆行李的绳子系在我的脚腕上，把另一头系在桌子腿上，仍旧不放心地千嘱咐万嘱咐一番，带着100个不放心的样子去排戏了。这是结婚后我才发现他还是个细心的男人！

　　朱旭在关键时刻考虑事情很周到。记得正演《蔡文姬》的时候，我久病的父亲正处在弥留之际，忽而清醒，忽而昏迷，嚅嚅的轻声细语中可以辨认出，他想最后见我一面。晚上，我有演出不能请假回去，为了不影响演出，保证不让我带着难过的情绪上台，朱旭一晚上也没有告诉我这个不幸的消息。他替我向老人做了最后的告别。回来后，他一直在后台陪着我，演出结束，他仍旧没有告诉我，只是催我快卸妆早点回家休息。为了让我睡个好觉，到了第二天清晨，他才如实地通知我。虽然我深感遗憾，但是这不能怪他，那时的演出纪律很严格，要求："以演出为主，一切为了演出，一切服从演出。"

生离死别虽是大事，也是个人的事情。"个人的私事再大也是小事，私事必须服从工作的需要，只要有演出对于任何个人的私事都不迁就，这是一条铁的纪律。"朱旭就是根据这条原则，替我细心地处理了个人和工作关系。

1958年是龙腾虎跃大跃进的一年，日夜大炼钢铁，工作的繁忙超过往年。朱旭毫无怨言，一切工作都是奋力而行。也正是在这一年，我生下第一个儿子，取名小龙。当我要临产时，朱旭要到农村去演出《刘介梅》。刘介梅这个角色没有 B 制，只有他一个人演，所以不能请假，也无法倒换，只能委托年轻的小伙子李源照顾我。李源刚从工厂调到我们剧院来，那时候他还没有结婚，是个单身汉。我们都住在首都剧场的四楼，也很邻近。朱旭临走前把我托付给他，请他在我临产的时候照顾一下。10月份已经刮起了秋风，也有了丝丝的凉意。一个凌空皓月深夜的12点钟，我打点好日用物品，敲开了李源的房门。他还在睡眼蒙眬中听说我要生产了，把他吓清醒了，急忙用自行车把我送到医院。拂晓的时候我听见孩子的哭声，随着我被送回病房，婴儿送进婴儿室。第二天上午医院打电话通知李源说："恭喜你！你爱人给你生了一个大小子，今天下午可以来探视。"

还没等李源解释我跟他的关系，电话挂上了。李源急忙通知朱旭我们母子平安，希望他能第二天回来一趟。直到第四天的中午，朱旭趁白天没有演出的空当，匆匆忙忙跑回来看望他的长子。他手里提着一包蛋糕，站在病房门口迅速用眼睛扫视着每一个床位，我一眼就看见他喊了一声："朱旭！"

他激动地赶快走过来，一屁股就坐在床头的椅子上，看了我

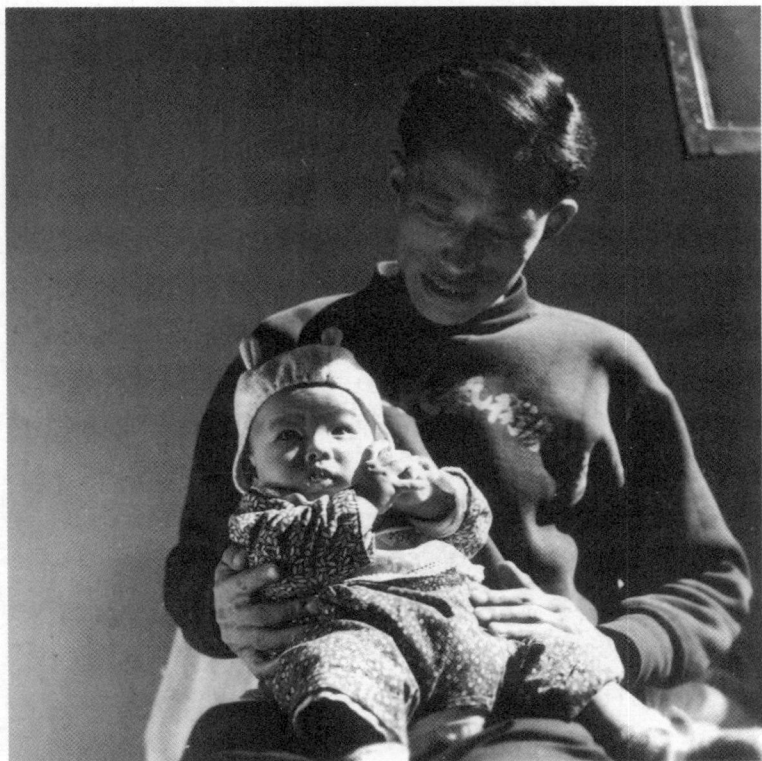

朱旭抱着刚出生的儿子小龙

宋凤仪抱着儿子小龙

一下不知说什么好，突然伸手摸摸我的头说："不发烧？"

"是，生孩子不发烧。我挺好。"

他放下心来，欣慰地笑了，很抱歉地说：

"我来不及给你买什么，在村里的合作社给你买了一斤蛋糕。"

他急速打开包："吃一块吧！尝尝。"

"不饿呢！待会儿再吃。"

"想着，饿了就吃啊！孩子呢？什么时候能让看？"

"要吃奶了，就会抱来了。"

他抬起手腕看看表，心里有点急地站起来说："我能到婴儿房去看吗？"

"可以，就是隔着玻璃窗看，不让进去。"

"哦，我一会儿就得走！"

我张大眼睛问他："干什么这么急？"

"没办法，晚上还有演出，坐汽车还得两个多小时才能到，从汽车站走到村里也得 50 分钟，还得化妆呢，时间挺紧。"

"噢！你给孩子起个名字。"

"好。嗯，唉！是男孩还是女孩？"

"瞧你！是男孩。"

他欣慰地笑了。

我说："要是女孩你就不这么高兴了吧？"

"谁说的？女人是半边天，我敢不高兴？！"

他又欣慰地笑了。护士抱着孩子进来喂奶，刚到床前，他就急着接过去。第一次做爸爸的喜悦时时浮现在他的脸上。他用双臂抱起刚生的婴儿，小小的软软的身体在他长长的手臂里感觉不舒服，嘎啦……嘎啦……地哭起来，他手足无措的不知该怎么办。只好交给我赶快喂奶吃。他目不转睛地看着渐渐入睡了的婴儿，很认真地思考着给儿子起个什么名字，还没等想好就离开了我们，匆匆赶回大兴去演出。刚出医院两天，我就患上乳腺炎，半夜急诊住进协和医院，只好把孩子交给做过母亲的人轮流看管着。第二天早晨做的开刀手术引流，没想到是由外地来的实习年轻小大夫做的，开错了奶管，把好的奶管切开了，奶就不停地往外涌出，使得刀口无法愈合。发炎的奶管没动，病灶依然存在。又做了第二次手术，本来这不是大手术，这么一来，一时半会儿的我也回不了家，孩子没有人照看。朱旭不得不在上午赶回来找保姆，下午再匆忙回去，晚上演出。他没有时间到医院里去看我，使他心悬两地十分劳累。

满月的这一天，我痊愈出院，朱旭也结束了下乡演出，胜利归来。大家络绎不绝地到家里来看我们，我们俩手忙脚乱地操作饭菜邀大家一块庆贺。突然噩耗传来，朱旭的母亲煤气中毒，预备好的庆贺午餐也没来得及吃。我们急忙赶到医院，因抢救无效，当天下午辞世。老人在世的时候对朱旭百般疼爱，我们整天忙碌在工作中，几乎年年的三十晚上都在舞台上彩排，没有时间陪伴老人家吃年夜饭。初一是大年，照例要演出，有时还要加演日场，很少能和家人团聚在一起过年。老人在世的时候我们疏于照料，反而还要劳累老人家照顾我们。想起这些他总是很内疚。一直过了很长时间，他对母亲的思念和歉意才渐渐地淡化下去。

爱玩的朱旭

逮蛐蛐

朱旭是个有着广泛爱好的人，他的兴趣是多方面的。在我们婚后第一个夏天，他骑着自行车，后面架子上坐着我，在朦胧的月光下，飞驰到景山公园。入园后，我们直奔小山坡。爬到半坡间，他俯贴在地面上仔细地听着，聚精会神地分辨是不是蛐蛐的叫声，认定后朝着蛐蛐的叫声的方面爬去，静静的、悄悄的，一下子就会捕捉到。我替他拿着手电筒照着，他小心地把蛐蛐放进蛐蛐罐里。由于注意力高度集中，公园里几次喊静园，我们俩都没听见，听见的只是蛐蛐的叫声。查园的人发现还有我们两个趴在小山坡上，一时被误认为我们是乱搞男女关系的青年，非要拘留查问不可。我们反复解释是来逮蛐蛐的都没有取得信任。朱旭镇定了一下，才想起丢在山坡上的蛐蛐罐可以作证。园林工作人员又陪着他返回原地找到蛐蛐罐，又把剧院人事处的电话号码留下来，供他们第二天去核对我们是不是夫妻关系这才了事。可是蛐蛐却在打开盖请它作证时，趁机逃之夭夭了。

球迷

朱旭爱打台球，好不容易才有一个休息日，我陪他去东安市场里的一个台球房打台球。这里有一位打台球的老手，球打得非常好。他和朱旭也是老相识，每次来必定要和他较量一番。我既不会打台球，也不懂得台球的规则，索然无味地看着他们玩，一玩就是多半天才能尽兴。后来这个台球房没有了，他也就只好把这项爱好暂时搁浅了。

除了台球，其他的不管大球小球不大不小的球他都爱看。年轻的时候他不但爱看球赛，自己也爱打球。他是我们剧院排球队的主力队员，打的好坏不说，反正敢冲敢撞，谁让"允许合理冲撞"呢！俄罗斯演出团在首都剧场演出，为了联谊，中俄双方在排球场上进行一次友谊比赛，队员们都把它看成是一场国际性的比赛，个个摩拳擦掌，动员了全剧院的人都来站脚助威，连领导们都出席观看。啦啦队摇旗呐喊激情洋溢，裁判以友谊第一、比赛第二为原则秉公而断。虽然没有正式的权威总教练，可是有场外指导，全神贯注精心指教，其气势不在专业权威之下。在两国队员的酣战中，朱旭更是一马当先，勇冲猛撞，拦网扣杀，绝没有惧怕洋人半点。

在没有演出的情况下，只要有球赛，朱旭绝不会放过。特别是足球，他也是热爱足球的超级球迷，只要谈起足球，什么重要的话题都能让他忘掉。朱旭不管担任什么工作，只要他答应做了，他就会责任感很强，更何况身为全剧院俱乐部主任，更要把大家康体娱乐组织好、服务好，是他分内的事，应尽的责任。早在20世纪50年代，中国足球队第一次参加奥运会的选拔赛，在北京有一场比赛是中国对印度尼西亚。剧院的球迷们都要求能看上这

"文革"前，人艺排球队与苏联演员举行排球赛，右一为朱旭

场国际性的足球赛。朱旭召集起俱乐部的骨干、积极分子，组织起若干个小组，分赴北京利生体育用品商店、北海后门、先农坛体育运动场几处可能售票的地方去蹲点守候。为了能得到准确售票点的消息，又派了几位骨干到北京日报社去等待当天出版的第一份报纸。没想到，等拿到报纸以后才知道，只是在先农坛这一个点卖票，不得不紧急召回各路人马，重新布置、安排。为了确保买到球票，售票的头天晚上就到售票处提前排队，一两个小时一换班，整整排了一宿的队，直到第二天早晨开门售票为止。有志者事竟成，终于把这场球票买到手了，为全剧院买了40张左右的票。那场足球赛中国人踢得很露脸，4 : 0赢了印度尼西亚，朱旭激动地赞不绝口。从买到票到观看比赛，他的精神都是处在极度紧张和兴奋的状态里。比赛结束后，他拖着两条无力的腿蹒跚着走回来，两眼通红，喉咙沙哑，进门倒头便睡。只要不排戏，他能不吃不喝地睡上24小时。

对弈

他也是一名棋类爱好者。特别到了夏天，一边在院子里乘凉，一边就和棋友下象棋，一下就是几个小时，常常到了午夜才停战。

近几十年来他又对围棋着了迷，只要电视的栏目里有围棋的比赛介绍或是讲解棋艺，他都不会错过收视时间，阅读围棋的书籍多不胜数，还经常被邀请去参加围棋比赛。不管是同业余棋手还是专业棋手比赛，他都乐于迎战，关键不在输赢，而是这点雅趣，贵在参与。

徐莹俱乐部的负责人徐莹，对于朱旭来说，既是他的围棋老

围棋方圆会，虽然都是业余选手，但是认真劲儿一点都不亚于专业棋手

朱旭在打台球

师，又是他的忘年交。那天采访完朱旭，记者张展请徐莹谈谈她对朱旭的印象，徐莹说：

"朱旭老师对围棋非常执着，非常热爱，我们这儿一有活动，他准来。像去年六月那场罕见的大雨，也没阻挡他，他是真喜欢围棋。他每次来这里都很认真，我在上面讲棋，他在底下摆，有一次我们的工作人员把他的神态记录下来了。我一看，朱老师这样（徐莹学朱旭捏着棋子睁大眼睛听讲的样子）特让人感动。严格地说，朱老师的棋不太行，用现在的段位看，相当于业余初段的水平，但他心态特别好，他不会计较输赢，输赢他都是乐呵呵的，因此，我们这儿的人都喜欢他，他没有架子，一丁点儿架子都没有，他能给大家带来欢乐，大家和他的关系特别融洽。"

愈说徐莹兴头愈大，她又说："朱老师下棋深一脚浅一脚的，他下棋特逗……朱老师不是特别关注棋赛、关注棋手的那种人，他就喜欢下棋，他的乐趣在对弈中，他就沉醉于棋本身……"（摘自《午报》记者张展的采访记录）

围棋学会的评委们被他的执着精神所感动，不忍心打击他的积极性，给他评了一个两段，这更鼓舞了他。多年前由文艺界的同一爱好者组成方圆会，开始的时候只有六七个人，现在有十多人。每个月集合一次，轮流做东，午饭就由做东的人承担开支。每逢到了这一天，他们从早晨到晚饭之前分组进行棋战，并做棋艺的切磋，气氛总是那么愉快。方圆会的成员都是文艺界的代表人物，电影导演、演员等人。中午的这顿饭也是他们休战小憩的时刻。在这一时刻，每个人都尽量让自己放松一下脑筋，一边小酌小饮，一边海阔天空无拘无束地谈着，其乐融融。当夕阳西下百鸟归巢之际，他们不得不握手告别，再期待着下一个月的重逢相聚。

舞墨

有一段时期朱旭和于是之相约要苦练书法。儿时，他在父亲的指导下已经有了一些基础。父亲采取物质刺激法督促他写字，每天写完10篇大字就奖励一个梨，为了获得这只梨，朱旭就找笔画最少的写，写一、二、三、刀、口、尺、甲、乙、丙、丁之类的，争取快点写完，日久天长地练出一些基本功。挥毫舞墨对朱旭讲不算难题，但要出色还需苦练。有一段时期，他像小学生一样从头开始，先读帖，他酷爱王羲之的《兰亭序》，倾神拜读，时停时续地练帖，只可惜没能每天都坚持下来。他也经常被邀请出席一些笔会，广东惠州的书会，庆香港回归祖国，剧院40周年院庆的书画展览，赴日本参加书画展等，都有他的墨迹。北京艺术交流中心出版的书画册中收藏着一幅他写的条幅，已经成册出版。

养花

近些年来他又增加许多新的兴趣，年纪大了有耐心了，爱养花弄草。清晨起来第一件事就是侍养花草，他养的绝大多数都是不开花的花，一片绿叶。最早开始养的是人家移给我们的一枝万年青，经过二十多年的浇灌，根深叶茂又繁出六七盆，盆盆都是叶片硕大颜色碧绿的，十分喜人。后因"朝闻天下"栏目播出万年青不适宜在室内养，它的毒性很大，长期接近它会使人秃顶落

正在写书法的朱旭

朱旭的书法作品在日本参加书法展览

发或是肠胃不适，我建议扔掉。朱旭实在舍不得，他犹豫着，我用坚决的态度催促着，他又心疼又咬牙地才扔掉。真正开花的只有蟹爪莲和水仙花。他把蟹爪莲小心地用竹皮儿削成圆形架在花茎下，形成了伞状的大花形，开出桃红色的花时都围着花盆向周边垂长着，非常有形又好看。再有，能真正开花的就是水仙了，花朵不大，白色花瓣，浅黄色的花蕊，冬季开花，花开时清香扑鼻。每年将至冬初，他就会买一些好的品种回来，用刀片把花茎小心地修成蟹爪状，再放进水仙盆内，用各种小石子压住花根，放少许水。白天送到阳台上去晒太阳，晚上怕冻再搬进室内，为了控制它的长势，不让它长得太快，只要屋子里热了，就还要再把它搬到阳台上冻一冻。天天如此，他一点也不嫌麻烦，很有耐心。而且，对于花期他也控制得非常好，这种花比较难养，养不好的时候很容易疯长叶子不长花，叶子能长得像大葱一样高，由于茎叶长得过快过高，最后就弯下来，没有办法再培植，所以民间有句俏皮话儿，叫作"水仙不开花装蒜"。朱旭能控制水仙叶杆的生长，让它长得很慢很慢，把花期控制到春节时候再让它含苞待放的花朵顿时绽开，淡雅清香惹人喜爱。每当这个时候，朱旭都会站在花前喜上眉梢地欣赏着，久久不愿离开。

垂钓

1997 年的春天，居委会组织本片儿离、退休的人去进行钓鱼比赛，邀请他一定参加。盛情难却，他在出发前的头一天找出二儿子的鱼竿、鱼食、水桶、小椅子等必备的东西，早晨八点出发到钓鱼园，短短一个小时钓了六条鲫鱼，他兴高采烈地回家来。

朱旭在钓鱼

他并不在乎比赛成绩如何，主要是能吃到自己钓的活鱼，这是一大乐事。当即挑出两条活鱼暴腌炸食，成了他最美味的下酒菜。这次又激起他多年的钓鱼兴趣。也使我回忆起1984年《茶馆》去香港演出的事。

我不在这个戏组，为了我们俩能够一起在香港玩一玩，我到中国旅行社办了香港的10日游，正好他比我早到香港一天。我们在香港见面后约好去北海渔村玩，这是一个旅游岛，三面环海，一面靠山，游乐项目挺多，例如海上游泳、海上快艇、碰碰车、钓鱼场、麻将牌、儿童玩的蹦蹦床、露天烧烤、豪华山庄、迪斯科舞厅、冷热饮茶座、吊椅等。旅游岛上的叶老板知道我们去了，特意赠送嘉宾标志的牌子让我们戴在胸前，有了这个牌子，在岛上玩各种游戏都免费招待。我们从岛上快艇下来以后，又环岛一周观赏着这美丽的岛屿。当时，从海里打捞上来的海鲜是我们的午餐，朱旭免不了开怀畅饮。酒后他总要小睡一会儿，主人安排我们到山庄别墅稍做休息。下午朱旭决定去垂钓。垂钓园里的周小姐是我们早已见过面的老朋友，她精心地选了一支鱼竿，上好鱼食递给朱旭，他只需把杆轻轻地甩进水里就可以等鱼上钩了。可是，他不喜欢这种玩法，周小姐也看出来了，就把鱼食摆在他面前，一切都由他自己操作。从水面上看鱼已经上钩，可是提起来时又是只见鱼竿不见鱼，看这情形，不是一时半会儿就能钓上来的。我选择了离钓鱼园最近的一个小山丘，这里有许多插着小洋伞的茶座，我坐在那里正好清清楚楚地俯视着他钓鱼。眼看别人一条条地往上钓，可就是他怎么也钓不上来，他开始着急了，抬起头看看我，指指鱼竿，做了一个钓不上来的手势。我向他摇摇手告诉他没有关系，别着急，会钓上来的。说时迟，那时快，我一眼看见为他上鱼食的周小姐从身边的桶里捞出一条大鱼，乘他跟我打手势的时候，急速挂在他的鱼钩上轻巧地放进水里，我忍不住地笑起来。他还在比比画画地向我打着招呼和做着手势，我向他示意把鱼竿提起来，他低头一看，果然是条大鱼在钩上，急忙提起钓鱼竿，周小姐替他把鱼捉住放进塑料口袋里，祝他好运。他喜形于色地提着口袋离开钓鱼园，回到住处后我告诉他说："这条鱼不是你钓的，是人家送的。"

他带着奇怪的眼神看着我。

我告诉他："是周小姐放上去的。"

"瞎说！"

"我亲眼看见的。就在你跟我说话的时候。"

他仍旧不信。幸好和我们同去的还有一位朋友，向他证实我说的是实情，他才无言答对。他自己想想也觉得可笑，但是他心里觉得多少有点伤自尊，从此立志要练好钓鱼技术，其实是他产生了浓厚的兴趣，用他自己的话说："钓鱼是陶冶性情的好游戏。"

1990年朱旭按照国家的规定，年满60岁就可以申请退休。他是离休，离休比退休更多一些福利和照顾，国家对于老年人的福利待遇很重视。为了暑天的休养，剧院总要安排一次旅游活动，费用由国家承担，选择风景优美的地方养息几天。有一年我们的休养地点安排在颐和园的后湖，这里有座干休所，清静幽雅，我们的卧室窗前就是昆明湖的后湖，它和游人区划分开。经了解允许在后湖钓鱼，他兴致勃勃地在柳荫处的台阶上一坐就是大半个上午，什么都没钓上来。下午又接着去钓，直到红日西垂晚霞飘浮的时候，他才扛着鱼竿提着水桶回来。我看他高兴的样子知道他一定钓到鱼了。我说："成绩怎么样？丰收吧？"

"嗯。满载而归呀！"

"是吗？几条？"

他很自豪的样子，向我伸手比画着说："八条，我一下午钓了八条！"

"真的？钓那么多，给食堂送去吧，晚饭时候做给大家吃！"

"不，不行！"

"怎么不行？舍不得？真小气！"

"不是，不够吃的。"

"八条还不够？"

"不够！"

他一边说着一边提着水桶走进洗澡间，把鱼放进澡盆里，我追进洗澡间一看，笑得我都直不起腰来了。原来这八条鱼里面有七条是二寸到三寸之间那么大的，只有一条是这里最大的也超不过五寸长。可以赞扬的倒是难为他怎么钓的，像这么小的鱼都用竹篮或是网子打上来，哪有钓上来的呢！可是他就是钓上来的。在晚饭的餐桌上他挑着大拇指跟大家说："这就是技术了，没有高超的技术怎么能钓上二寸的小鱼呢！"

众人被他说得捧腹大笑。在日常的生活里他经常是很幽默的。

1997年应日本千叶县日中友好协会邀请赴日访问，日本的渔具是世界驰名的。到了千叶县时，在去会场的途中，朱旭发现一家渔具店，已经到了会场，他又乘车返回原路找到这家店铺，选

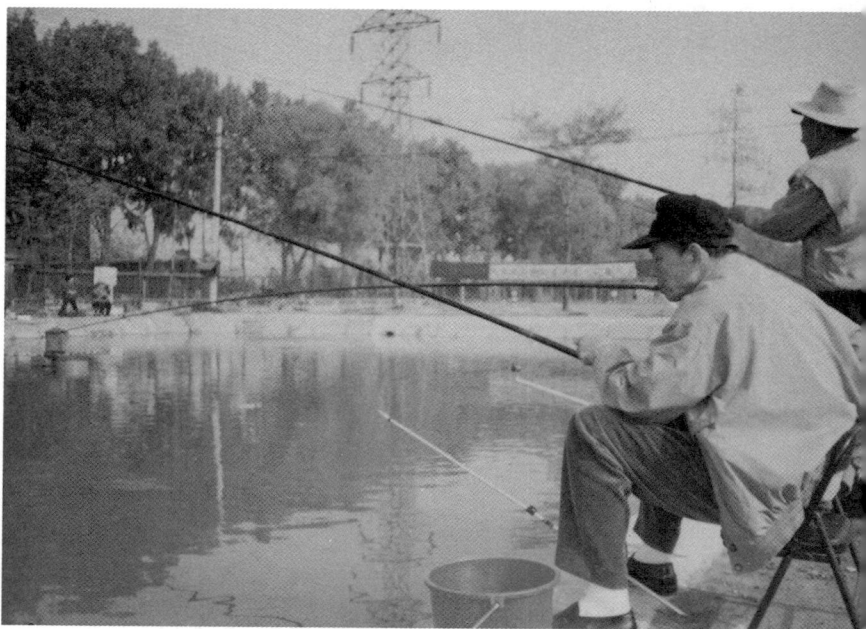

"业余高手"朱旭参加"双榆树老年人钓鱼比赛"

了一副硬式钓竿。店主人发现来的是电视连续剧《大地之子》里陆德志的扮演者，高兴得不知道该怎么表达他的热情，执意不肯收钱。经过多次的推让，最后打了百分之五十的折扣，又赠送了许多的小用品，店主人才留恋不舍地送走他。

回国后的第一件事，约好了二儿子、二儿媳妇一道去钓鱼，试试新鱼竿。亚运村垂钓园离我们的家不算太远，那里的鱼池分有鲫鱼、鲤鱼、鲑鱼等品种。池边设有洋伞，白色小圆桌，小椅子，旁边有卖冷饮的地方，服务人员也很有礼貌。鱼出池后要过秤，一斤鱼比市场上的价格贵将近两倍，朱旭第一次去就钓了13条鱼，我们几乎每餐都少不了鱼。每个星期五下午，大儿子带着小孙女，二儿子、二儿媳妇都要回来过双休日，这些日子爷儿几个的兴趣都集中到钓鱼上。星期日一大早由二儿媳妇开车直奔垂钓园，每次都要钓十几条回来。清蒸着吃，红烧着吃，煮鲫鱼汤吃，怎么吃也吃不完，冰箱里总还有前一个星期没有吃完的鱼，愈积愈多。没有办法，最后决定只有把再钓来的鱼分赠给亲友，每次给人送鱼的时候都是带着求人的态度说："劳驾！帮个忙。这是刚钓来的鱼，可新鲜了，怎么吃都行，不够还有，上我那儿拿去！"

从这时开始，他又着重研究垂钓技艺，购买有关这方面知识的书籍，看电视中介绍的有关钓鱼的专题讲解节目。无形中在他的生活里又增加了一份新的内容。

爱狗

二儿子的同学从俄罗斯带回一条名狗，刚来到北京的时候它还很小，好像刚生下来没有多久，可以轻松地抱在怀里。过了半年再看见的时候，它已经长大了，身长将近一米，成了一条又高又大的大白花狗，它的主人给它起名叫"大头"。大头并不是很温顺，对人常常大叫不止，吓得人们不敢接近它。有一天，它的主人带它到我们家里来，一见着我，大头就大吼大叫，还做出要咬人的样子。它对朱旭就不这么凶，像对它的主人一样，朱旭也很喜欢它，总喂它吃香肠，大头对他更友好了。主人想卖掉它，朱旭很动心，想买下它，我极力反对，提出以下理由：

第一，房子太小，二儿子结婚还没房子呢！怎么能够再养上这么一条碍人手脚的大狗呢？

第二，这条狗除了要吃大量狗食罐头还要吃牛肉和香肠，饭量太大。

第三，还要上几千元的户口，每年都要为它交费。

第四，它有病还要上宠物医院去打针吃药，比人的医药费贵很多，每月要为它增加很大开支。

第五，屋子无法保持卫生。

第六，天热还要给它洗澡。春天脱毛，弄得到处都是狗毛了。

第七，你去排戏了，谁饲养它？

第八，我每天都很忙，一大堆做不完的事情，哪有工夫去照顾它……

朱旭一听我这没完没了的理由，他赶快说："行了，行了，我知道了，咱们没法养！"

他总算接受了我的意见，把养狗的计划打消了，否则的话，真要天下大乱，不得安宁。

虫乐

深秋时节，他早晨到鸟市去闲逛，看见卖金蛉和竹蛉的小叫虫，它们身体的全长比小手指甲盖还要小四分之一呢！可是叫起来的声音，清而脆还有节奏。朱旭喜欢听这叫声，买回来放在家里别有一番乐趣。尤其是在冬天，暖和的屋子里再摆上几盆鲜花绿草，不时地传出几声金蛉的叫声，真怀疑是怡人心神的初春到来了。金蛉子必须在一定的温度里才会叫，才喜欢叫。朱旭总是把它放在自己的怀里暖着。金蛉生活在一个很小却是专门为它制作的塑料小盒子里，上面的盖是无色透明的，可以看见金蛉的行动。每天早晨起来，把苹果去掉皮，再用刀子削成很小的一块苹果肉放进小塑料盒里，这就是它一天的吃食，连水都有了。它一般活到三、四月份就要死了，生命很短暂。当金蛉和竹蛉向生命告别后，朱旭只能等到再一个初冬时，再重侍养它们的新一代。

大儿子在市场上买了一个已经制作好的大葫芦，上边雕着八仙过海，里边还养着一只老蝈蝈。蝈蝈吃胡萝卜，一天喂两次，还要喝水。蝈蝈出来的时候挺困难，尤其天气凉一点更不愿意出来。好容易出来了，当吃完喝完应该回去了，又不肯进去。头上的两根须子很长，一不小心就容易碰断，真是千般小心万般注意的。大儿子要到外省市去演出，这可麻烦了，怕影响工作，不能带着蝈蝈去，怎么办呢？交给小孙女，怕影响她读书；交给我，怕我忙不过来，没有工夫，想来想去，最合适的人选还是他爸爸。朱旭责无旁贷地一口应允下来，立刻接收，大儿子很放心地踏上旅途。谁知喂蝈蝈和金蛉子不一样，吃的东西不同，喂的方法也不一样，显而易见的，朱旭不熟悉蝈蝈的习性。第一天喂的时候蝈蝈说什么也不肯从葫芦里爬出来，好像十分喜欢里面的黑暗似的，朱旭急得不得了。他轻轻地拍打着葫芦罐振动它，仍旧不见出来，最后他只好强行命令，用力地甩着葫芦，蝈蝈经不起折腾倒是出来了，吧嗒一声直接掉在地上，把小孙女心痛得几乎掉下眼泪，急忙拾起来捧着，我也生气地说："你太粗暴了！"

朱旭解释说："它不出来怎么办？总不能让它在里面饿死！"

我说："干脆！你别管了，我喂吧。"

小孙女也说："让奶奶喂吧！"孙女用小手托起来仔细一看，蝈蝈的须子尖掉了。孙女埋怨爷爷："都是爷爷不小心，须子本来在奶奶喂的时候就给碰掉了一小截，现在您又把那边的给弄断了，这倒好，两边一样了。"

朱旭忙抓住机会安慰孙女："这多好，两边都一样长了，也好看啦！再说，你爸爸回来也发现不了它短了，是不是？还是爷爷好吧？"

"爷爷赖皮，我不跟您好了！"

"那好吧，咱们爷俩就不好了，也不是好朋友了，爷爷也不陪你玩了。"

"那不行！爷爷得陪我玩。这样吧，您别管了，以后都交给我奶奶喂吧？"

"那好哇！我同意。"

他们爷俩倒是协商好了，把这个重担转移给我了。孙女得到了安慰，把头靠在爷爷的肩头上，爷爷不断地亲吻孙女的小脸，爷俩低声商量着该玩什么。

京剧票友

1996 年冬天的一个晚上，突然接到几十年未见面的杨洁打来的电话。杨洁是我国 20 世纪 60 年代初的国家篮球队的健将，她的姐姐是香港的红星夏梦。五六十年代的时候，她们几位著名的女篮健儿都喜欢看人艺的戏，几乎每个新戏上演都可以在首都剧场发现她们的身影。休假时，她们经常到家里来找我们玩，我们也喜欢看她们的球赛。文艺和体育总是有着缘分，我们就是这样结下了友情的。杨洁很热爱中国文化瑰宝京剧，她专唱老生，也会文武场。她嗓音洪亮，唱起来非常有韵味，经常在舞台上彩唱，她不单唱得好，还是乐队班子里的全面手，又会拉，又会弹，样样乐器都拿得起来，锣鼓经背得滚瓜烂熟。由于"文化大革命"的关系，我们间断了来往，三十几年中谁也不知道谁的情况。当她知道了我们家的电话后，立刻就和朱旭取得了联系，约他到北京国际京剧票房来清唱，朱旭非常高兴地接受了邀请。其一，因为几十年未见面的老朋友可以重逢，其二，朱旭这个京剧迷可有了亮亮嗓子过过戏瘾的地方了。那天晚上杨洁也很兴奋，她亲自开车接我们同去，相见之下真是感慨万分。如今，我们都已退休了，杨洁从原来的年轻活泼充满精力的少女形象，现已变成花白头发的贤妻良母。但是她的豪爽热情、真诚的性格并没有变，仍旧是当年的杨洁。久别重逢更感觉格外亲切，这天晚上来了不少知名人士，宋世雄和他的夫人（"空中舞台"栏目的著名主持人），有体育界的老领导荣高棠，京剧名家梅葆玖、梅葆玥、姜凤山（梅兰芳的琴师，现给梅葆玖操琴），著名的四大老生之一马连良的小女儿马小曼等人。每人都唱一两段。已经多年没唱京

朱旭与京剧名家张君秋合影

戏的朱旭，兴致勃勃地站到麦克风前尽情地唱了两段老生戏。这天晚上又重新让他回忆起许多京剧前辈的精彩演出。他轻松愉快地尽情玩了一个晚上，快要结束的时候杨洁请大家吃蛋糕，我们才知道原来这天是杨洁的生日。

麻将比赛

最近由国家体育总局、社会体育指导中心组织了一次裕泰杯九九新春名人联谊活动大会，朱旭被邀请去参加此项活动。活动的内容有新麻将牌比赛、桥牌冠军赛还有书画笔会，参加的著名人士很多，体育界有刘晓光、谢军等，文艺界有电影《红樱桃》的导演叶大鹰、电影学院的著名教授马精武，还有我们剧院的李婉芬及梅阡的夫人边波等，京剧界有吴素秋、刘雪涛及夫人，书画界也有许多位参加。朱旭兴趣很高地参加了新麻将比赛。按照新的规则进行比赛，一共有四个组，每一个组有五桌，总计是20桌牌，朱旭参加了第二组的第五桌。大会发给每个人一份讲解新规则的手册，大厅里有指导员，有裁判员，不懂的地方就向指导员随时请教。朱旭还来不及阅读手册就匆匆上阵，在这桌上还有一位寺庙的法师，他玩得很认真，随时拿起一张条子，边打边查看着，上面记着密密麻麻的小字，大约记着什么样的牌才能算做一番，手里的牌必须够上八番才允许和牌。因为大家都是第一次接触这新规则，所以要求就放宽了，改成只要够六番就可以和牌。一阵紧张的战斗，大约经过了两个小时，四圈牌总算结束了。在每个小组里评出前五名，朱旭在第二组里评为第一名，获得了冠军。虽然是业余体育活动，真的获了奖，他同样兴高采烈。回来的时候，他不先回自己的家，一直奔向梅阡的家，因为梅阡虽被邀请由于感冒未能出席，他很得意地举着奖杯给梅阡看。第二天什么事情都没有做，抢时间把这本刚出版的麻将学和各种番种分值，一口气阅读完了。恐怕这又要引起他新的兴趣。

这些兴趣也是他多方面的生活积累，也是感性知识的积存。

玩的时候，朱旭总是尽情地玩。工作的时候，他则是专心致志地工作。他严格遵守一条原则，任何个人兴趣都不能影响工作，工作是第一位。他热爱丰富多彩的生活，对于生活中各种人物的观察和研究成了他的职业习惯。表面看起来他像个不务正业的人，无所不好，但也正是生活领域的宽阔和各种爱好丰富了他的知识，充实了他生活的内容，从而也帮助了他的艺术创造。

共渡难关

1960 年到 1963 年正是我国困难的三年，农村普遍遭受灾害，颗粒不能归仓，城市里用瓜菜代替粮食，副食店的货架上绝大多数是空的，买不到巧克力和高级水果糖，糕点也看不见踪影。剧院立刻组织人力，腾出一间大办公室由专人负责做小球藻，它的原料都是各种蔬菜叶子经过水和温度的处理后，变成碧绿的半透明体，据说含有一定数量的植物蛋白，可以给大家补充营养。

60 年代初，朱旭随剧院到福建去演出两个月，他走后北京才出现缺鱼肉、少粮米的情况，大多数的人都体内缺少糖和蛋白，普遍出现浮肿病。我也不例外，开始全身浮肿无力。我没有写信告诉他这一切，可是别人的家属已经写信把情况传递过去。他知道以后很着急，在福建演出时一天发给每人两个鱼罐头，作为辅助劳动的营养品，增加热量。他自己不肯吃，全部带回来给我和孩子们做营养品，他埋怨我不会照顾自己。他长途跋涉地演出回来，刚进家门还没喘口气，急忙到传达室借用炉火为全家炒好油炒面，随时可用热水冲食。大儿子刚两岁，住在幼儿园，粮食虽然困难，国家对病人和幼儿给予特殊照顾，在营养方面都能保证供应，所以孩子很健康，多少减去他一些忧虑。朱旭和我根据级别每月有一定的营养补助品，可以领到白糖和黄豆，朋友们开玩笑，管我们叫"糖豆干部"。我姐姐养了几只会下蛋的母鸡，捡出一只最好的送给我们，果然一天下一个蛋。早起第一件事，他把鸡蛋捡回来，并不是给他自己吃，而是都给儿子积攒着。

糖豆发到手里交由老保姆做成各种食品，戏散后经常邀请一些没有营养补助的单身汉到家里来，共同分享这美食。他从来不发牢骚，不怨天尤人，总是乐观地说："人哪有一辈子不碰见点灾难的，这也是生活的积累呀！我相信用不了多久困难就会过去的。"

1961年我到农村去进行文化辅导，在郊区的大兴区王各庄。这是有名的诗画满墙的文化村。我到村里是大队的村干部，在农民的家里住宿，在大队的食堂吃饭，按定量交粮票，每个月回家休息四天。不知怎么，一马虎把粮票都给丢了，那时候的粮票比钱要宝贵得多，没有粮票买不到粮食，吃什么呢！朱旭十分生我的气，同时又很着急。我劝他不要着急，因为村里的大队有两个食堂，一个是大队干部的食堂，有粮票可以买到用瓜菜掺到玉米面里的窝头，有时还能吃到菜叶和米煮在一起的白米粥。另一个是农民群众的食堂，不要粮票，吃的比较差，把榆树叶和榆树皮用碾子压碎掺到高粱面里做成团子，榆树叶一经过蒸，皮特别不好嚼，很皮很皮的有韧劲儿。比较好吃的是玉米壳和白薯秧，白薯秧和白薯差不多的味儿，含淀粉多，也甘甜。我想没有粮票也饿不着，就在群众食堂吃一个月的白薯秧呗！我倒没在乎，朱旭

1961 年，宋凤仪在上海

很烦躁地叨叨我好几天，他说："你不知道你浮肿啊？还把粮票给丢了，现在借钱好借，借粮票没处借去，都吃的是定量，有的人还不够吃呢！"

"没关系，我吃群众食堂就得了。"

"那不行！这样吧，把我的粮票先给你一半，两个食堂你搭着吃。"

"那你吃什么？只吃半个月的饭？"

"我不要紧，晚上演出不是还有二两粮票的补助吗？再搭上咱俩的糖豆补助，我怎么都比你在村里吃的强，凑合一个月呗！"

四天的假期很快就过去了，我该回农村了。当天晚上朱旭有演出，我为了赶早班车，头天晚上很早就睡下了。第二天清晨起床穿衣服的时候，发现棉上衣里边整整齐齐缝了一个小口袋，口袋用别针别好。我忙把别针拿掉，里边放的是粮票。原来趁我熟睡的时候，他连夜逢上的，唯恐粮票再被我弄丢了。我没有叫醒他，留下一张纸条就匆匆回农村去了。

1962年是三年困难中的最后一年，我们到上海去演出。15天的演出结束后，应邀去杭州。临走的头一天，我到街上去买土特产，当我出店门的时候没注意，在高层台阶下面有一个深深的小洞，右脚的一半踩进洞里，眼前一阵发黑，骤然的剧痛让我失去知觉。当我醒过来的时候，好心的店主人正扶着我坐在台阶上。很奇怪，剧痛过后，所出现的是麻木，站起来试试，乘着麻木扶着墙走回锦江饭店。正巧朱旭出去了，剧院派人送我到江南著名骨科权威石小山医所治疗。经诊断，脚骨右侧的边骨粉碎性骨折，医生要求在上海治疗。因为不宜移动，否则细小的碎骨渣会进到血管里引起大动脉发炎，那样就必须做截肢的手术，我被这有可能发生的恶果震惊了。院领导决定把我留在上海治疗，尽量的，也可以说是尽最大的努力保全住我的右腿，不让它残废。朱旭的担心和内心的沉重不在我之下，他显出少有的沉默，他明白这种情况不是用语言能缓解的，他只是细心地默默地照料着我。剧院领导决定去杭州，让他晚两天再走。两天过后他要离开上海了，临走前帮我把头发洗好，换好干净的衣服，把吃药的时间向我交代清楚，又买了几本杂志放在床头上。看病、取药、饮食的调配这一切都委托给锦江饭店的经理和女服务员，安排妥当，他才比较放心地赶往杭州。终于没有发生可怕的截肢事情。

剧院在杭州演出结束后，朱旭急忙回北京排练新戏准备新年的演出，由于时间紧迫，他没能再回上海看我。这一年的新年和春节我一个人在上海度过，朱旭带着孩子在演出中度过。

1963年的春天格外显得明媚，人们的心情也都开朗起来，因为缺粮的困难悄然离去，逐渐恢复了丰富多样的食品供应。半年后我可以丢掉拐杖自己行走了，勉强得到医生的许可允许我回北京养伤，总算盼到回家的这一天。朱旭在我回来之前就已经做好让我养伤的安排。当到北京的这天晚上，正赶上他演《带枪的人》，只好拜托同一个演员队的黄音去车站接我。到了剧场才知道，为了照顾我这伤病员，我们家已经从四楼搬到二层小楼的独居，洗澡间、做饭的地方都在小楼里，对于我这行动不方便的人来说减少了很多困难。事先，他并没有告诉我这些，原因是想让我刚一到家就有个惊喜。他每天晚上演出，白天忙家务，也着实累了许多日子。终于，请到一位老太太做家务劳动，这是一位来自宁波农村的勤劳善良的老太太，朱旭才放心地把家务事交给她。好容易，他才从一些日常生活琐碎事物中解脱出来。

在我生病期间，除了得到朱旭的精心照顾外，同时也得到剧院领导和同行们的关怀和照顾，真的谢谢大家。每当清明时节，我和朱旭都会想起已经逝世的老书记、老院长赵启扬，如果没有他对我们的特殊照顾，减轻我们无力承担的治疗费用，也许今天我已经成了一个缺腿的残疾人呢！

漫长的岁月

1966 年 6 月"文化大革命"开始，我们剧院由四位青年贴出第一张大字报，随后，停止了排戏和演出，罢了当权派的官，单一地进行"文化大革命"运动。运动开始，我们并不懂得这场运动的目的到底是为了什么，可以说还不理解，在这种思想状态里跟着运动走。我们首都剧场的后楼及排练厅满是大字报，一夜之间出现了好几个群众组织。人数最多的是"毛泽东思想红卫兵"，接着就是"从零开始战斗队"等。群众组织不断地出现，"毛泽东思想红卫兵"把历史上没有政治问题的人都收纳进去。朱旭当时也被收纳进去。没有几天，组织内部分裂成两种不同观点，一种观点是"怀疑一切，打倒一切"，把所有当权派都看成是走资本主义道路的当权派，一律揪斗，另一种观点是要按照马克思、列宁主义的理论，对于具体的事和具体的人要进行具体的分析，不该一律都打倒。朱旭是后一种的主张者，他不赞成不问青红皂白一律把当权派都当成敌人来对待。他坚信真正的坏人是极少数，是个别的，真正的好人是绝大多数的。他强调，"打倒谁都要讲政策，重证据。"由于两种观点的不同，对方抓住他哥哥在台湾为借口，给他扣上一顶"狗特务"的大帽子，所谓的"纯洁组织"，把他清理出"毛泽东思想红卫兵"。其实从北京解放开始，朱旭就失去和他哥哥的联系，他哥哥在台湾的什么地方他都不知道。

不久，对方以莫须有的罪名揪斗四大"牛鬼蛇神"。这四大"牛鬼蛇神"就是梅阡、牛星丽、朱旭，还有剧本创作组的王治安。他们都戴上纸糊的尖顶帽子，身上挂着黑牌子，上面写着"牛鬼蛇神"四个大白字。正是夏天的晚上，那天好像要下雨似的非常闷热，这是剧院第一次由红卫兵揪斗的第一个全院大会，揪斗的理由是"他们都是走资本主义道路当权派的黑基础，是被培养的黑苗子"。朱旭比别人更多了一条理由是"他哥哥在台湾，他是特务"。从一片高喊的标语口号声开始，大约喊了有一个小时，又在不变的口号声中结束了这场揪斗大会。会后谁也没弄明白批斗他们什么？他们怎么了？犯了什么错误？谁也说不清。

朱旭的脑子里浮现出许多不明白的问题，每当这时他总愿意去找英若诚谈心。英若诚的家里也常去一些老友共同谈论，当看到有不实之词的大字报，他们联名写出给以驳斥的意见，集体签名为"英家门楼"。"英家门楼"贴出的大字报，不管是群众还是进驻的工宣队、军宣队都十分重视，因为在诸多大字报中，他们是讲马列主义理论和政策精神的。

初冬的夜里，大家都入睡了，没有任何精神准备，我家突然被袭击。红卫兵来抄家了，他们翻箱倒柜，除了把唯一的一点我父母传给我的一些贵重首饰抄走以外，没有找出任何反动证据。

这四五个红卫兵又直奔童弟家，朱旭正和童弟喝酒呢！红卫兵横冲直撞地闯进童弟家。红卫兵："朱旭！你还在这里喝酒，走！跟我们走！"

说着就要动手，朱旭怒问："放手！你们干什么？"

"跟我们走！"

"为什么？"

"你要接受红卫兵的审查！"

"审查我什么？"

"审查你什么？你是'英家门楼'的！"

说着几个大红卫兵上来就要揪他，朱旭十分恼怒，他大声说着："放手！我自己会走！"

他穿好军用棉大衣从童弟的家里走出来。红卫兵在他身后推搡着把他带走了。第二天清早就听说英若诚夫妇被捕入狱。可是朱旭呢？他被带到什么地方去了？谁也不知道。通过各方面了解才得知，他并没有被送进监狱，而是被关在首都剧场的小黑屋里。所谓的小黑屋就是洗照片的暗室。这间暗室，无论黑夜白天，阴天晴天，屋子里总是黑的，很适合洗照片，就成了专用的暗房。那里的通风条件不好，又常年洗照片，屋里显得阴暗潮湿。平时他总离不开酒，用它驱寒和解除风湿，我多次看着家里已经用枸杞泡好了的一瓶瓶的药酒，无法给他送去。

他的脾气很倔，我担心他要吃苦头。还好，他并没有受皮肉之苦。关进小黑屋以后，造反派只审问过他一次，让他揭发"英家门楼"一些人的反动言行。但是"英家门楼"里根本没有所谓反动言论的人，朱旭知道英若诚既不反党也不反人民。让他揭发什么？他不能捕风捉影地编造出没有的事情，他决不肯为了保全自己就说话就不负责，因为这关系到一个人的政治生活和一生的命运。用朱旭的话说："咱们不能做让人在背后戳一辈子脊梁骨的事！"

不久，造反派也醒悟到，想从朱旭嘴里揭发出他们想要的英若诚材料是不可能的，反倒得一天三顿饭地养活着他。群众意见也很大，又抓不着朱旭本人的问题，既没有历史上的政治问题，又没有经济上的贪污，也没有乱搞男女关系的生活问题，更没有任何证据证明朱旭就是潜伏的特务。实在找不出罪状，无可奈何，15天后只好把他放了。但是任何活动都不许他参加，从此，他倒成了逍遥派，那时管这种情况叫作"挂起来了"。

"文化大革命"开始不久，10月份，我们的第二个孩子出生了，取名小闯。造反派勒令我们从首都剧场独居的二层小楼，搬到史家胡同的大院里，由老保姆带着刚出生的二儿子和八岁大的大儿子同住在第一层院子，比较大一点的平房里，那里是孩子们的卧室、厨房、兼做饭厅三用。我们俩人住在后边的海棠院，一间不足八平方米的小屋。房子虽小，院子挺美，典型的四合院，周围都是回廊，方方正正的院子里的每个角都种有一棵海棠树。春回大地的季节，海棠树繁花盛开，白色花瓣微透着淡粉色的边沿，配以翠绿色的叶子，美丽而又清雅，因此得名"海棠院"。屋子小得放不下双人床，怎么办呢？朱旭开始动脑筋设计着，终于被他想出办法。他把双人床变成两块单人铺板，底下平放两个樟木箱子，一块铺板紧靠着窗台放好，把另一块铺板安装上折叠的合页，白天就把它竖起来吊挂在墙上，可以腾出一块地方走人，

1966 年，朱旭和宋凤仪的第二个儿子小闯出生了

晚上睡觉的时候关好门再把它放下来，仍是一张双人床。对面的窗台钉了一块一尺宽、一尺半长的小木板做成折叠桌，写字的时候把它支起来，不用的时候就放下，这是他自己动手制作的一张不占地方的袖珍小桌子。

精心养鱼

朱旭自从被放回来以后，再没有人让他揭发问题，也没有人来干扰他的生活。凡事他都不闻不问，无事可做，比任何人都自在。可是人总要有点精神寄托，干什么呢？他每天想方设法地陪着大儿子用"玩"来消磨岁月。平房的好处很多，可以养花养草，还可以养鱼。最初，他特意从通县买回来四个最大的瓦盆，专为养金鱼用的，放在院子里临近我们小屋的窗下。金鱼的品种也不少，有黑龙井、红帽子、花珍珠等。在太阳底下晒两大鱼缸的水，为了给金鱼换水用，晒温的水能保障鱼不感冒。每天都喂活鱼虫，他经常蹲在缸边观鱼跃，一看就是一个多小时。

不久，他又发现热带鱼很好看，但是根据我们的居住条件，没有放鱼缸的地方。他冥思苦想的，硬是在铺板接墙处挤出一块放鱼缸的地方，勉强能够把腿伸直。最大的好处就是躺在床上能看见脚面前的鱼缸，彩色缤纷的热带鱼游来游去的很好看，感觉到了海底世界一样，使人心胸宽阔，还成了斗室的一景呢！

他在鱼缸里铺好沙子，放进皇冠草，选进去的有花神仙、黑神仙、红绿灯、头尾灯、红剑、黑剑、孔雀等品种，放在鱼缸里很好看。热带鱼比金鱼娇气得多，必须有恒温表放在缸里保持水的温度，一星期换一次水。几乎全家都被动员起来，大儿子是他最好的助手，换水的时候要把鱼捞出来放在大烧杯里，用几尺长的皮管从鱼缸往外吸取脏东西。家里常年预备着四环素药片，换水的时候鱼很容易着凉，只要看见鱼身上起白点，赶快把四环素压成粉末撒进鱼缸里，否则鱼就会出现死亡现象。为了保证鱼食的新鲜，每天早晨五点钟朱旭就起床，带上小桶和渔网，骑着自行车到建国门外的小河边去捞鱼虫。七点钟左右，他带着满满一桶鱼虫回来，到家后马上涮洗鱼虫，只要多放一会儿，鱼虫就要死一片。把河水里的脏东西和死鱼虫都清洗出去，剩下的干净鱼虫储存一部分，下午还要喂一次，等鱼吃上了食，朱旭才能进早餐。

有一次我要到朋友家去，想换一双长款式的丝袜，在放袜子的抽屉里遍寻不着。我真纳闷儿，我们家只有两个秃小子并没有女孩，谁会穿了去呢？百思不得其解。过了一段时间，偶然帮朱旭清洗渔具，才发现这些大大小小长长短短捞鱼虫的网子，都是用我的丝袜做的。我质问他："你怎么把我的丝袜都做成渔网了呢？我穿什么呢？"

他理直气壮地说："只观赏，不付出？哪有这么好的事？"

"那你倒是跟我商量一下呀！"

"商量什么？你的就是我的，我的还是我的。"

他得意地笑起来，真拿他莫奈何，我只能望着他长叹几口气。

我们的小屋里摆满了一套套的烧杯、玻璃棍，窗帘换成薄呢子的，不让光线透进来。五月风和日暖，供暖早已停止，可是我们不满八平方米的小屋里又重新升起旺盛的小炉，要保持在24摄氏度以上的温度，因为"红绿灯"要分娩了，没有高温和昏暗的光线它是不产子的。朱旭一刻也不能离开这间又黑又热的小屋，他目不转睛地注视着鱼缸，只要看见甩出小鱼，刻不容缓，马上捞出小鱼放到另一只烧杯里，否则小鱼很快就会让母鱼吃掉。在这种非常紧张的情况下一分钟也不能离开人，要上厕所了，大儿子来守着，三顿饭都从前院送到后院来。左邻右舍的老太太们总看不见他出来，就问："朱旭呢？又让造反派给抓走了？"

有的老太太知道他在分鱼，就说："没有，在屋里坐月子呢！"

一时，这件事就被全院子的人传为趣闻。

动手做风筝

风和日暖的时候，他就带着孩子们到天安门去放风筝，进而就想自己制作。到国际书店买有关做风筝的书，他一天一天地坐在屋里研究着怎么做。他到山货铺买一根根的大竹竿，把必要的工具都准备好，就动手做起来。要做成风筝并不难，什么黑锅底、沙燕、大蝴蝶等等。主要做好以后能够飞起来很不容易，做时需要有耐心和细心。首先他要把大竹筒劈开，再劈成一根根细竹条，成条后，用小刀削薄，用戥子称。戥子平常是用来称金、银和贵重药材的小秤，朱旭用它来称竹皮儿的重量。由于竹条的薄厚必须削得一丝不差，重量才会一样，否则做成风筝也飞不起来，这很麻烦。竹条削成后再用蜡烛的微火苗烤热弯圆，做成各种形状的架子。扎好架子再糊纸，这是一种用特殊技术制造的纸，它薄得近乎透明却又十分坚韧。糊好皮纸再描绘，上线轴，试飞。画风筝也有粗细之分，像黑锅底、沙燕等都有固定的传统画法。但

朱旭在做风筝

朱旭回忆说，当时在四川拍戏，天气不好，只能在屋里待着，牛犇给他用泥捏塑像，他给牛犇做风筝。——责任编辑注

"文革"期间做的大风筝——宫灯

是花、鸟、鱼、虫、人物、静物等可以根据自己的兴趣去绘画，去创新。朱旭做的风筝很精细，他曾经做过一对民族形式的宫灯，六角形的，周围的灯架子仿红木雕刻，下边用丝绢糊的灯面，请《茶馆》戏组的著名舞台美术设计王文冲在绢上画的花、鸟、鱼、虫，从整体看很富丽堂皇，从每个部分细看都很精巧，单看画面就是 12 幅花卉，都是中国的工笔画。这对风筝飞起来飘逸多姿，引来天安门广场游人的喝彩。这对风筝是插活儿，就是可以装卸拆开，折成一个薄片装进口袋里，携带起来会很方便，放飞的时候可以打开，把六面相互插起来，立刻成为一盏宫灯，不放飞的时候把它挂起来，也可以作为工艺美术品欣赏。不知道是什么时候它被北京市风筝协会发现了，执意借去参加他们主办的颐和园风筝展销会的展览。一位美国游客在展览会上看中了这对宫灯，愿意出 200 美元购买，朱旭舍不得，他坚持只做非卖品展览，不做商品出售，给多少钱也不卖。为了好好保存它，专为它做了一个大纸盒子。1995 年中央电视台的"东方之子"栏目做过他的专题报道，其中提到这个风筝，栏目组想把风筝的全貌拍摄下来。朱旭从阳台上取出来时才发现风筝已经全部焦脆了，被存放了 25 年，事实上还是没有保存好它。他很惋惜，望着这已经破碎的风筝，勾起他许多对往日的回忆。

蹒跚的雏鸭

春暖花开的季节，门前总有人来卖小雏鸭，淡黄色的绒毛，橙红色长长的小扁嘴，两条匍匐前进的小短腿，走起路来左摇右摆的，显得憨态可掬，十分可爱，特别引逗儿童的喜欢。两个儿子恳切地请求要养几只，于是朱旭买了六只放在院子里养着。他看着六只小鸭油然产生宠爱之情，自告奋勇地每天担负起喂鸭子的任务。早晨起来切好白菜和玉米面拌在一起就是很好的鸭食，再把院子里的鸭粪清扫干净，他不是追逐鸭子转圈玩，就是拿起它们来放在手掌上抚摸着细细的绒毛，爷三个不辞辛苦地饲养着它们。渐渐的，小鸭和主人打得一片很火热，只要朱旭在院子里散步，这几只小鸭就会跟在他的身后蹒跚前进，形影不离。日复一日，小鸭变成大鸭子，并自己学会在树下找虫吃。有了高蛋白，鸭子们长得更好了，像孩子一样淘气了，不是把人家的花给踩了，就是把洗衣服的水盆给碰洒了。谁在院子里走路都要很小心，它总在脚下缠着使人难于迈步，有人建议吃掉它们，红烧也好，清蒸也好，现宰现吃多么鲜香美味。大儿子坚决不许吃，朱旭一想，从那么小养成这么大，活活地把它们杀死，怎么也下不了手。几次捉来想拔毛，实在不忍心，又放开了手，爷两个（二儿子还小）考虑再三，总不能影响大家走路哇！终于想出一个办法，他在墙角处圈出一块地方，不许它们出圈，只要是在圈内就任它们走来走去。不幸的小鸭们患了鸭瘟，一只只都先后死掉。朱旭很心疼，不过很能自我安慰，因为他劝儿子说："别难过！不是咱们杀死的，它是自然死亡的。"

为鸟筑新居

一只麻雀飞进人家的屋子里，隔壁叔叔捉住这只麻雀不知怎么办，他从窗户看见大儿子正在院子里玩，拿着麻雀走到他身边，大儿子一看是只小鸟，高兴地跳跃起来，同时喊着："叔叔，给我吧！"

"就是给你的。"

"真的？谢谢叔叔，谢谢叔叔！"

大儿子真拿到手里后又不知该怎么办，他对弟弟说："走！找爸爸去！"

两岁多的小儿子表示同意，点着头说："嗯！找爸爸去！"

每逢有了收获物，首先想到能跟他们玩到一块儿的就是他们的爸爸。朱旭看见儿子拿来的小鸟和他们一样高兴，忽然问儿子："它没有家怎么办？"

两个孩子不约而同地喊着："买个鸟笼子！"

"对了。儿子，先找个鞋盒子把它放在里边，盖子上扎些小孔好透气，明白吗？"

"嗯。好吧！"

这一声令下，两个孩子立刻爬到床底下找空鞋盒子，好容易找到了，父子三人整做了一番，算是把鸟的临时住宅安排好。刻不容缓，朱旭骑上自行车直奔鸟市，刚骑到院子中心，邻居里有位养鸟的专家热情地拦住他。这位邻居已经不养鸟了，家里闲着好几个鸟笼子，他拿出一个暂时借给朱旭用，这只小鸟从此就在我们家定居下来。有一天，儿子预备给它喂食，一打开鸟笼子，不小心，小鸟冲出笼子直向蓝天翱翔而去。大儿子垂头丧气，二儿子抽泣不已，我怎么劝也劝不好。朱旭回来了，看见桌上放着空鸟笼子，他一下明白了，知道孩子们为什么难过了。他安慰着说："明天爸爸再给你们逮一只来，逮一只更好看的，好吗？"

他们知道爸爸是不会骗人的，两个孩子用希望的目光看着他，乖乖地点着头。

　　要好的老友郭家庆，知道两个孩子为飞走的小鸟在难过，就把一对心爱的珍珠鸟送来了。这对鸟雪白又有着细绒绒的羽毛，尖尖的小红嘴，美丽而又玲珑，像两位十分娇嫩的小公主。两个孩子转悲为喜，朱旭也立刻忙碌起来，洗净食罐、饮水罐，放好食物、净水，爷三个围在笼子旁边安静地津津有味地欣赏着这对迷人的小鸟，很久很久……直到我进来叫他们去吃饭，他们才发现天已经黑了。

　　天有不测风云，不知为什么，没过几天这一对白玉般的小鸟竟永世长眠了，它比飞去的麻雀更让人难过，真不忍心把这么美丽的小精灵丢在垃圾箱里。父子三人心疼地用手捧着这一对不会再跳跃的小东西，到院子的墙角处挖了一个深深的坑，把它们埋葬了，这里就成了一个微型的鸟冢。

　　有一位交往几十年的老朋友，知道鸟去笼空的消息，她带着同情心又送来几只虎皮鹦鹉。这种鸟的特点很突出，羽毛的颜色类似鹦鹉的样子，绚丽多彩，从颈部往下又长着有老虎的斑纹，因此得名虎皮鹦鹉。它们的体积比一般的鸟都大一些，需要长方形的大笼子才能装下，市场上一时买不到，朱旭就决定自己做。于是一捆捆的竹竿摆在院子里，他日夜加工赶制。削这种竹扦比削做风筝的竹条难度大多了，大儿子的小手不断出现伤痕，忍痛也要做成，谁让虎皮鹦鹉等着新房子住呢！糊风筝用的竹扦是扁平条的，做鸟笼子用的是细圆条的。两天过去了，一根圆竹条也没有削出来，计算了一下笼子的长度和宽度，上下左右，前前后后总共需要一百几十根，朱旭和儿子真觉得束手无策，焦急得愁

朱旭和小龙、小闯在颐和园游玩

眉苦脸。天无绝人之路，一位老观众骑着自行车正从院子前路过，虽然朱旭并不认识他，可是他对人艺的演员都熟悉，看见朱旭发愁的样子，他热情地跳下车问："您这是做什么哪？"

"做鸟笼子。竹子总削不成圆的。"

老观众拿起一捆捆竹竿查看着："您这竹子不成，节子的距离太近，再则，要削成圆扦子必须有拉圆的工具，费劲儿着哪！"

爷三个像撒了气的皮球，失望地看着一堆不成材的竹竿，朱旭只好对孩子宣布说："做不成了。"

两个孩子几乎要哭出来："没有大方笼子虎皮鹦鹉没地方住，它要死的。爸爸，怎么办哪？"

老观众一看这情况急安慰："别哭！别哭！别着急！我有几根竹子是从四川带来的，我拿去。我也有拉圆的工具，等着啊！"

说着他骑上车就出了大院。果然，一会儿工夫，他用自行车拖着两根上好的竹筒和拉圆的工具赶回来了。朱旭非常感谢，请他进屋喝茶，人家不肯，朱旭想把竹子钱加倍付给人家，他也不肯要，老观众愿做奉献，执意赠送，只说了句："您做逍遥派哪？慢慢消磨时间吧！"

说完连个姓名也不肯留下，匆忙蹬车而去。

有了工具把竹条拉成圆形不成问题，就是拉起来太费劲儿，竹条的边边很锋利又有竹刺，戴着手套不得力，光着手拉太艰难，扎进刺儿就用针挑出来，划破皮就用橡皮膏贴起来，还没有做完就满手的伤痕。朱旭这种坚韧不怕苦的精神，对于孩子的意志的锻炼做了很好的榜样。皇天不负苦心人，终于大方形的鸟笼在克服了百般困难的情况下做成了。他的手艺一点也不比市场上卖的商品差。这一天欢欢喜喜地把彩色缤纷的虎皮鹦鹉乔迁到理想的新居，可是小生灵们并不知道它的新主人付出了多少辛苦才有它们今天的安乐窝。

送别猫咪

盛夏之际，大儿子抱回一只刚出生的野生小黑猫，这又使朱旭忙碌起来，瞬间就把猫婴用品备齐。椅子上的棉坐垫被安放在柳条筐里，成了小猫的被褥，每天增订半斤牛奶，用墨水瓶做成一个小奶瓶子，清晨起来的第一件事就是给猫喂奶。在他的精心照料下，小猫很快地就长大了，取名"咪咪"。渐渐的，咪咪开始丢掉奶瓶吃小鱼了，刚开始怕鱼刺扎伤它的喉咙，朱旭总是细心地把鱼刺挑干净再拌饭给它吃。一年过后，咪咪长得又肥又大，愈长愈好看，半长的毛乌黑光亮，胖圆圆的脸，嘴角两边长着长长的白色须毛，尾巴上的毛绒又厚又长，显得粗粗的。它时常把尾巴盘在丰满的臀部旁，坐在沙发上，真是婀娜多姿，十分可爱，全家人都喜欢它，把它当成家庭的成员之一。特别在吃鱼的时候，朱旭总在桌边给它放个座位，开始我很担心它会乱抓饭菜，可是朱旭坚持让咪咪上饭桌，拧不过他，只好如此。想不到咪咪很懂礼貌，只把两只爪子放在桌沿上，不去乱动盘子里的菜。怕它吃了咸味会掉毛，朱旭用水涮净食物再放在它面前，它灵巧地用前爪把鱼肉扒拉进嘴里，吃净后把两只爪子又放在桌边，乖乖地等着再一次喂它。

在朱旭和两个儿子耐心训练下，咪咪显得很聪明，很有智慧。

它和两个儿子住在一个房间里，房屋门的把手很长，只要它想出去，关紧了门不用人去替它开，它会跳起很高，用两只爪子按一下把手，门就会开了。它从没有随地大小便的习惯，总是到指定的地方去方便。夏天热了，怕它在身上长跳蚤，就用点滴的杀虫水放在温水里给它洗澡，清洁去痒。给它擦净全身后，再拿专用的小梳子给它梳顺全身的绒毛，在朱旭和儿子的细心照顾下，它感觉很舒服。在冬天的晚上，它就蜷缩到儿子的脚下酣睡。咪咪在我们家里安然无恙地生活了三年多。意外的事情发生了，和我们同住一个单元，用一个厨房的邻居家里发生了非常事件，做好的一条鱼夜里被盗走，地上留下有残余的鱼骨和猫爪子印，肯定是猫偷的不是人吃的，是哪只猫偷吃的呢？因为楼下也有几只猫在人家养着，夜里经常跑进楼里来，只有咪咪是住在楼上的，它当然是被怀疑的对象。其实咪咪夜里是被锁在屋里睡觉的，它不出去，可是谁让它是猫呢！无法申辩。咪咪蒙受着不白之冤，为了不和邻居发生矛盾，以图团结，朱旭决定把猫送给看传达室的老佟，那是位和善的老人，爱猫。朱旭忍痛说服着儿子："好孩子，听话，把它送人吧！"

大儿子满脸的不高兴："不！"

二儿子几乎要哭出声来："不！"

朱旭有点着急地说："不行，这筒子楼里不能养猫，把它送给老佟大大，他也是爱猫的人，不会委屈咪咪的。"

大儿子仍坚持着："不！"

二儿子也坚持着："不！"

朱旭装成生气的样子："你们怎么不明白道理！筒子楼不是

小闯抱着家里黑猫

单元房，养不了猫，容易妨碍别人的生活，明白吗？要识大体。"

两个孩子看见爸爸有点生气的样子，谁也不敢做声了，默默地低头掉起眼泪，朱旭看见孩子这么伤心，他的态度有所缓和地走过去拍拍儿子的头，无可奈何地说："没办法，就这样吧！等咱们有了一个四合院的时候，爸爸再给你们俩抱一只猫来好不好？现在不能养。"

两个儿子好像又有一线希望，他们仰起头看看朱旭说："真的？那行！"

"这就好，听话，要做懂事的孩子。"

"嗯，爸爸，咱们什么时候搬家？"

"还不知道呢，早早晚晚呗！"

两个儿子虽然有点半信半疑，可这是爸爸的意见不敢不服从，终于还是勉强答应了。

把咪咪送走的这一天，全家人的心情都十分沉重，包括朱旭自己在内。大儿子把自己关进房间里，抱头趴在床上不肯出来，二儿子抱着咪咪坐在沙发上，拿着一条漂亮的红缎带，轻轻地系在咪咪的脖颈上，默默地流着眼泪，好像要把它嫁到很远的地方去了。看到两个儿子对咪咪的感情，也引起朱旭的心酸，他产生了动摇，但是一想到现实的居住条件，他又重新狠下了心。他号召大家先睡个午觉，睡醒觉再送它走，为了让咪咪能在家里多留一会儿，大家都听话地睡下。趁大家都熟睡的时候，朱旭悄悄地把咪咪送走了。他怕看见儿子送别时的悲伤，其实他也并不情愿送走咪咪，只不过他比孩子更有理智，更能克制着自己的感情就是了。自从咪咪走了以后，全家人有许多日子都是闷闷不乐的。

喜做洋娃娃

有一位年长我们许多的沈明老大姐，她是做舞台软景的专家，心灵手巧，会做各种各样的小手工制品。她发现市场上卖一种软塑料的小男娃娃，头比身子大，而且是活动的，能从脖子上取下来。她重新用草板纸给娃娃做一个长身子，利用做布景剩下的下脚料缎子绸子纱的，按照服装设计图，正规地做成各种各样的服装，把男娃娃变成美丽的女娃娃。她为我们做了一个，拿回家里很引起朱旭和孩子们的喜爱，朱旭着迷似的研究它是怎么做成的。到底被他发现了制作的秘密，更产生了浓厚的兴趣，决定自己试着做。全家开始准备工作，两个孩子负责去买娃娃，他们一下买了 12 个回来，我和朱旭就动手把人造毛染成棕色或黄色，做成各种发型。他又进行服装设计，一律做成 18 世纪的洋装。第一个娃娃的衣服是用紫红色加金丝的丝绒面料做成的大长裙子，配以白绸长袖上衣，袖口、领边都用镂空的绣花边缝上去。娃娃梳起金黄色的花卷头，戴上用金线串上的白珍珠小耳环，胸前佩戴白珍珠项链。做成以后不仅我们很喜欢，就连亲朋好友看了也都喜欢。朱旭得意地把她摆在书柜上，为了不落尘土，特意为她做了一个玻璃罩，这位亭亭玉立的少女被保护在里面。家里不断地接待大人儿童来参观，这个小洋人一时成了史家大院的热门话题。不少位大人孩子来要求我们为他们做一个，在大家热情鼓舞下，不好意思拒绝，一个、两个、三个……不断地制作不断地赠送，也有不少人家登门向我们学习。一时在我们的大院里掀起做洋娃娃的高潮。

在漫长的"文化大革命"的岁月里，朱旭用各种各样的玩法度过了多一半的时光。表面上看，他很安于现状，其实并非如此。每当夜晚喝完了酒，他经常会旋转着手里的空酒杯，凝视着它，沉浸在深思里，让我感觉到他心里的愁闷、苦涩，甚至有时有点焦灼。我猜测，一些曾经为党为国家做过贡献的人，其中也有他的好友被隔离审查，瞬间失去倾诉的对象，由此，也让他产生出忧患情怀……对于"文革"，他有许多弄不明白的问题，这些不明白困扰着他，又有谁能给他做解释呢？另是，正当最好的年龄，一天天一年年，时间像机杼飞梭一样不知不觉间过去了，一切业务仍旧处在停滞状态，荒疏着，无处去练声练形体，没有业务学习，他和演戏、排戏之间就像断了线的风筝，不知何年何月才能恢复正常的生产秩序和社会生活，他无奈地只能期望着，等待着……

"文革"期间，全家在天安门前留影

下放劳动

　　朱旭和剧院的全体人员下放到郊区的农村去劳动，接受贫下中农的再教育，我们和农民同吃同住同劳动。日出而起，荷锄下地。种玉米、拔草、间苗，中午回到老乡家里吃饭，不外是小米粥、玉米面窝头、腌咸菜等，倒也清淡可口。饭后小酣片刻，再次下地。下午收工回到农家，朱旭就先洗涮干净。按照三大纪律八项注意的要求做到不扰民。他每天都用午休的时间到井边去挑水，把老乡家里的水缸都给满上。挑水看起来没什么，可是对朱旭这些来自城里的人就有困难了。用水梢去摆水是个技术活，不是只要有力气就能做好的，没有技术是摆不上来水的，还会把水梢不断地掉在井里，要经过几天的练习才能掌握要领。挑起满桶水走起来也是个功夫，不会挑的人边走边洒。路远一点，等挑到家里的时候一桶水就快洒光了。开始干这个活儿，肩头让扁担压得又肿又痛，一个星期过后才适应，慢慢地就会消肿。把缸里的水挑满就去浇农家的自留地，然后再把院子打扫干净，这一天的劳动才算告一段落。吃完晚饭，小组学习毛泽东选集或者总结一天的劳动心得。皓月当空的时候他就进入梦乡了。其实这些农活儿对朱旭来说并不生疏，因为"文化大革命"之前，在文艺为工农兵服务前提下，为了体验生活，时时上山下乡进工厂，经常进行体力锻炼。朱旭在劳动的时候毫不偷懒，没有病痛从不请假，吃苦耐劳，他很习惯。他把这些都看成是平时的生活体验。

三四个月过后，从老乡的家里搬到南口农场，二十几人睡一间大宿舍，睡的是木板通铺，吃饭是在农场的食堂。这里有桃园、苹果园、葡萄园，水果产量不算低，品种也很多，好的品种都出口。收获的季节到了，我们先去把果子摘回来，农场再让我们把大小不合格的都挑出来，廉价出售。晚上洗完澡，我们都不约而同地坐在院子里，抱着一盆盆新摘下的桃尽情地吃着。

冬季的主要劳动是给苹果树扩坑，刨石头子。春天来了，背上药桶去给果树打灭虫药。"文化大革命"后期又把这种有规律的生活打乱了。由于"林彪第一号"命令下来，我们又开始投入军事训练。首先练习打好四角见方的被子，要合规格，要有速度。白天黑夜不管什么时候听见司号者吹起小喇叭，五分钟之内就必须穿好衣裤，打好行李，背上背包，到集合地点听候点名，检查行装。打不好背包的要受批评，令其重打。其余的人随着领队穿树林过小河绕道跑步回到原地。这种军事训练使每个人都很紧张，唯恐掉队。第一次紧急集合的时候怪相百出，有穿反了裤子的，前面穿到后面去了；有穿反了鞋的，左脚穿在右脚上了；上衣的扣子扣错了地方，衣领窝在脖子里头的。宿舍里的小盆、小凳子撞倒了，满地稀里哗啦地响，还把盆里残存的水碰洒在地上。你拥我抢地都急着往外跑，都怕迟到。久而久之，逐渐的，大家就能从容对待这种情况了。在整个的训练中，朱旭还没有出现过掉队的现象。他很用功，闲下来一有空，他就拿起军用的行李绳翻来覆去地练习着，就和他演戏一样，不达到要求绝不善罢甘休。果然，熟能生巧，速度也是从熟练中产生的，很快地他就掌握住要领，把背包打得又快又合乎标准。

他的腿患有类风湿性关节炎，已经很多年了，严重的时候两腿不能行动，只能卧床。在农场住的地方很潮湿，时常出现旧病复发的迹象，所以跑步对他是个难题。可是，他总认为没有克服不了的困难，一咬牙也就坚持下来了，他没有请过一次假。

我们每个月回城里休息四天，看看孩子，处理一下家务，平时孩子就交给老保姆照顾着。本来有严格的规定，在农场劳动改造不允许喝酒，但是他有类风湿性关节炎谁都知道，所以以此为借口。每当回到农场的时候，他从家里总要带上几瓶二锅头，里面泡上条小白桦蛇，这对于治疗风湿症很有特效。这几瓶二锅头就不是酒了，是药品。名正言顺，谁也不能禁止他喝。与他同一嗜好者听说他有酒，谁也不客气，带上点花生米到宿舍里找他，能喝上几口也算是过了过瘾。

从春到冬，在农场劳动了一年多，夏初时我们转移到南苑区新盖的五七干校。那里有宿舍，有食堂，有礼堂，还有淋浴，是生产基地，生活很方便。我们轮流值班到基地去采摘新鲜蔬菜，那里的蔬菜专供我们食用。在五七干校以学习为主，学习政治书籍。劳动居于第二位，只在农忙时节安排半天劳动。我们学习指定的材料，提高思想认识，没有新的内容学习的时候，反倒愿意劳动。春天到了，我们撒肥、涮秧苗、插秧。夏天到了，我们去

老爷子朱旭

老保姆季奶奶

除草、间苗、灌溉。秋天来了，我们打稻子、扬场、入垛。冬天，积肥、挑肥上地。农村一年的全部劳动过程朱旭都参加了，无形中对于农村的生产倒是积累了一些常识。体力劳动后他的饭量大涨，粮食不限量可以随便吃。白天累了一天，他晚上倒头便睡，身体反而健壮起来。

下地干活儿穿不出好衣服，谁也不修饰自己，穿的都是打补丁的，比农民劳动时候穿的衣服还要差，所以周围的农民给编了一个顺口溜：

远看像要饭的，近看是文干的。

白的头发多，黑的头发少，个个手上戴着大手表。

这也是我们当时在五七干校劳动的真实写照。

朱旭和我同时在一个小组学习，他经常和组里的人进行辩论，辩论激烈的时候，他就会结巴起来。我们这个小组也赶巧了，一位是演员马群，另一位是舞台工作人员杨金良，连朱旭在内，一共有三位结巴。碰到这三位发言辩论的时候，我们小组总比别的小组会散得晚，经常食堂就没有什么好菜了。朱旭只要遇到不同的观点，就会坦率地提出自己的看法，一定要把是非辩论明白。辩论起来，他很激动，紧接着结巴就出现了。我心里也开始着急，总怕食堂没菜了，小组的人会有意见。为了缩短开会时间，每逢这个时候，我就会忍不住地替他接下句，他说："打倒一切、怀疑一切，是极……极……"

"极左思想的产物！"

"对。宁左勿右是……是当……"

"当前普遍存在的思想。"

"对。大多数的人都……都是好……"

"好人！坏人还是极少数的。"

"对！我认为应该相信……相……"

"相信大多数。"

"对！具体的人，具体的事，要……"

我刚要接，他有点不愉快，急用手势制止我：

"要……要具体的分析，不能……一概而论！"

散了会后，他向我提出抗议："你别老……老接我的下句，行……行不行？你更赶落着我结巴了。"

"行，对不起啊！"

"什么呀！你！"

他有点生气了，从此以后，我就很少再替他接下句了。

"文化大革命"后期，我们全体人员结束"五七干校"的学习。接到军事训练的命令，我们回到城里做"拉练"的准备。已经初冬时节，我们打好背包，带上干粮、腌咸菜、水等物，开始步行军，夜晚就住在老乡家里。一个大队分成若干班组，每个班有七人至八人。每天有一个班要为大队打前站，称作"尖刀班"。轮到做"尖刀班"的时候，必须在头天夜里三点多钟起床，打好行李背上背包立刻出发。当东方刚刚发白，我们就会到达目的地，驻扎下来，立刻为大队人马的到来做好准备工作，分配住房，做好早饭，挑水满缸，清扫院落，一切就绪，等待大队人员的到来。插空儿我们洗脸漱口吃早饭，把早饭的用具洗涮干净后，召开小组会。可说是马不停蹄地没有喘息的空儿。真正能喘口气倒是开小组会的时候，只动嘴，不用动手脚了。为了不扰民，只在老乡家住宿，煮粥做饭都由尖刀班自己轮流做。我们小组的组长是于是之，小组每天要总结一天的行军体会，部署第二天的行军计划。

大队行军有时候会采取突然袭击的做法，半夜吹起军号，立即夜行军。在行军的途中，我们模拟空中敌人偷袭，马上进行隐蔽，乘机由军宣队的负责人讲解在实地识别地貌和地形等浅显的军事常识。每当夜行军到达新驻地，吃上一大碗热汤面，睡两个小时的觉，筋骨才能疏松开。从北京出发走了两天的路程，我的脚打了几个大水泡，走起路来很疼，只好一拐一拐地去找朱旭。他看我这样子吓了一跳，那天夜里下大雪，第二天早晨爬山过来的，他以为我从冰冻的山上摔下来了。我问他的情况，他很得意地说："我不像你，没打什么泡。走路也要会走，不会走的，着地点不对，用力不均匀就会打泡。"

"你怎么知道的？"

他用食指轻轻敲着自己的头说："智商啊，智商高啊！"

边说着边从卫生包里取出针和药棉花，借了一根白线，用酒精消了毒。他像个赤脚医生似的说："挑泡不能挑开就完事，你看，要用线穿过去，有两个眼儿，泡水才能流干净，好得很快。"

果然很灵。

15天后，"拉练"结束，我们回到北京。这一路虽然都是步行军，但朱旭完成得很顺利。回到剧院稍作两天休息，我们就开始上班，只是政治学习，免去了体力劳动。

缅怀

1976 年，中国的巨星陨落，受全国人民敬爱的周恩来总理逝世，举国上下悲痛万分，老百姓们自发走上长安街去"十里长街送总理"。周总理为中国的国富民强鞠躬尽瘁。那几天天安门的英雄纪念碑周围成了花的海洋，川流不息的人群来自四面八方，都带着一颗真诚的敬仰的心来缅怀我们的好总理。朱旭显得寡言少语，他买了几尺黑布，让我们全家人都戴上了黑纱，往常的乐趣都显得索然无味。他默默地翻着往日的相片册，寻找着演出或其他时候与周总理的合影。每逢节假日周总理和邓颖超大姐都会到人艺来和大家共度佳节，他沉浸在往日的回忆里……

1954 年的一个夜晚，周总理在首都剧场看完演出，他很关心演员们的生活，要看看我们住宿的地方。由我院领导、演员陪他从首都剧场步行到史家胡同的宿舍。当时已经午夜，朱旭早就熟睡在梦乡里。第二天一大早，他就得知总理来过，特别懊恼自己那天晚上睡得太早。

记得有一次，剧场已经开演，周总理事先没有打招呼，突然来到剧场。剧场经理措手不及，他打算在黑暗中把周总理引进场内入座，周总理执意不肯，因为剧场门口写着"开演时请勿入座"，要等到幕间换景时方能再进剧场。周总理像普通观众一样严格按照规定拒不入场，最后只好把他安排到导演间去看戏。导演间离舞台比较远，等于在观众的最后排。这时，里边早有两位从外地到剧院学习的人员。周总理在他们的身旁坐下，剧场经理忙递给他一副望远镜。周总理刚拿起望远镜没看多长时间，在他旁边的人就从总理手里拿过望远镜说："借我看看。"周总理不声不响地把望远镜递给了他。当戏演完了，导演间的灯亮了，坐在他身旁的人才看清楚原来是周总理，他又惶惶然又抱歉，不知怎么办才好。周总理看他这样子反倒笑了，安慰他说："没有关系，没有关系。"

学习人员仍不安地解释着："导演间太黑，不知道是您。"

"不要紧么，没有关系。"

周总理也一直不断和悦地宽慰着他。

总理对剧院的建设和发展十分关心，他到剧场来看排戏，一会儿坐在前排听演员的台词，一会儿坐到中间和最后一排再听一听。戏排到一个段落时停下来，周总理提出意见，他说："你们是话剧演员，一定要把台词说好，有的台词在后排就听不清楚了，一定要让全场的观众都能听清楚，这是起码的要求。"

从此，剧院的导演、演员花了将近十年的工夫研究、探索，刻意解决台词的各方面问题，才有了以后的一些演员在台词上的建树。

周总理观看老舍先生所著的《女店员》演出后，到台上看望

排练话剧《带枪的人》时，朱旭带着大儿子小龙在化妆室

大家，当他看见朱旭的时候握着朱旭的手好奇地问他："你这个核桃是怎么从袖口里飞出来的？"

朱旭把袖口里如何飞出核桃的秘密告诉他以后，他很感兴趣地笑起来。

他十分关心剧院对年轻演员的培养，当他知道《骆驼祥子》除了舒绣文以外还有一位 B 制的年轻演员演虎妞（李婉芬扮演），他又特意来观看 B 制的演出。

1960 年，正是自然灾害的第一个春节，剧院在前楼宴会厅开联欢晚会。周总理和邓颖超大姐来了，我们没有糖果和糕点，只好用清茶招待。大家请总理讲几句话，周总理由衷地说出的第一句话是："让你们受苦了……"

是的，只是这一句话，把天灾带给人们的苦难冲淡了，感觉到的是温暖。

在宴会厅里，他看见朱旭的大儿子，三岁的朱小龙正无拘无束地踢着彩色塑料球，他喜欢地过去抱起来，问着："这是谁家的儿子？"

朱旭忙答："我的。"

周总理仔细端详了一下父子俩，随后说："嗯，很像嘛！"他又喜欢地看着小龙笑了。

周总理没有儿女，特别喜欢孩子。

周总理生日的这天晚上，他悄悄地来到首都剧场，和大家一起度过。事先，谁也不知道，当他来了之后，我们才知道那天是总理的生日。剧院领导和大家什么也来不及置办，什么礼物都没有送，连点水果糖都没有。总理自己带来了茅台酒和几盘花生米，和大家一起共享了。这天晚上朱旭带领着乐队不知演奏了多少支乐曲，为周总理祝寿。

朱旭非常敬重周恩来总理，敬重他的清廉俭朴，他的宽大胸怀，他高风亮节的人格魅力。这一切都活在朱旭的心里，他由衷地称他为"好总理"。

丧事过去了很多天，朱旭的心绪才渐渐恢复平静。不久，朱德元帅、毛泽东主席相继去世，他都带着深切的缅怀，默默地哀悼着。

突如其来的灾难

　　1976 年是不平凡的一年，以江青为首的"四人帮"被打倒，"文化大革命"基本结束，"批判唯生产力论"的时代一去不复返。不久，由人民拥护的邓小平主持工作，拨乱反正，抓经济、促生产，进行着一系列伟大的改革。朱旭兴奋得几天都没睡好觉，终于盼到了这一天，逐渐恢复正常生产。剧院同其他各行各业一样，转入了生产轨道。我们进行着艺术研究、排练、演出。剧院又重新恢复了艺术委员会，目的是为了把好质量关，提高演出水平，咨询上演剧目等。朱旭被选进艺术委员会成为艺术委员。

　　"文化大革命"的艰苦历程像梦一样地过去了。朱旭已经 46 岁，正是知天命之年，在表演方面他比过去更加刻苦用功，他要把荒疏了多年的艺术创作争分夺秒地夺回来，他要在舞台上重现青春。

　　正常的生产和生活秩序刚刚恢复，自然灾害忽然降临人间。唐山大地震波及北京。说起地震还有一个小插曲。朱旭对两个儿子十分疼爱，他不主张用家长制的教育方法对待孩子，只要不是品德问题，一般的淘气都不会打他们的。他们有了错误，采取说服教育的办法，有时候说服教育不起作用，他真气极了，也会打他们一两下。只要是打了，这一两下就会打得不轻，不过这种时候很少，也可以说是很偶然的。

1976 年，我们的第二个儿子朱小闯已经 10 岁，这天傍晚天阴得很沉很沉，又很闷热，人们心里都有一种说不出的烦闷。邻居的小孩在吃西瓜，小闯看见也要吃，但是卖西瓜的人已经走远，很难追上。我们要求小闯不要哭闹，明天一定买来给他吃。谁想，小闯愈哄愈哭得厉害，朱旭终于把忍耐半天的恼火发作出来，把儿子拉进屋子里，照着屁股狠打了两下。很见效，儿子立刻不哭了，乖乖地和朱旭到楼上去睡觉。当天晚上唐山就发生了七级以上的地震。我们住的宿舍楼在半夜两点钟突然左右摇晃起来，屋顶上的灯大摇大摆地晃悠着。起初，我还以为是做梦，又怀疑是自己的头发晕，朱旭说："不对！你看灯在晃，是地震，快起来！"

我急忙起床，他抱起还在酣睡的二儿子急奔到楼下。瞬间，楼里的人都睡眼蒙眬地往外跑，院子里站满了人。从远处看好像有个大火球，它的亮光时而从地上滚过，时而隐没，真是少见的奇观。我们家在楼下还有一间平房，大儿子住。天开始下起不大不小的雨，在细雨中天破晓了，东方发出鱼肚白色，从楼上下来的人再也不敢到楼上去。院子里积的雨水挺多，大家没办法待，只好到我们家的平房里躲避。我们烙了好多张大饼，谁饿了谁就临时吃一点，不能回楼上做饭的人家，多到我家轮流着做。烧开水的，洗衣服的，一时间我们家成了公共场所，好不热闹。剧院领导采取应急措施，临时疏散人口，有的被分配到地坛公园去，有的到其他空旷的地方去。我们被安置在史家胡同大院，原地不动地搭起地震棚。棚里通宵开着电灯，不分男女，不分昼夜地轮流值班。学校停止上课，机关停止上班。孩子们不懂事，把这些不正常的生活看成是很有趣的事。我们的两个儿子到了晚上也不肯睡觉，和其他小朋友们在抗震棚里的大通铺上嬉戏打闹着，不知道大人们心里的紧张和烦恼。朱旭忙着到首都剧场去值班也顾不了家。这样过了十几天，余震的次数减少了，雨也停了，一切都逐渐地稳定，恢复了正常秩序。人们的心情也像天气一样的豁然开朗，院子里只要有树的地方都拴上了绳子，五彩缤纷的衣服和被子在阳光下晒着，显出一幅劫后风景线。万幸，我们住的这个城区不是在地震带上，没有伤亡，可也总是受了一场惊吓。过后，剧院总结此次的抗震工作，对于积极抗震，维护公共安全的群众进行了表扬。以朱旭为首的全家人都收到了表扬信。事后朱旭逢人便半开玩笑半正经地说："孩子打不得，我打了儿子，夜里就地震了！"

二儿子听了非常开心，他以为从今往后自己再怎么淘气，爸爸都不会打他了似的。

多灾多难的新中国经历过多少的阵痛，"四人帮"终于被打倒，邓小平明确地指出航标改革开放。我国的文化事业也得以发展和繁荣。朱旭在祖国大好的形势下，充分发挥着他在艺术方面的才能。

我们全家都支持他在事业上的奋发精神，不让他操劳家务，把全部精力用到创作上。两个儿子也很了解朱旭的创作习惯，只要看见他在准备戏，决不去打扰，让爸爸能够将注意力集中地进入到角色中。

喜做伯乐

约在 1976 年夏天，我哥哥到上海出差住在招待所里，发现一位来自东北的小姑娘是唱京戏的好苗子。小姑娘的父亲任鞍钢技术学校的老师，因为打篮球腰部受伤，病情比较严重，由小姑娘陪伴他到上海来求医，闲时就听播放的样板戏，时间长了，不知不觉自己也学会了，她一个人常常放声高歌，吸引着招待所里许多的客人都成了她的听众。她声音嘹亮、圆润、甜美，有一副天生的好嗓子。

她父亲经常和我哥哥在一起攀谈，渐渐成了朋友。当小姑娘的父亲得知朱旭和张君秋先生认识，就很希望他的女儿能得到名师指点。我哥哥热情地答应他通过朱旭向张君秋推荐他的女儿，紧接着，我们就收到一封来信，主要的内容是通知我们小姑娘已乘车北上，到达日务必去接。太快了，我们没有精神准备，很想建议小姑娘的父亲仔细考虑一下再让她来北京，一算时间来不及，她已经乘车上路了，我们只能做好接待的准备。临时和朋友借了一间空房子，稍作布置和打扫。我的大儿子和一位朋友同去车站接她，从来没有见过面，又不知道她长的什么模样，接错了人怎么办？原来信上有介绍，现年16岁，一米六身高，穿着一条蓝布制服裤子，上身穿着白色布衬衫，梳着两条小辫子，手里拿着红色电光纸卷成的纸卷高高举起。这个小姑娘就是如今京剧界的大腕青衣王蓉蓉。

火车准时到达北京，把她接回家里后，在和她闲谈中发现，她很有东北人的性格特点，泼实、大胆、有股闯劲。晚饭过后，大家急着要听王蓉蓉的唱段，朱旭操起胡琴定定弦，让她听听调门合不合适。她要求长长弦，一直到不能再长了，朱旭才抖起弓拉起弦。王蓉蓉亮起嗓子唱《龙江颂》，这一晚上惊动不少北京人艺的京剧爱好者，他们来到我家的窗下，闭气聆听，赞不绝口。她的声音像银铃一样的清脆、动听，出乎朱旭意料之外的好。请来朱琳、张君秋的鼓师郝友，北京京剧团的团长刘景毅等名家，征求他们的意见，应该如何为她创造条件。经郝友先生的建议："最好让她去戏曲学校学习。"他认为好玉也要经过精雕细琢才能成材。朱旭很同意这意见，既然大家都认定这是块好玉，他就决定向戏曲学校推荐。

我们的两个儿子都是神经性的听力不佳，他从不用自己的情面去求人解决孩子的学习和工作，他认为托人情会给别人带来压力，会让对方很为难，他只督促儿子自己努力，靠自己能有一技之长去取得工作机会。对于王蓉蓉，他却开了禁例，他例外地给中国戏曲学校原校长李超写了一封长信介绍王蓉蓉。在信中，他首先说明白王蓉蓉和我们既不是亲戚也不是朋友，是素不相识，只因为他发现这是个人才，才推荐她到戏曲学校去学习的。这时，李超已经离开戏曲学校，调到文化部去。但是李超看完这封信之后，他很相信

1981 年，王蓉蓉与小闯

朱旭不会随便把一个不是人才的人推荐给他，李超也盼望京剧界涌现出出类拔萃的人尖子。他很快就把信转给戏曲学校新上任的史若虚校长。凑巧那一年中国戏曲学校不招生，朱旭建议王蓉蓉先到学校旁听，等待招考。如果真是可造之才，戏曲学校一定会录取她成为正式生的。后来，王蓉蓉经过全国招考，层层选拔，终于被录取。

王蓉蓉在戏校学习的第一出戏是《二进宫》。要实践演出了，这是她第一次登台，朱旭兴奋不已。早早地，他就到了戏校的剧场。看完戏回来，他不断地琢磨着她唱时存在的毛病是什么。那时期，蓉蓉每个星期六晚上回到我们家里住，星期天晚上再回学校，朱旭乘这机会总要把他发现的问题提给蓉蓉去思考，并把《梅兰芳》这本书里的经验和总结介绍给她听。蓉蓉不但有天赋，而且肯于勤学苦练，不管刮风下雨从不请假。她从中国戏曲学校毕业后，调到青年京剧团，经过几年的舞台实践，被选送到研究生班去学习，后被张君秋先生选中收作弟子，成为他亲授的弟子之一。

目前王蓉蓉已是京剧舞台上一朵绚丽夺目的花。朱旭在民族文化宫看到王蓉蓉的专场演出后，为她在演唱方面的进步感到高兴，回家后他提笔写了一篇题为《王蓉蓉印象》的文章，发表在1994年12月16日《人民日报》副刊上。摘录部分原文如下：

"有一次我请声乐专家王稼祥听她唱，专家说她'音准'，据说真正音准的人并不多，我也从中增长了知识，原来听着好听，不只是因为她调门高、嗓子亮，还因为音准，所以听着舒服、美！既然是一块难得的材料，就推荐吧，正像无论谁若发现一个两米

朱旭和王蓉蓉

五的孩子，一定把他带到体校去是一样的，我就把她送到戏校去了。……有一天蓉蓉告诉我，有一个带广东口音的老头和一位老太太，带她去一个地方，说是要让她学习歌剧，以后演歌剧。原来是李凌和李波二位正在为歌剧事业选拔人才。二老为她解决了住和吃的问题，于是蓉蓉就到了歌剧院。李凌院长凭多年的经验，认为做一个好的中国歌剧演员，要精通戏曲。在中国戏曲学校招生的时候，李凌亲自送蓉蓉到学校，请戏曲学校培养她，毕业后他再收回。可是史若虚校长不同意，说我们培养的学生，应该继承我们的事业。二老争执不下，只好听听蓉蓉自己的意见，偏偏蓉蓉对钢琴的兴趣没有对胡琴的兴趣浓厚。于是蓉蓉成了戏曲学校的正式生。

"蓉蓉是戏曲学院第一批大学生，毕业时还拿到了学士学位。一次去学校看她们班的彩排。使我吃惊的是，她不但唱得好，扮相也好看，全然不是平时那粗粗拉拉的样子，坐在我旁边的张君秋对我说：'这孩子是吃这碗饭的。'……

"这次蓉蓉的专场演出，我们全家都去看了。成熟了……"

的确是像朱旭说的，她已经成熟了，近几十年来她曾获得"梅花奖""梅兰芳金奖"提名、"张君秋基金会"首发奖，还有许多其他的奖项。现在她是北京京剧院其中一个团的团长，去年当选为全国人民代表大会的人民代表。

文艺界的人士也多知道朱旭是非常喜欢有才华的人，他愿意为真正的千里马做伯乐。他认为演员这行当是不能骗人骗己的，是这块好材料，他会主动热情地去推荐，如果不是这块好材料，他绝不去推荐，因为这会耽误一个人一生的前途。

少见的采访

朱旭禀性倔强，天生来的犟脾气。初次同他合作的人，都以为他是个特别随和没有棱角的人，其实并非如此，也可以说："差矣！"他和我共同生活的这几十年中，从没有听他在背后抨击过谁。他不愿意议论人家的是是非非，看到问题和缺点，他更愿意当面提出来。有时，难免很尖锐，甚至于让人下不来台阶。有的朋友很敬重他，但也怕他的尖锐和坦率。他并不以为然，总认为自己没有对不起人，只是坦诚相待而已。他是个爱憎分明的人，绝不牵强附会，也不愿意去做自己不愿意做的事情。但是，只要是他愿意做的，喜欢做的事，谁想拦也拦不住。排戏选择剧本也是如此，他不喜欢的剧本或是他认为还不成熟的剧本，他一概拒绝邀聘。当然他不喜欢的剧本并不一定就准是不好的本子，每个人都有自己的审美观点，自己对艺术衡量的尺子。对于那些艺术品位低俗的，政治上有问题的，任你给他多优惠的酬金，他也不会去接拍，这是他接拍一部戏的原则。对于那些不认真、不负责的工作作风，他简直是无法容忍，绝不留情面，他会当面抨击的。

记得几年前，某地方电视台要播放他所主演的电影《高楼边》。播放前打算采访他，预备播放电影的同时加上对他的采访。某电视台的采访者要来之前，打了几次电话约定时间，每次朱旭都问记者要采访什么，谈些什么内容，提些什么问题。记者总是回答说："到时候会告诉你的。"

临访问的前夕，记者来电话确认："明天上午10点钟到你们家，就这样。"

当时是我接的电话，我想进一步弄清楚，就多追问了两句："到底是谈什么？"

"关于《高楼边》的。"

"哪方面？"

"嗯……到时候再说吧！"

记者给我的感觉好像她根本就不了解这部电影，我就又多追问了一句："你是不是没看过这部电影？"

"没看过。"

"那我建议你，在采访之前能够先看看，做个了解后再来采访好吗？"

"那好吧。"

第二天早晨，这位某地方电视台的女记者，带着摄像师一起来到我们家。摄像师很快地找了一个合适他坐的位置安顿下之后，迅速定好机位，把镜头对准朱旭打开镜头盖说："好了。"

记者匆匆拿出话筒开始采访："请朱老师谈谈电影《高楼边》？"

只见朱旭带着有点意外的神情看着记者，并询问她："我谈什么？哪方面的？"

"随便。"

朱旭开始有点不大愉快的样子，他又追问了一句："随便？你们想让我谈什么？"

只见记者愣愣地看着朱旭好一会儿，仍说是："随便！"

朱旭的脸即刻沉下来，没有及时回答她。我知道他心里已经恼火了，气氛有点紧张，我想缓解一下已经有点僵的局面，就问了一句："你看这部电影了吗？"

出乎我的意料之外，回答的是："没有。"

"你不是说昨天晚上看吗？"

"没有，没有工夫。"

"哦……"

朱旭生气地向我摆摆手，说："你不要问了。"

我也无能为力，只好坐视着。记者还是那两句话："谈谈，就随便谈谈！"

朱旭无可奈何地看了记者一眼，未作回答，他出了一口大气靠在沙发上，他极力地控制着自己不发火，可是已经到了要发火的边缘。记者并不以为然，她还接着说："随便谈谈，没关系。"

这时朱旭忍耐不住了，恼怒地说："随便？你随便，我也随便对着亿万观众不负责任地信口开河，胡说八道吗？"

"不用着急，随便说说可以吗？"

"又是随便！你们要让观众了解什么？"

记者有些茫然的样子。朱旭直截了当地说明：

"你没有目的！一点准备都没有，你们就是这样工作？这么不认真？这么对观众不负责任？"

记者哑口无言，她想了想说："那……就说说导演吧？"

朱旭已经不想说什么了，他勉强回答着："无可奉告！"

记者似乎很木然，好像没有察觉出朱旭在压抑着自己的气恼，她还继续问着："那……演员呢？"

"我说了，无可奉告！"

显而易见，朱旭是在拒绝她的采访。可是记者仍没有觉悟，对他的批评并没有往心里去，好像只意识到对方反感"随便"两个字，于是就不再提"随便"，只讲："说说么！说什么都可以。"

这次倒好，索性连"无可奉告"都不说了。室内呈现出更僵持的局面。我向记者暗暗地摆摆手，意思是告诉她别再采访了。一时室内静悄悄，鸦雀无声地过了几秒钟，记者终于明白了，这是拒绝她的访问，也看出来朱旭不会再张嘴了，她也生气地说了句："我还没碰见过这么倔的人呢！"

冲着摄像师说："走人！"

摄像师急忙盖上镜头盖，扛起机器随在她的身后匆匆而去。

朱旭望着她的背影感叹地说："怎么能素质这么差，真少见！怎么可以对观众这么不负责任！"

对待工作，朱旭就是这么认真，这么倔！

难忘的生日

新千禧年的初冬，一个漆黑的晚上，飘着几片小雪花，朱旭应邀去友谊宾馆和电影《刮痧》剧组的导演郑晓龙见面。去之前他已经看过剧本，这是一个写中美文化需要沟通的问题，他比较喜欢这个戏。和郑晓龙虽是初次见面，却是谈得很投缘，他决定正式接受邀请接拍这部戏。因为影片的故事发生在美国，所以刚过了大年初五，朱旭就赶赴美国。电影拍摄地点远在圣路易斯城，这个城市并不大，比较古老，市容整洁清静，只是气候无常，时而冷时而热的，渐渐的他也就适应了。有人问他："你喜欢这个城市吗？"

"喜欢。"

"到这里来定居吧？"

"我的家在北京，衣、食、住、行都习惯了，故土难离呀！"农历正月 14 日正是他的生日，本想全家热热闹闹地为他办个生日家宴，儿子们早就做好了准备，要为他好好地祝贺一番，谁知道他不在家。全家人都觉得很遗憾！只好在前一天，我以全家人的名义给他发了一份祝寿的传真，不想他过生日的消息让当地的华人协会知道了。当天晚上，这些不相识的海外同胞，特地为他举办了一个盛大的生日晚会，全戏组也因此停机了，都应邀参加，到会的各界人士约有 100 多位。宽敞的大厅里悬挂着五彩缤纷的彩条和气球，摆着丰盛的晚餐和蛋糕。宴会宣布正式开始后，即兴表演的节目一个个演出了，都很有趣。同时，他新结识了许多海外朋友。在交谈中，朱旭才知道为什么大家都认识他，因为 1999 年的 5 月份，美国的七大城市同时上演了电影《变脸》，美国人和华人都熟知他，到会的人几乎都是他的观众。还有的人是在北京看过他演出的舞台戏《哗变》，也有的人是从报纸上知道的他。总之，他不认识人家，但人家都认识他，相见之后显得十分热情和亲切。白居易在《琵琶行》里有句名言"相逢何必曾相识"，确实彼此之间都感觉不到陌生。尤其是侨居国外的游子们，见到祖国来的人分外亲切，朱旭在这个晚宴上成了中心人物，他受到大人和孩子们的热情款待。《刮痧》剧组的合作者蒋雯丽、梁家辉真像他亲生的儿子和儿媳妇一样地照顾他，帮他吹蜡烛、切蛋糕。《祝你生日快乐》的歌一遍一遍地唱着，歌声和掌声时时四起，大厅里始终洋溢着欢声笑语。一直到深夜 12 点钟大家还没有玩尽兴，无奈第二天一大早还要拍戏，只好依依告别，互道珍重，来日方长，以待机缘再次相逢。这是他久久不能忘怀的那些海外同胞的深情厚谊。

很快的，圣路易斯城的报纸就报道了这次盛情的生日宴会。没想到，我们的老朋友李晓兰的女儿，就在这个城市定居多年，她看到报纸的报道后，很快就查到朱旭的住处，第二天就带着蛋

《刮痧》剧组在美国圣路易斯为朱旭举办生日宴会

糕前来看望他。她还清楚地记得，在她童年的时候和朱旭大大在中山公园玩过呢！时隔 40 多年后，没想到人到中年了，会在异国他乡见着面，爷俩更是倍感亲切。回忆起她童年时候的许多趣事，当然也有悠长的岁月给她带来的人生道路的坎坷，真有说不完的千言万语。总之，朱旭虽然在美国居住了短短的一个月，却给他留下终生难忘的印象，特别是那些华人侨胞，遥祝他们的一生和朱旭一样的快乐、幸福。

爷爷和孙女

朱旭的两个儿子已经长大成人，根据年龄的变化，兴趣也有所转移。童年的时候，他们常邀请爸爸和他们一块拿大顶，在沙发床上爷儿仨头朝下脚朝上，看谁倒立的时间长。少年的时候，他们还邀请朱旭一块游泳、看球赛、打羽毛球。成年了，父子三人经常坐下来展开棋艺擂台赛，象棋、五子棋、军棋、跳棋，一坐就是几个小时。打台球也是他们的乐趣之一，看拳击能使他们激动得废寝忘食。扛起鱼竿去钓鱼，更是其乐无穷。遇到有国际性的比赛，爷儿仨绝不放过，即使是深夜两点钟开始现场直播，朱旭也会和儿子们一块观看到清晨五点钟。在艺术上，两个儿子非常崇拜他们的爸爸，对于朱旭的艺术创作十分关心，所有的舞台演出、电影、电视一个不漏地都要看过，而且看得很仔细。看后他们还会提出很好的建议，朱旭也确实采纳。他们三人既是玩耍时候的好伙伴，又是好朋友，又是父与子。

中国有句古话："隔辈人更格外亲"，一点不错，朱旭对于孙女的爱远远超过对儿子的爱。小孙女的要求只要是合理的，他从不拒绝，尽可能地满足。小孙女也很乖巧，她知道爷爷非常喜欢她，不会轻易跟她发脾气，她在爷爷面前无拘无束地淘气，爷爷也只不过说声："小调皮！"一天朱旭还没有喝完酒，大家虽然已经吃完饭，仍在陪着这一家之主闲谈着，谁也没有注意到"小调皮"在干什么呢！突然朱旭放下酒杯："嗯？……"

他从镜子里看见自己的头发已经被五颜六色的皮筋扎成一撮撮的小辫，大家都怕纵容了小孙女，谁也不敢笑出声来。大儿子斥责着自己的小女儿，不该这么没有礼貌。可是爷爷呢？向儿子摆摆手，阻止了他的斥责，一把把孙女抱在腿上，用手点着她的鼻子尖说："你这个小淘气，你爸爸说得对，下次不可以啊！"

小孙女一边点着头，一边咯咯地笑着，亲昵地吻着爷爷，算是表示了她的歉意。爷爷也就从内心发出了喜悦的微笑，拉着她的小手一块唱起"世上只有爷爷好……"

朱旭从戏组带回一套变魔术的小工具。这个小盒子有着神奇的功能，一会儿两个硬币没有了，一会儿两个硬币又回来了，真是妙不可言。孙女用佩服的眼神看着爷爷，这一刻她简直认为爷爷就是天方夜谭里的阿拉丁，她一遍一遍地要求爷爷不停地变着，她目不转睛地盯着看。变的次数多了很容易粗心大意，一下子被孙女发现了秘密，她拿过小盒子也要变魔术，可是怎么也不出现奇迹，硬币仍牢牢地在盒子里不动。她恳求爷爷教给她，爷爷就是不肯教，偏要逗逗她，果然不出所料，小孙女"哇"的一声哭了，爷爷说："不玩了，不玩了。"

硬币魔术到此结束。爷爷又更换一种新的魔术，扑克牌戏法，让孙女随便抽出一张后再放进去，放到群牌中。他虽然没有看孙女抽的是红桃 A 还是梅花 K，他准能在群牌中找出这张来，从没有错过，又使孙女掉进迷惑阵里。这次孙女学乖了，不再要求爷爷教了。她自己提出一个节目，给爷爷出个儿童测验："有一位小姑娘要过河，她一眼看见前面有一只老虎，后面也有一只老虎，小姑娘是怎么过去的？"

爷爷答："晕过去了。"

"树上有 14 只麻雀，有人拿枪打死了一只，还剩几只？"

"一只也没有了，都给吓飞了。"

像这种题目差不多总能让爷爷猜中答案，在小孙女的心目中她的爷爷最聪明，也是世界上最好的爷爷。

儿童的感情是最纯真的，每当朱旭到外地去拍几个月的戏，小孙女想他，一边泪流不止，一边小嘴还叨叨着："我想爷爷，我想爷爷，我要爷爷……"

我的大儿子想出一个对策，他找出朱旭所拍的电影或电视剧的录影带放给她看，她立刻停止哭声，全神贯注地看着录影带中的爷爷。

朱旭年轻的时候患过类风湿性关节炎，虽然已经痊愈，但仍有后遗症，只要路走得多一点，就会腰酸腿疼。每到这个时候，孙女都会自告奋勇担起按摩师的任务，她让爷爷趴在床上，丝毫没有顾虑地站在爷爷的背上腰上，用小脚走来走去地按摩着，朱旭会笑吟吟地说着："踩得好！踩得好！真舒服！"

发自内心的愉快也会使筋骨的痛点转为血液循环的通畅，即使腰腿不疼痛，他也愿意孙女在背上踩几下，这是他的天伦之乐，也是孙女觉得很好玩的游戏。

他虽然已经是 60 多岁的老人，却仍保持着童趣。孙女喜欢玩小汽车比赛，这是一种由自己组装成的小汽车。购置一个漂亮的小工具箱，分成三层，上层装修理小汽车的工具，中层装有各种汽车配件，最下一层可以存放三辆小汽车。提着小工具箱到大商场的赛场上去进行比赛，获第一名者有奖。孙女玩的目的不在乎获奖，而是喜欢看汽车飞驰奔跑。小汽车比赛不仅引起叔叔的兴趣，也引起爷爷的兴趣。先在国内买了各种名牌车模，由于轴承的关系跑得并不快。爷爷因为电影《变脸》获奖，应邀去日本参加东京国际电影节，回来时给孙女买了三辆小汽车，一辆是专会爬高坡的，两辆是超快轴的，爷爷说："看看日本超快轴的快不快？"

这不是孙女要求的，是爷爷自觉自愿给买的，孙女高兴地拍手跳跃。叔叔立刻组装，刻不容缓，叔叔和侄女一口气跑到大商场直奔赛车的地方，本想他们这次肯定名列前茅，谁知道另一位小男孩的车比小孙女的还要快，孙女顿感气馁，连叔叔也纳闷儿，我们的是超快轴啊！怎么回事？孙女说："我的是超快轴，是爷爷从日本买来的。"

小男孩说："我的是高速轴，我爸爸也是从日本买来的！"

她拉着叔叔立刻往家走，进门就告诉爷爷："还是人家的快，因为我们的不是高速轴。"

"什么？超快的还不快？我不信，走！"

于是朱旭率领着二儿子、二儿媳妇、小孙女又一道去商场玩了好半天才回来，朱旭进门主动地说："是，不算快，只能说还可以。"

朱旭和小孙女在一起

孙女朱朱挽着爷爷的手臂

朱旭、宋凤仪和小孙女在一起

他坐在沙发上望着坐在他腿上的小孙女那张娇嫩的小脸儿和故意翘着的小嘴巴，一声不响地思索着。孙女不停地一会儿眨巴一下眼睛，一会儿又眨巴一下眼睛地看着爷爷，一会儿又用小手轻轻地拍着爷爷的脸颊。为什么孙女回来会这么乖，我明白了，爷爷早已经许诺下次再去日本的时候买一辆高速轴汽车。当孙女回到她父亲家的时候，爷爷和叔叔两个人在厅里蹲在地上津津有味地玩着跑来跑去的小汽车，说是研究研究。

了解他的人都说朱旭是个会生活的人，生活得很潇洒。真是这样，年纪大了，我和儿子们都不让他做家务事，倒养成他在家里真的醋瓶倒了也不扶一下！有一天刮大风，我不在家，厨房的窗户没有关，风把醋瓶给刮倒在地上，当我回来的时候，一进门，迎面扑来阵阵的醋酸香，我问了一声："怎么回事？"

没人回答，急进厨房看见满处碎玻璃和流淌一地的陈醋，忙收拾干净，心里埋怨朱旭出去的时候也不关窗户。当我迈进卧房时才发现，他半躺半坐在床上正看剧本哪！看他还在家里，心里更有点恼火，我喊了一声："朱旭！"

"哦！你回来了？"

"刮这么大的风，你怎么不关窗户？"

"关也没用，晚了。"

"醋瓶子刮在地下，你怎么也不管？"

"管也没用，反正已经碎了。"

气得我哭笑不得，叨叨着："你可真成了醋瓶子倒了都不扶的人！"

后来这件事由中央台的"东方之子"栏目给报道出去了，这个栏目从早晨七点开始播，一天播四次，绝大部分的人都能收看得到。他早晨到店里去吃早点，在卖早点的地方碰见不少观众都问他："您怎么醋瓶子倒了都不扶？"

当时他还莫名其妙，心里想，他们怎么知道的？回家来告诉我这情况，我说："今天早晨七点钟'东方之子'栏目报道的，一天播四次呢！"

"啊？！"

他这才恍然大悟。当孙女看了这个栏目后，高兴地拍着手跳起来说："哈哈，爷爷总叫我小懒虫，其实爷爷和我一样的懒！我是跟爷爷学的！"

爷爷在事实面前无言答对，只好莫奈何地默认了。可是他又不愿意孙女在他面前占上风，于是刮刮孙女的小鼻尖，做着怪样向她说："爷爷还有好多的优点呢！为什么不学习爷爷的优点呢！……啊？……"

孙女更高兴地跳起来说："爷爷没理了，爷爷没理了……"最后大儿子不得不呵斥女儿说："不许这么没礼貌！"

一时孙女闭住小嘴，不再向爷爷调皮了，慢慢地坐在沙发上低着头，爷爷一看这个样子，赶紧搂着孙女的肩头附着她的耳边小声说着："爷爷请你吃冰激凌去，好不好？"

孙女的眼睛一下子又闪起亮光，微笑着说："真的？咱们走，现在就走！"于是爷俩站起来，向我们大家摆摆手说："拜拜！"爷爷拉着孙女的小手大步地走出了家门。

光阴似箭，日月如梭，转眼间孙女已经上初中，她读书的学校离我们住的地方比较近，就搬来和我们同住，我也方便照顾她。

一个夏天，朱旭要去开会，孙女让我陪她去看电影，我不愿意出去就没有答应她，她从小钱包里取出几块钱，举在我眼前晃动着说："您要陪我看电影，我请您吃冰激凌。"

我注意看了看她手里的钱，笑了说："我才不上当呢！你就有五块钱！"

朱旭立刻从口袋里掏出20块钱给孙女，嘴里还说着："来，宝贝！爷爷赞助你20元。有这好事，你还不陪孙女去？"我仍回答："不去！我嫌热。"

"您真不去？"

"不去。"

孙女莫奈何地鼓着小嘴看了我一眼，小声嘟囔着："奶奶不好。"就去找她的同情者，搂着爷爷的肩膀说："爷爷，天涯何处无芳草，何必独恋一枝花，再找一个去！"

爷爷高兴地大笑起来说："对！爷爷再给你找一个去，找一个年轻的。"

孙女立刻严肃地说："那不行，那您可就太风流了。"

爷爷开心地笑个不停。朱旭对待儿孙不采取家长制的作风，这是他一贯的主张。

细中也有粗

朱旭有时候粗中有细，可又有时候细中大意。一天，他要出席一个很重要的活动，需要正装。他把西服从柜子里拿出来，开始找他结的领带，所有可能放领带的地方都找了，就是找不着他要用的这条。我和儿子们也帮助他找，可实在找不着，二儿子建议不要找了，另换一条用，朱旭没有把这看成是合理化的建议，倒把着急的火气发在儿子身上，埋怨他不耐心。儿子有点委屈，可又不敢跟他顶嘴，我有点同情孩子，怕朱旭再叨叨起没完，就把儿子急拉到客厅里坐着看电视，朱旭气恼恼的，一个人仍坚持着找，那气势不找到决不罢休。他愈找不到愈起急，就听他在卧室一边发着脾气，一边不甘心地翻找着，脾气愈发愈大，已经到了快大爆发的程度，却戛然而止，我和儿子不知道发生什么事情了，不约而同地急站起身来要奔向卧室……他出来了，手里拿着的正是要找的那条领带。还残留着些许激动的情绪没完全平静下来，看得出他有点不好意思，又有点歉意的样子，可是一句道歉的话没讲，冲着我们娘俩说："找着了。"

我一听放心了，儿子有点耍小孩脾气，眨了下眼睛，没理睬他爸爸，把头低下去站在那儿不动。朱旭一看这样子，心里也明白，这是儿子表面顺从，其实心里对抗着他呢！为了打破僵局维护他做父亲的自尊，我急忙岔开问了句："在哪儿找着的？"

"一件不穿的西服口袋里。"

"怎么会跑到这件上衣口袋里了呢？"

"可能没注意，顺手一揣就揣进去了。"

说完他又看了一眼儿子，希望他有所反应，没想到，儿子的表情像什么都没听见一样继续看着电视，朱旭倒显出好脾气的样子，嘴角上挂着很难让人察觉出来的一丝丝微笑，摇摇头，走进卧室换衣服去了。

大约晚上 10 点钟左右，他兴致勃勃地回来，走到儿子卧室的门前站了一下，回头问我："睡了？"

"嗯，有事吗？"

"没有。"

他表现出一种不经意的态度，边回答我，边走进自己的卧室。第二天早晨，他起床后没有立刻到洗手间去，这违反了他平常的生活习惯，一直翻找着床头柜的小抽屉，我不禁问了句："你又有什么找不着？"

"叫你说的，我又没得老年痴呆症，还能老找不着东西！"

"也是啊！"

他从里面拿出一个很漂亮的深紫红色丝绒面的小长盒子，走进儿子的卧室，儿子也刚起床，正坐在书桌前穿着运动鞋，他温和地说着："给你！"

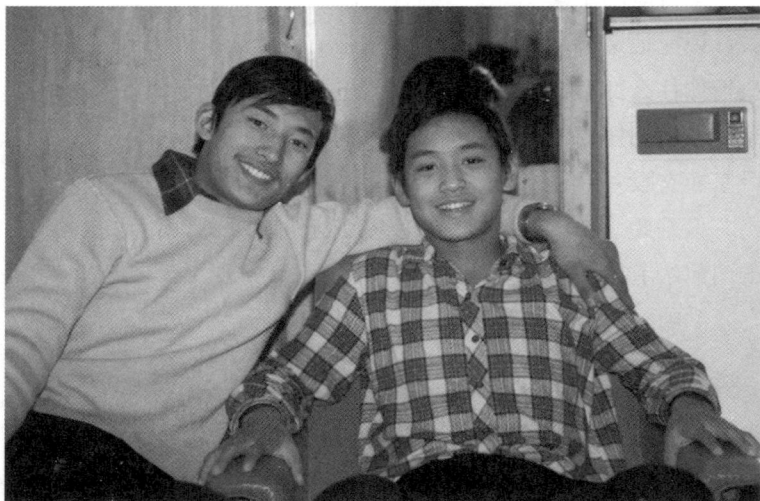

兄弟俩

就把漂亮的小盒子放在书桌上，转身出来进了洗手间。我站在门口看见儿子高兴地笑了，顺嘴问了句："你爸爸给你的什么？"

儿子眉飞色舞地小声儿说着："就是我特别想要的那支派克笔，我要了好几回都没给我，今儿我爸给我了。"

他爱不释手地把笔放在嘴边热烈地亲吻了一下，又放在胸口上不停地拍打着它。不由得我也笑起来。朱旭在洗手间听见我的笑声，问我："你笑什么呢？"

"不告诉你。"

"行，咱尊重女权的自由，不问了。"

我心里明白，这是他跟儿子道歉呢！可是绝不能从他嘴里说出"对不起"三个字，这是他的性格，也是在儿子面前的自尊。

每到春节朱旭都喜欢买点鲜花放在客厅里，显得既和谐喜庆，又温馨。一年一度的春节又到了，他建议我买两盆蝴蝶兰放在条案上。孩子们都要回来过团圆年，总要忙几天购买年货，好不容易该准备的都准备了，就差买花了。我刚进花卉市场门，花香扑鼻，姹紫嫣红，又添了许多叫不上名字的热带植物园的花株，选择了半天，真有点挑花了眼，最后还是把眼睛定格在蝴蝶兰上，因为朱旭喜欢蝴蝶兰。谁知道蝴蝶兰的价钱比往年涨了好几倍，一枝蝴蝶兰要100多块钱，我算了算，一盆两支要200多元，两盆就要500多元，我觉得贵了，新进口的花也差不多这个价钱，到底买哪一种呢？犹疑之下没有买，决定让朱旭自己来挑选。刚进家门，他也随后回来了，我把没买蝴蝶兰的原因告诉他，他奇怪地问我："你在哪儿看见的花那么贵？我也刚从花卉市场

玉兰树下的朱旭

回来，我看那卖的是 30 块钱一枝，我怕咱俩买重了就没买！"

我也奇怪地问他："你在哪个花卉市场看见的，怎么能差那么多呢？我不信！"

"你不信？我带你看看去，要不，咱俩打个赌？"

"打赌？行！你输了给我 100 块钱啊？"

"你输了给我 100 块钱？"

"那当然！"

"走，现在就走！"

我去的是海淀花卉市场，他去的是原来宜家家居旁边的花卉市场。到了市场以后，我跟他一直走到最后面卖花的地方，他站在一个摊位的前边指着很多的蝴蝶兰说："你看，就是这儿。"

我问摊主说："是 30 元一枝吗？"

摊主回答的倒挺利索："是。"

我哑口无言，朱旭欣喜，以胜利者的姿态问着我："怎么样？没错！"

我不死心，仍带着怀疑走近花前，拿起标签仔细查看着，果然标签上明码标着 30 元一枝，价钱没问题，老板也是这么说的。是不是质的问题，品种不佳？我俯下身来闻花香，一点也不香，又用手摸了一下叶子，顿时恍悟，我不由得急问他："什么眼神啊！这花是假的，假花？"

他半信半疑地："怎么？这是假花？我怎么没看出来！"

"傻帽呗！"

他急忙弯下腰去仔细查看，立刻被他确认："没错！是假花！"

我毫不客气地向他伸手："拿来！100块！"

他向我伸出的手掌心拍了一记，又强词夺理地狡辩着："这怨我吗？假的做得跟真的似的。"

气得我哭笑不得，我仍紧追不放："拿来，别赖！"

他用眼睛扫了周围一下，正经八百地跟我说："别丢人，回家要账去！"

我看见摊主人津津有味地注视着我们这俩老头老太太的争执，就急改口说："这花做得可真好，要不就买两枝回去？"

"你又不是不知道，我不喜欢在家里摆假花，我有忌讳。"

"那好吧！回家。"

他向老板道了声："对不起！"

又转身对我说："咱打道回府。"

出花市门口立刻打了一辆车回家，进家门我就穷追不舍地跟他要打赌钱，让我追的没办法了，他反倒笑了，解释说："不是我不给，没零的。"

这下让我抓住了："我要的是100块钱，有什么零不零的，赖！"

他也笑了，知道自己语失了。一边大笑着一边没理找理地说："今天敝人囊中羞涩，明天再给，行不行？"

他知道节前家里杂七杂八的事情挺多，过两天我就会给忘了，谁还能总跟他要了。

老朋友都知道他，周寰特意找出几张朱旭各种神态的照片，把这几张照片的头像都集中地做在一块照相版上，题名叫"矫情"。一点都不错，切中要害。

金婚纪念日

2007 年的 12 月 12 日是我们的金婚纪念日。从 2007 年的年初开始，朱旭就考虑怎么过 50 年的金婚，他很重视。本来我建议低调处理，家里人在一块聚聚就行了，可是他不肯，他认为我们共同健康地能生活这 50 年不容易，一辈子就一次，一定要好好地庆贺一番。我仔细想想，当年我们是三对同一天集体结婚的，兰荫海和张虹一对，距离今年的金婚还有一个月，张虹不幸逝世。第二对董行佶和陈国荣，董行佶若干年前也已经辞世而去。如今只有我们俩既没发生过婚变，又健康地能过上金婚，确实很不容易。儿孙们因纪念日都高兴得要为我们祝贺，我不好扫大家的兴致，也表示同意。全家兴高采烈，茶余饭后，没事就凑到一块商量怎么庆贺。

离纪念日还有两个月呢！朱旭又催我找吃饭的地方，订好邀请人的名单，什么时间通知大家，准备一些什么酒等，他把这些事都挂在心上。我找了几处吃饭的地方都不满意，主要不是饭菜做得如何，而是没有宴会厅。我们的好友王旗替我们选择了娃哈哈酒楼，这个地方离一些老朋友住的地方不算近，也不算太远，地点适中还好找。头一天王旗约好周寰，我的大儿子，我们一道先去看看地方，经过几个人的研究、拍板定局，就定在这里。

宴会定在晚上举行。下午四点钟王旗、周寰、阿喜、岳志澄、秦莉燕、大儿子、大外甥提前到酒楼布置宴会厅。大厅的横幅写着：朱旭、宋雪如结婚50年纪念日。我本名叫宋雪如，因为演戏，改名宋凤仪。酒楼的员工看错了，给写成宋雪茄了，于是朱旭就招手叫我抬头看横幅，我也笑了，他说："你是从菲律宾吕宋岛来的大雪茄，好烟哪！"

大家哄笑一堂。长条幅是由岳志澄写的大红洒金纸的卷轴，上幅写着"五秩姻缘连理树"，下幅写着"一生濡沫孟梁风"。

六点钟左右诸亲贵友络绎不绝相继到齐，宴会上即兴表演了二胡演奏、京剧清唱等节目，亲朋好友都为了这金婚喜庆开怀畅饮。朱旭兴奋得不知喝了多少酒，他从没有像今天这么高兴过，喝完了白酒喝黄酒，和平时的酒量比，他早就过量了，但是并没有显出醉态来。

中青年的朋友起着哄让我说说我们年轻时候的家庭生活，既然嘉宾有这个要求，我就代表朱旭和大家谈谈心得体会吧，也真的是有许多的感慨："50年前的今天是朱旭和我共同生活的开始，弹指一挥间，儿孙都成人了。在这半个世纪里，我们共同经历了各种政治运动的风风雨雨，特别是'文化大革命'，一个运动就是10年，是我们共同生活的五分之一。这是一场触及人们灵魂的革命，在这种压力下，我们谁也没有要保全自己就胡说八道地瞎揭发，他没有给我贴过一张无中生有的大字报，我也没有给他

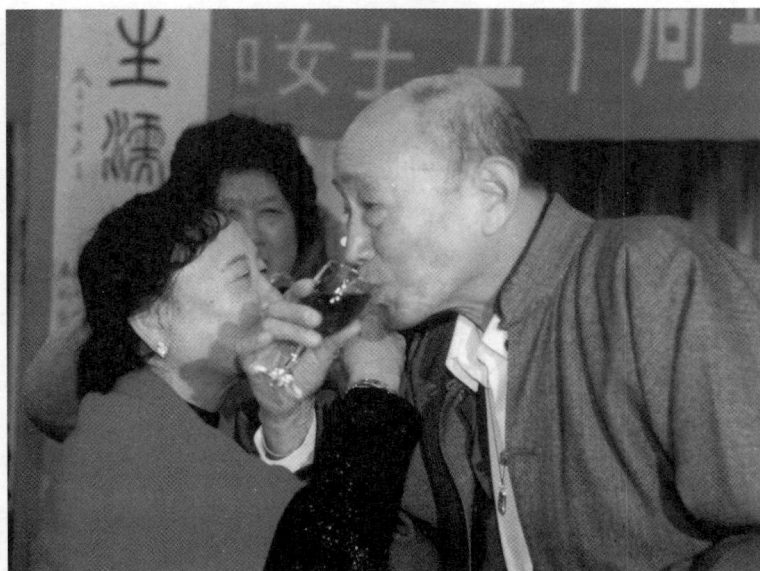

金婚纪念日上的朱旭、宋凤仪喝起了交杯酒

打过小报告，在关键时刻见真情，这加深了我们相互间对对方人格的了解，也是巩固感情的基础。

"在家庭里原则性的大问题没有，小矛盾不断，为什么？性格的冲突。朱旭在剧院里是有名的火爆脾气，典型的东北老爷们。我呢？我的脾气给人的印象比他好。其实我是个拧脾气，我的拧劲儿上来一点不比他弱，只是表现的形式不一样，这就给人造成了错觉，我真犯起拧来，也能把他气个倒仰……那是在我们俩年轻的时候，有一回吃着半截饭，现在想不起来是为了什么事情，反正是因为我说应该这么着，他就非要说那么着，一句话没说对付，就吵起来，还吵得挺厉害。他要大爷脾气把碗摔碎了，我也不示弱，抓起刚出屉的热包子飞过去，一下扔在墙上，包子热就粘在墙上了，我这个举动让他没想到，他愣了一下，很快地就转过弯来，我这是不服哇！跟他对着干哪！给他气坏了，气得他更结巴了，指着我半天才说出来：'你……你……你那个……拧种！'

"'文革'期间红卫兵常讲的：东风吹、战鼓擂，看看咱们谁怕谁。我心里想，你不就认为自己是男子汉大丈夫，不能听媳妇的，听媳妇的丢人吗？我还是铁女人哪！我是嫁给你，又不是卖给你的，凭什么都得听你的，男女平等！谁也不服谁，谁也不懂得让着谁，那还能不打架吗？其实现在想起来都很可笑，有什么值得这么较真的，有事好好商量，有话好好说，谁对就听谁的呗！可那时候不行，碰上点事没商量，就是叫板。年轻，气盛，感情用事，缺少理智，不能客观，更不懂得从对方的角度去想想。逐渐年岁大了，相互也能理解，很自然架就吵得少了，只是吵得少，不是一点不吵了，小矛盾还是有的，只不过没那么大的火药味，常常变成抬杠。再加上我们家还有一个调解员，就是小孙女。偶尔的，我们俩要是有点不愉快，孙女就会跟我说：'奶奶，您有我爷爷这么好的人，多幸福哇！不就是脾气大点吗？男人都有脾气，没脾气的就不是男人！再说了，他对您多专一呀！在这方面，我爷爷比许多的伟人都伟大，就说法国的拿破仑吧！他多花呀！情书就一大把，还专出了一本拿破仑情书集呢！我爷爷这样吗？没有吧？他可不是花老头！'有这么一个调皮的小孙女就把事情给岔过去了。

"过去有句老话：'多好的夫妻也没有不吵架的。'其实这是多少年来的一个经验总结。就是白头到老的夫妻也不是天天都和谐，这是个真理。就拿我和朱旭来说，年轻时候那么吵，也没离婚，为什么？有两大根本原因，他没有过包二奶，我没做过第三者插足，互相都对对方的感情负责任，这是前提。虽然吵架，并没有伤元气。另一个重要原因，朱旭很真诚，对于家庭和孩子他尽了男人的责任。

"从我们生活的几十年里我体会到，结婚几十年的夫妻也不一定能够真正全部多方面地互相了解！都会不断地有一个磨合与适应的阶段，这需要时间或通过某个尖锐的矛盾促进双方的了解，有了解才有理解，有了理解遇事才能有谅解。

"50 年，它是漫长？还是短暂？它也漫长，它也短暂。总之，时间让我有所感悟：世上什么都能留得住，只有生命和时间留不住。如今我们都已经老了，才明白如果让自己的人生少一点遗憾，就该珍惜每一刻，过好每一天，不然，真到自己倒计时的时候，就会后悔莫及，遗憾终身！

"我和朱旭祝愿每一个家庭都没有遗憾！都能幸福！美满！都能相依为命，白头到老！

"在座的有我们相知相交几十年的老朋友，也有新朋友，还有小朋友，还有我们的亲属，我和朱旭谢谢大家的热情、友情和亲情！今天晚上一定要吃好、喝好、玩好！"

这天晚上大家尽情谈笑，欢畅地度过了一个喜庆的节日，我们向大家承诺，等到 60 周年的时候再相聚。

朱旭、宋凤仪在他们五十年金婚纪念酒会上

在酒会上，夫妻俩一起切蛋糕

夫妻俩一起为来宾们倒香槟

晚年的朱旭与宋凤仪

老爷子朱旭

宋凤仪在《母亲的心》中饰演桂花

宋凤仪在《请君入瓮》中饰演修道院长

宋凤仪在《红色宣传员》中饰演福善嫂子

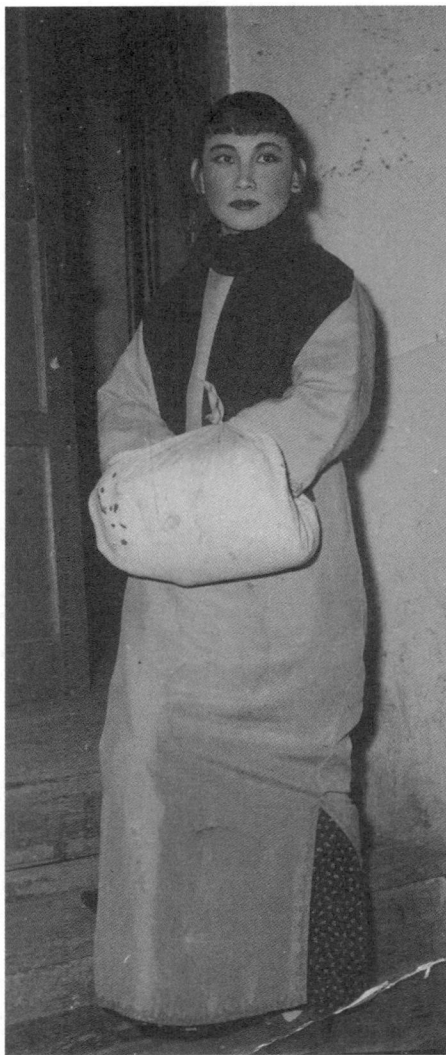

宋凤仪在《北京人》中饰演素芳

宋凤仪在《仙笛》中饰演如兰卡郡主

《变脸》剧照，朱旭饰演变脸王

艺术

之路

舞台剧《哗变》

1988 年，北京人民艺术剧院演出话剧《哗变》。这个戏所展现出的高水平艺术创作轰动了北京艺坛，给北京的秋天更增加了金黄色的美丽。

《哗变》剧本是根据美国著名作家赫尔曼·沃克所著《凯恩号哗变记》所改编，小说荣获普利策奖。1953 年由赫尔曼·沃克抽取这部小说中法庭的一段，改编成剧本。1954 年在纽约由著名导演亨利·方达主演的该剧更是名噪一时，曾获普利策戏剧奖。

本剧的导演，由北京人艺特别邀请美国的导演、表演艺术家查尔顿·赫斯顿来华执导。由于在电影《凯撒大帝》中成功地扮演安东尼，他受到好莱坞的重视。1959 年又因主演《宾虚传》获奥斯卡最佳男演员奖，从此名声大震。半个世纪来，他在舞台和银幕上创造出 50 多个不同类型、不同性格的艺术形象，曾获得意大利、德国、比利时等国家颁发的优秀表演奖。由他导演的话剧《昼行至夜》《麦克白斯》均打破票房纪录。他曾六次担任美国电影演员协会主席，国家艺术委员会主席。1977 年，美国电影

话剧《哗变》剧照

与科学院授予他琼·赫谢尔特人道主义奖，现任美国电影学院院长。

本剧是由我国文艺界著名人士英若诚翻译。

《哗变》故事的梗概如下：

第二次世界大战期间，1944 年 12 月 18 日，一艘高速扫雷艇凯恩号正与霍赛海军上将的航空母舰队会合时，突然遭到台风的袭击，上尉以丧失健康为理由擅自解除该舰舰长海军少校魁格的职务，造成凯恩号的哗变。

根据这次哗变事件，美国军事法院对被告玛瑞克进行审判。由于被告方面的辩护律师的能言善辩从心理学上展开攻势。使原来有类偏狂人格的魁格舰长招架不住，在法庭上从原告证人变成被告人，原被告人反而胜诉。在这次夺权哗变的事件中埋藏着的幕后支持者、指使者是位小说家，他恨魁格舰长对下属人员的严厉，挑使玛瑞克夺权。这些诡计都为被告律师所知道，他为被告打赢这场官司后，却受到良心的谴责，因为他知道该整的、该坐牢的和真正有罪的人并不是魁格，而是幕后指使哗变的小说家。

舞台上的大幕拉开时，正是军事法庭休庭后就要开始继续进行审判。其一，舞台的左边是审判官席，右边是被告席和辩护律师席，舞台正中置一把大椅子，是轮流到法庭上作证的证人席位，别无他物，此场景从始至终没有变化，只这一堂景，既不华丽也不堂皇，只是一个肃穆的军事法庭。其二，全剧没有一位女角色，是清一色男子汉的戏。其三，没有五彩缤纷的服装，全剧演员自始至终一律穿着美国海军制服，只有被告的辩护律师穿的是美国空军军服。其四，此剧没有大的舞台调度，每位证人上来都是被固定在舞台中间的那把大椅子上，没有形体移动。其五，开幕前，在舰艇上所发生的哗变情况和开幕后的审判，都是通过语言的叙述和当场的辩护来表达的。这是一个地地道道以"说"为主的话剧，这些都是本剧独特的构思和表现方式。

当时，剧院内的工作人员都担心这个戏的演出能否有人观看，观众是否喜欢，大家都抱着怀疑的态度，甚至是不乐观的。首场演出时，作者赫尔曼·沃克也从美国赶来观看，他也很关心中国观众能不能接受这样的戏。场内座无虚席，后台的职工在忙碌中竖起耳朵听着台上的台词，关注着台下的反应。只见观众目不转睛地看着大幕以内的演员，全神贯注地听着台词，唯恐漏掉一个字，剧场内安静得几乎掉下一根针都能听见声音。

朱旭扮演魁格舰长，他牢牢地抓住魁格所特有的偏执人格的心理状态。朱旭在分析和体验这个角色时，在笔记上这样写的：

"这个戏还从心理学的角度精湛地分析了魁格这个人物。他为追求完美无缺而终日焦虑，他很注意仪表，在他脑子里修改了现实，因此他永远是对的，错误永远属于别人。他善于争辩，自尊心强，好激动，为了保全自己取得的地位，他不允许下级犯错误，对下级过分地严格。有这种人格的人伤害了别人，自己并不知道，在心理学教科书上给这种偏执性人格（剧本翻译成类偏狂型人格），列出了16条特点，条条都和魁格对得上号……"

朱旭在《哗变》中饰演魁格舰长，在法庭辩论的一场戏中

排演前朱旭对心理学充分地做了一些研究。在揭示这个人物的心理过程中他不是概念化的一下子就把结果演出来，而是逐渐发展，自然而然形成的。

第一场魁格首次步入法庭时，精神抖擞，态度严肃，从风度和气质上都表现出是一位受过严格正规训练的海军军官。他迈着坚实而又潇洒的步伐走到舞台正中，站在原告辩护律师身旁，用手轻轻抚摸着《圣经》。发过誓后，他端坐在证人席上，冷静客观地回答着律师和检察官的询问。

朱旭在台下是个结巴，在台上口若悬河对答如流，可见他在这方面做了别人想不到的努力。他明晰而又有声有色地说明舰艇在前进中碰到台风时的情景，他又如何采取着紧急措施，而执行官玛瑞克却非法取得了他的指挥权，造成舰艇上的哗变。他理直气壮，讲得有理有节，给观众的印象是一位有素养有丰富指挥经验的海军舰长。在这一场戏里他是以证人和当事者的身份出现在法庭上的。

当各方面的证人做完证陆续下场后，魁格第二次登场。朱旭开始时仍处理成是一位头脑清醒、严格律己的人，但在生活小节上也要求他是更严格的一位舰队领导者的形象。在被告辩护律师有意的诱供下，魁格不知不觉地入了圈套。在魁格滔滔不绝的陈述中出现了漏洞，被告辩护律师立刻抓住漏洞不放，针对他心理上的缺陷进行攻心战术。这时魁格开始精神紧张，他习惯性地不断地滚动着手里的小钢球，思想出现混乱，以至变成颓丧的败诉者。

在《哗变随想》一文中，柯文辉的评论（发表在："演出台词本"中）文章如下：

"刚刚洗去末代皇帝的油彩，又涂上魁格阴影的朱旭演出很成功。人物一出场，那潇洒自信的背后就同时显现出此人缺少深度、遭到反诘之后的狼狈，也没有漫画化、脸谱化。尤其是第二幕的演出，演员为自己设计了一整套'手语'揭示内心，有神来的韵律。若说眼睛是心灵的窗户，朱旭的手是人物内心的第二对眼睛。"

由康洪兴先生写了一篇《精雕细镂，绘声绘色》评论《哗变》的表演艺术的文章（发表在《哗变》"演出台词本"中），其中有一段评论是这么写的：

"这里主要说说朱旭个人的表演。朱旭的表演是非常的精彩，他扮演的魁格第一次出现在舞台上是神态自若，精神饱满，侃侃而谈，信心十足，乃至透出一股美国海军高级军官的潇洒劲儿，活脱脱地描绘了一个蛮有把握打赢这场官司的舰长形象。第二次上场时，起初他还保持了上述的这种劲头儿，但在格林渥的步步紧逼下，渐渐乱了方寸，由泰然自若变得焦躁紧张，不但失去了优雅的风度，而且变得语无伦次，甚至口出秽言，在一瞬间竟然出现了失态的举止。其精神状态，前后判若两人。最为可贵的是，这种精神面貌的大幅度变化，是在不知不觉的进程中逐渐显示出来的。这个过程，表现得极其真实自然。前后对比，这个过程鲜明有力，又不愠不火，分寸得当，尤其是那段表现人物情绪失控时的长篇独白，把这个角色的刚愎自用、性格僵硬、自以为是、怀疑他人等类偏狂的病态心理特征，刻画得惟妙惟肖，淋漓尽致。正是朱旭这种驾驭角色台词的内在意蕴以及刻画人物变化复杂的心理状态的巨大能力，给舞台演出增添了光彩，使观众获得了很大的艺术享受……"

　　康洪兴先生所评论的这段独白，长达七分多钟，是话剧舞台上少见的。朱旭对这段长篇独白处理得十分巧妙，虽然语无伦次，却是乱中清晰，条理中又混杂着乱，获得内外行观众的一致赞赏。这段人物失控时的长段独白，已经成了话剧的名段，不管在电视台专访的栏目中，还是文艺界聚会中，都会让他表演这一段独白，无形中成了经典台词。每当他一个人叙说这段台词后，退出法庭下场时，观众望着他颀长的背影，突发出雷鸣般的掌声，这掌声中蕴含着对他精湛表演的喝彩，也表示着对演员个人的崇敬。

　　发表在《哗变》（演出台词本中）朱旭所写的题为《扮演魁格散记》一文中说：

　　"多少年来，话剧演员的一大忌，就是'干说'。舞台上没有行动，不是形象的展现情节，事件都是过去的，全靠说。

　　"场景就是在法庭上，证人席就是一把椅子，不到一平方米，演员寸步难行。法庭当然不会有音乐。都是海军，除格林渥穿空军服，其他人都是一个颜色……

"实在找不着什么可以借助的手段了，真是一个犯忌的剧本。靠什么取胜呢？当然只有台词。我们话剧演员会不会说话，台词的功力如何，确实是一次考验。但是，台词是塑造人物的手段，归根到底还是塑造人物。'会演戏的演人，不会演戏的演戏'是我们多年来的座右铭，那种离开塑造人物、追求台词华丽的形式主义表演，不是北京人艺的艺术准则。但是，塑造人物又谈何容易啊！"

这个戏的演出不但使北京人艺获得极大的成功，也是朱旭个人获得成功的艺术创造之一。

舞台剧《芭巴拉少校》

舞台剧《芭巴拉少校》是英国的戏剧家、思想家萧伯纳的著作。在纪念世界文化名人的时候，就有萧伯纳的名字。作为大文豪，他受到世人的尊重，可是他的作品在当时屡遭禁演。萧伯纳是尽人皆知的社会主义者，鲁迅也很敬重他。可是在中华人民共和国建立以后的40多年间，虽然纪念过他，但是也没有完整地上演过他的一部作品，这是一个很有趣的现象。

列宁曾经说过："他是被费边主义引入了歧途的好人。"

这似乎是结论了。因此对他的思想也就无须再加以研究，可是对他的作品几十年没有在中国上演又都觉得是件憾事！这次的演出，是萧伯纳的戏剧首次搬上中国的舞台。

本剧的故事发生在1906年1月的伦敦。

亿万富翁的安德谢夫是著名的大军火商人，他有一子二女和一位贵族出身的夫人。子女还在年幼的时候他就离开了家，已经多少年没回来过。子女们都已长大成人，这次夫人要请他回来共同商量女儿们的陪嫁和安德谢夫财产继承人的问题。他回到家里后发现儿子、女儿、女婿们思想各异，尤其是他的大女儿芭巴拉。她是救世军里的少校，她虔诚地信奉上帝能够拯救人类的灵魂，用慈善事业来救济贫民。她认为这就可以改变贫穷，改善社会。可是她的父亲安德谢夫却认为只有金钱和大炮才能够改善这一切，父女两人都想用事实说服对方。于是芭巴拉邀请父亲到她的救世军看看，安德谢夫邀请芭巴拉到他的军工厂去参观。父亲到救世军来的这一天，适逢她们已经没有钱和粮食再救济贫民了，救世军的高级领导人赶来向军火商人安德谢夫求助一笔大数量的资金，解决救世军的经济困难，以便继续发展慈善事业。安德谢夫慷慨解囊，实则收买了救世军，芭巴拉目睹这一切，万分痛心。

次日全家去军工厂参观，军工厂规模的庞大，福利设施的完善，管理上的科学化等等震惊了全家人。芭巴拉首先被吸引，她决定搬进工厂来住。上帝的信徒也敌不住金钱的诱惑和压迫。这是个问题剧，其中有着使观众震撼的深刻的思想性。

该剧于 1991 年 6 月由北京人艺离、退休的老艺术家们组成的"北京艺术交流中心"和剧院联合演出。年岁大的人物由老艺术家担当主要演员，年轻的角色由剧院在职的年轻演员担当。舞台美术设计、灯光设计等均由离、退休人员担当。演出后由英国向 24 个国家联网报道中国上演该剧目的盛况。

这是一部高乘的讽刺喜剧，该剧本由我国戏剧家英若诚所译。原剧本很长，经过他翻译后，在演出本删去五分之二的戏，使全剧更集中、更精炼，起到浓缩的作用，反而更耐看，尤其是语言中的幽默和智慧堪称是戏的精华。

朱旭扮演芭巴拉的父亲安德谢夫，他在全剧中表演得最出色。如在第一幕，是他离家多年后第一次回来，孩子们都已经长大成人。老仆人守候在大客厅门前报了一声："安德谢夫先生到！"客厅里谈话声立刻中止，在突然的安静中只见他心情极好，兴高采烈地疾步走入已经久违了的大客厅。他把人物内心的兴奋带给了全剧场，观众的精神也为之一震。他对这里的环境既感陌生又感熟悉，很自如地选择了一个合适的位置坐下。当他和孩子们见面时，他总是弄错，弄不清楚谁是自己的亲儿子，谁是女婿，哪一个是二女儿，哪一个是大女儿。喜剧性的效果由此连连出现，由于朱旭的幽默使观众席不断爆发出笑声。虽然安德谢夫离家多年没有回来，连自己的孩子都认不清，可是回来了，他的自我感觉仍是这个家里的男主人，虽有些生疏，却无拘无束。对于久别的夫人既表示亲热又敬而远之，很快地就和久别的孩子们打成一片，博得他们的喜欢。在人物关系上处理的有一般性，也有安德谢夫家族的特殊性。这个戏的思想性很强，对于演员就不单只要求表演技巧的纯熟，更要求的是理解，是对萧伯纳思想的理解。这个角色对朱旭是从未有过的挑战，因为萧伯纳讲，他的这部戏的真正主角是安德谢夫。萧伯纳的思想主要是由安德谢夫来传达的，朱旭就不能不认真地研究萧伯纳的思想，这是一项难度很大的任务。

90年代，世界正处在一个大动荡的年代，地球上的第一个社会主义国家苏联解体。中国也刚经历了前所未有的"文化大革命"，正在进行"实践是检验真理唯一标准"的大讨论。关于什

朱旭与宋丹丹在话剧《芭巴拉少校》中

么是社会主义、社会主义的主要任务是什么的大问题，摆在每一位关心人类命运和前途的仁人志士面前，也是每一个中国人都想弄明白的大问题。在这同时把萧伯纳的某些思想摆出来和广大观众见面，确实是很有意义的。朱旭把这次《芭巴拉少校》的演出，作为参加这次大讨论来进行的。他以高昂的激情读着萧伯纳的每一句精彩深刻的台词，比如安德谢夫说："我对贫穷和饥饿就比谁都关心，我不能让工厂的工人成为满脑子仁义道德、肚子里却空空如也的人，对那些把贫穷和饥饿说成是美德的人，没有什么可讨论的，杀死他！"

每一次演到这种地方，观众都报以长时间的掌声。

"没有谁不需要力量，正如同母亲的乳汁既喂养了英雄又可能喂养了强盗一样。"

朱旭把这句台词看作是萧伯纳的核心思想，但是萧伯纳自己也知道讨论这个问题是很艰难的。当安德谢夫的大儿子说他知道什么是对、什么是错的时候，萧伯纳借安德谢夫的口说出一段辛辣精彩的台词："真是不可思议……叫哲学家猜不透的，叫古今律师无法解释的，叫工商大亨稀里糊涂的，叫文学家走投无路的，你居然掌握了这个秘密，啊！你知道什么是对的，什么是错的，我的天哪！你是天才，你是大师中的大师，你是神，你才24岁！"

紧接着他又转向夫人说："他给自己选择的职业恰如其分，他什么都不知道，又什么都知道，这显然是干政治的好材料！"

儿子被讽刺得十分无奈，欲申辩，安德谢夫却打断了他的话："我替你找到了职业，你天生是个办报纸的材料，专唱高调！"

萧伯纳这几句台词写得辛辣，英若诚翻译得深入浅出，朱旭讲得深透、诙谐，把内涵的意义淋漓尽致地表达出来。特别在最后一场，他在家人面前毫不掩饰，直率地说："能改变社会的只有金钱和大炮，别无他路。"他说得理直气壮，像讲真理一样地吐露出来，观众既为这精彩的艺术语言喝彩，也为这深邃的思想而会意。台上台下交融到一起，演员和观众共同满足的是艺术的享受。对萧伯纳，不管是爱他还是讨厌他，但对他的艺术天分却没有人不佩服的。全剧中像这么集中表达萧伯纳思想的地方，都被朱旭准确、有深度地通过人物体现出来，好像萧伯纳的深刻意识与智慧和他融为一体。经过他的艺术处理，更加强了原作者在思想语言方面的穿透力。萧伯纳笔下的安德谢夫虽是英国头号富有的大军火商，表面看起来气质优雅，可实质上却是出身贫贱，从小并未受过高等教育，偶然也流露出和他身份并不相称的行为。比如在救世军里他吹大拉号，在这些地方上的表演并不觉生硬，和整个的内在联系都是有机的，在安德谢夫身上所表现出来的幽默非常有分寸，可以说恰到好处。

如果不是朱旭扮演这个角色，恐怕人物的幽默感就不会这么强。在以上他所讲的几段台词里，不断被观众的笑声、掌声所打断，演员不得不稍做停顿（他停顿得很有技巧，让观众感觉自然、不生硬），等笑声和掌声渐弱时，再继续演下去，否则下面的好戏和精湛的台词就会被淹没。全剧的演出时间被笑声、掌声延长了七分钟之久，谢幕达七八次后，观众仍旧站在舞台前边不肯离去。

《芭巴拉少校》是在 1991 年演出的剧目中，票房价值达到最高峰的，比其他剧目的票价高出两倍多，仍是场场爆满。楼上观众席和走廊的台阶上都坐满了人，楼下观众席的两旁站满了人，这是多少年来话剧演出少有的盛况。有人特意从石家庄、保定、天津等地赶来观看。

胡乔木偕夫人同来看戏，观后他非常高兴，并到舞台上祝贺大家，他说："剧本好，导演好，演员好，祝你们演出成功！"

从此，这部戏被公认是"三好"演出。

幕间休息时，观众窃窃私语，称赞："朱旭真是个好演员，绝对的！"

对于朱旭来说，这是继《哗变》以后又一次获得巨大的成功。

综合着这几年他在舞台上的成就，中国话剧研究会颁发给他个人第二届中国话剧艺术"金狮奖"。我祝贺他，并由衷地为他感到高兴！

舞台剧《红白喜事》

　　北京人艺演出的四幕风俗喜剧《红白喜事》，是一出情趣盎然、具有深刻思想内容的农村戏。从始至终使观众欢快地笑着，笑声过后人们用冷峻的视角回味演出，心里产生的感觉就不那么欢快了，是沉甸甸，是酸楚楚，这是一出在笑声中含着眼泪的喜剧，耐人思索。满台都是活生生的人物，有着浓郁的乡土气息，自然而流畅。台词是用河北省冀中的方言，语音、语言都有独特的情趣，听来新鲜又别具一番韵味，更加强了真实感和乡情的亲切感。灯光、布景、表演浑然一体，取得整体演出的完整性。外行人爱看，内行人喜欢，这是近年来在现代剧中难得的好戏，该戏于1984年荣获文化部颁发的"演出一等奖"。

　　朱旭在该剧中扮演三叔，获得文化部颁发的"表演一等奖"。作者魏敏、孟冰、李冬青、林朗，均是部队文艺工作者。他们生在农村，长在农村，对农村生活熟悉、理解，有着深厚的生活基础，几乎所有的主要人物都是在他们身边的人。这是他们同心协力写出的第一部有感染力的剧作。导演是林兆华，毕业于中央戏剧学院表演系，到剧院以后先做演员，后任导演。他汲取了中外各种艺术流派的特点，不断地在中国舞台上做着探索和实验性的演出。中国现代的小剧场戏剧实验就是从他开始的，上演的第一个剧目《绝对信号》，是他单独执导的第一个戏，演出后在社会上引起强烈的反响。从此他导演的不同形式、不同流派的戏剧不断出现在舞台上，

《红白喜事》是他在许多亮点中一个绚丽的彩点。

戏剧故事发生在河北冀中的农村，是革命老区，郑奶奶是位老革命，在保家卫国的战争年代里丈夫牺牲了，在艰苦岁月里她贡献了自己的力量。如今她有五个儿子、一个女儿、两个孙子、儿媳妇、孙媳妇等大小几十口人，都在她的呵护下生活着。尽管年逾80，却仍然主宰着这个家庭，全家敬重她，大小事情都由她做主。她继承着中国几千年的封建家长制的作风，她的儿女们也在几十年的生活习惯里确定了她的家长地位，正像三叔说的："没有你奶奶就没有咱这一家子。"

这天，她最疼爱的孙子从部队里回来，这是二伯伯把他骗回来的。郑奶奶一手包办孙子的婚姻，强迫他与自己老战友的孙女结婚。孙子抗婚，因为他早已经和家里领养来的女孩恋爱，由此引出一系列的矛盾。家庭中每个人的态度都不一样，二伯伯（即孙子的父亲）坚决维护着奶奶的尊严和权力，三叔、四叔支持侄子，五叔对此事并不关心，只关心自己的媳妇能不能生男孩。临结婚的头一天，新娘的嫂子送嫁妆时，指责郑家礼貌不周，使得郑奶奶不愉快，要求退婚，并同意让孙子娶他已经爱上的姑娘。

　　一时两家老人争吵不休，这门亲事自动取消了，孙子如愿以偿，征得奶奶和父母的同意与心爱的人结婚。

　　可在结婚时，又节外生枝，奶奶在这一气一累之下卧床不起，病入膏肓，全家人心急如焚。二伯伯找到舅爷私下商量，用迷信的办法借寿，要借刚过门的孙媳妇的寿，也就是用巫术使孙媳妇少活 10 年，把寿借给奶奶多活 10 年。孙子用激将法使奶奶大为反对借寿，这种愚昧的行为才被制止。家庭中的硝烟总算过去了。孙子去进行结婚登记，病中的奶奶却危在旦夕。二伯伯、三叔、四叔、五叔共同商量给奶奶送葬时，全剧终。

　　朱旭扮演其中的三叔，是农村小学校的老师，既教语文算术，又教音乐体育。在这些长辈里除了四叔以外，三叔算是比较明白点的人。为了把这个人物演活，朱旭到河北冀中的农村去体验生活，在那里找到了创作的原型，有了认识和理解，丰富了角色。三叔这个人物在他心里活起来，从内心到外形，他都有了形象的依据。

　　"在家里为了炫耀自己有文化，他戴一副全村仅有的变色眼镜，爱穿那条只有体育运动员才有的绒裤，当然上身还是家里做的土背心，两肋通风，凉快，躺在炕席上也经磨，脚底下趿拉着布鞋，舒坦……"（摘自朱旭写的文章《动力与创造》一文）

　　这是他对人物外在形象的构思，演出时就完全按照他的这个构思出现在舞台上。同时也产生了"心像"。当他第一次上场时，只是一个过场，三叔从中门出来，郑奶奶说："都什么时候了，你还穿着绒裤？"

三叔捂着肚子趿拉着鞋急往外走着，忙回答："我闹肚子呀！"

三叔在精神上特有的松弛，和他内急的狼狈状态，只在一句话、一个动作里展现出来。观众忍俊不禁，笑声四起，留下难忘的印象。

朱旭在他写的一篇文章《形象的矛盾和演员的创造》中说：

"没有自身矛盾的形象不是艺术形象。戏剧报发表时把我这句话给删掉了。……寻找扮演的形象矛盾成了我的习惯，也是我的信条。……"（摘录）

三叔这个人物并不是贯穿全剧的主要人物，可是他给人留下的却是似曾相识的有血有肉的人，真实的人，内心充满自我矛盾的人，又是很有情趣的人。

熊原伟写的《评〈红白喜事〉的导演特点》一文中，他从对剧本到演出的二度创造进行了评论，其中有一段：

"……前面提到三叔，也是一个悲喜交加的形象，也许是出于我的偏爱吧！在全剧中，这是我最喜欢的角色。在这个人物身上，特别能体现出文化的主题……"有的内行朋友说："台上每一个角色的创造都是成功的，唯有朱旭的创造还要加一个'更'字，'更成功'"。（择章摘录）

　　朱旭奉献给观众的不是单一色调的人，是有着酸甜苦辣、五味俱全的小人物的典型形象，难怪这块"表演一等奖"的奖牌落在他的身上，非他莫属。

附录一：

形象的矛盾和演员的创造
朱旭

一
抓住具体人物的矛盾，
可创造出不同个性的人物形象

事物是千差万别的，生活中的人也没有完全一样的，可惜在我们的舞台上却常常出现雷同的人物。"四人帮"有一套把人物模式化的理论："三突出"、"高、大、全"等等。他们阉割生活、炮制模式的主要方法就是砍去人物形象自身的矛盾，否定人物的性格特点。

我经常想到一个孩子的形象。那是在一九五八年初，我们在农村露天演出《刘介梅》，那天刮西北风，几个孩子趴在台口那儿看戏，小脑壳全是土，像泥塑似的。当演到地主把得了大肚子病的刘介梅赶出门外，父子二人抱着祖宗牌位呼叫苍天的时候，我看见一张小脸，泪水把土脸蛋儿冲出两道沟来，他抽噎着骂："X你妈！地主。"这孩子的语言、外表和他那纯洁的心底是不统一的。但是他的形象有很强的感染力，我总忘不了。在"四人帮"横行的那些年里，我们演出过一个农村戏，英雄人物的衣服也与其他人物不同，特意用毛料子做，他的语言也都是"经典式"的。我想到了那个孩子的形象，如果按照这样去"提高"，他将要变成什么样子呢——一个身穿毛料制服的英俊少年，尽管刮西北风，但他一尘不染，丁字步站在观众的面前，两眼发出严肃的目光，举起左手，高呼："打倒地主阶级！"那些年，这种不伦不类的形象在舞台上是屡见不鲜的。

个性，是指人物性格的特点，也可以说是人物矛盾的特殊性的表现。"四人帮"反对人物形象有矛盾，他们用以反对的论点是：难道烈士就义的时候一定要动摇吗？难道写无产阶级领袖人物一定要写缺点么？似乎除此之外就没有其他的矛盾了，他们根本不懂得对具体问题做具体分析。

怎样表现无产阶级的领袖人物，是有成功的经验可以借鉴的。史楚金在《列宁在十月》《列宁在一九一八》中扮演的列宁，是成功的，他没有那么一套最最伟大的模式，在他身上表现了一些矛盾着东西：他是领袖，但是他对瓦西里，对医生都服从；医生批评他不听话，他像孩子似的摸着医生的衣领抹稀泥；他聪明绝顶，但他不会煮牛奶，把牛奶煮溢了，还和老保姆捉迷藏；他是一位非常坦率的人，但他又有所不坦率，如他没有告诉老工人"不必要的残酷"的话是高尔基说的；他伟大，他又普通，这不都是具体的矛盾么？一个具体的、生动的列宁形象就是这样表现出来的。这要比那些光有演说和他招手、群众鼓掌的领袖形象生动得多。

郭老写《蔡文姬》，是要给曹操翻案的，他是把曹操作为一个伟大的人物来写的，可是曹操一出场，就搞了一个冤、假、错案，几乎错杀无辜，结果《蔡文姬》这出戏还是起到了给曹操翻案的作用。这可算是写了伟大人物的缺点的一例吧。

矛盾是各式各样的，不只是好和坏、优点和缺点这样一类矛盾。比如摄影的反差，绘画的疏密、明暗，京剧讲花脸要媚，柔中带刚，还要紧打慢唱，武戏文唱等等，都是与艺术形象的矛盾有联系的。

最近看了山东省话剧团演出的《沉浮》，王玉梅同志扮演的金嫂是非常出色的。她把特定环境和这个具体人物之间不调和的色彩处理得非常别致，她坐在教授的皮转椅上，接红线电话，盘上一条腿，左手捶打着。还是在农村坐在炕上的那个习惯，观众席发出了啧啧的赞叹声，非常欣赏她。

于是之同志在《茶馆》里扮演的王掌柜，是一个非常成功的艺术形象。我只想作为从人物的结局和行为之间的矛盾中创造形象的例子提一下。王掌柜的命运是破产、自杀，于是之同志从这个人物的命运的反面充分发挥了创造性。他精明、能干、会说话，又和气又滑头，他具备一切生财之道；他爱他的茶馆，包括用手抹拭桌子角的细节都和人物的悲剧命运和力求发展这个矛盾紧紧地联系在一起。文艺的特殊性质，是要用形象向观众提出问题的。王掌柜是一个具备了生的能力的形象，可是他自杀了。这个形象的矛盾向观众提出了问题，发挥了文艺的特殊作用。

我在丁西林的独幕喜剧《三块钱国币》中扮演杨长雄。作者提示这个大学时"能言善辩、见义勇为，有年轻人爱管闲事之美德"，但是他最后被人讥讽为"说话不通"，不得不采取极端的行动，故意打碎了对方的花瓶，反而没理了，赔出三块钱国币。他的一派正义的道理，说起来是那么别扭，绕脖子，总不如人家吴太太说："毁了我的东西就应该赔我"来得顺畅，天经地义。庸俗有理，正义不通的矛盾现象是发人深省，耐人寻味的。

可见，矛盾是各种各样的，只能对具体人物做具体分析，把握住人物具体的矛盾，就有可能创造出一个具体的形象，也就是我们经常追求的"这一个"，并且使形象更加鲜明，更富于感染力。

二
抓住人物的矛盾，
能使演员沿着特定的轨道探索人物形象，使形象具体化

这次重排《名优之死》，让我扮演琴师——张先生。我对这个角色有兴趣，因为这位琴师是一个有矛盾的形象。

凤仙变坏了，毛病越来越多了，她演习不认真了，练功不刻苦了，角儿的脾气大了。张先生看不惯，他惋惜一个有出息的孩子糟蹋了。他也同情刘老板的心境。总之，在张先生心里，好与坏，是与非，善与恶，他是清清楚楚，明明白白的，可是他就是没说出来。演一个心里有话没说出来的人物，对演员来说是一件很过瘾的事，这使我有创造欲望。

张先生明白，对艺人来说，什么叫走正道儿，怎样叫不走正道儿，这是他一辈子的生活实践和业务实践告诉他的。因此，他自己必然是一个看重玩意儿的、一板一眼的老琴师，也只有这样

的琴师才能和名优——刘老板搭档多年。想着张先生的这个特点，他的形象特征也在我头脑里出现，我想到我以前曾见过的名琴师。在过去的舞台上，名琴师是坐在台口外边的，观众看得见他，他们总是干干净净的，头发油亮、长衫、白袖口、丝袜子、缎鞋，一举一动都有个"派头"。但这"派头"具体起来是什么？印象模糊了，我必须到生活中去找。有一次，梅葆玖演《穆桂英挂帅》，姜凤山操琴，我到后台场面那个地方去看，那些老同志都是当年与梅兰芳先生合作过的，他们都有热情、谦恭、礼貌周到的特点。姜凤山托着两把胡琴来了，他用手指轻轻地捏着胡琴，小指翘着，好像那胡琴用力一捏就会碎了似的，然后稳稳当当地靠在挡板前面，对弦的时候，动作也很轻，二胡，月琴和他对弦，他稍微用力拉两下，同时用食指按着码子，不使声音传到观众席去，这一切动作都是那么稳当，有条不紊，很松弛。等到穆桂英看见帅印的那一场，他对胡琴的态度就不同了，简直要把胡琴撕裂了，他的精神全部贯注在戏上了。大概是发现了一点噪音吧，他把弓子送到头，利用闪一板的功夫，从嘴里抹了一点唾液擦在蛇皮上，立刻又抖动起弓子来，这些都是在一秒钟之内完成的……一位对玩意儿认真、严肃、有经验、老行家的形象具体了。从他的静和动中，我看到了那个"派头"。我演起张先生来有抓挠了。在排练场上，我怎么拿胡琴，怎么对弦，怎么托弦，都有了，但是还有不具体的地方，还得请教。我记得胡琴是掖在左边大褂里的，老先生告诉我在右边，琴套是竹布的或毛蓝布的，尺寸要刚刚露出弓子尖，带子上绑一个坠儿，网一圈掖在腰带上。拿出来以后，放在八仙桌上不合适，放在腿上也不合适，在排练场上帮助我们排戏的吴韵秋同志告诉我，就靠在椅子旁边。这一切细节都稳稳当当地做了，老琴师的派头也就有了。他的笨手笨脚的行为都是由这兴奋而产生的，他的积极性又是在笨手笨脚中表现出来的。相反相成的作用，加强了艺术的感染力。

以上是我的一些体会，提出来和大家一起探讨。

（原载《人民戏剧》1980年第一期）

附录二：

排练《红白喜事》中的几点体会
朱旭

（甲）动力

（一）首先要感谢剧作者。给了我们一个好剧本。初次读剧本就被一股清新的乡土气息所吸引。再读，更感到剧中的人物亲切、真实。有同志说，读这个剧本像是读一部小《红楼梦》。我想这不只是因为剧中有像贾母、贾宝玉似的人物，更可贵处在于它和曹雪芹的现实主义原则相吻合，"俱是按迹寻踪，不敢稍加穿凿，至失真真。"这也是我们后来和剧作者们商讨加工剧本中和我在创造角色中所遵循的原则。

（二）我们来到了剧作者魏敏同志的家乡，河北省定县北庞村。他的老母亲、弟弟们、侄男侄女们亲切地接待我们。原来这一家人都是他"笔下的模特儿"，这是小学教员，老魏的四弟发现这个秘密的。我们朝夕相处，无话不谈。这对我塑造角色形象、获得人物的自我感觉起着决定性的作用。同时，我也佩服剧作者们对生活观察的敏锐。和他们对社会主义建设的责任感。他们能从习以为常的家庭琐事中采掘出我们当今社会里存在着的、不算小的、只叫它残余似乎有些不够了的势力——封建势力。面对这个现实需要勇气，因为就像《共产党宣言》里，"封建的社会主义"那一节中说的：他们"往往把无产阶级的乞食袋当作旗帜来挥舞"，这是很吓人的，但是"它那种全然不懂现代历史进程的劣根性却始终使人感到可笑。"在我们的现实生活中，它岂止可笑，很多时候是可气的，甚至是可怕的。"文化大革命"中，林彪、江青两个反革命集团就是这样挥舞的。前些时，我们在建设社会主义精神文明中提出反对和抵制精神污染，这是理所当然的，可是这股势力错以为找到了"知音"，于是振作起来，惑乱其间。我们要前进，要革命，总有那么一股势力在阻挡，细追究，其中就有它。因此，我不只是喜欢这个戏的有趣，更喜欢它的有力了。

（三）好剧本使演员产生创造欲望，同时，我还产生了一个奢望。前不久，有几位观众在报刊上发表文章，讨论北京人艺的风格。说了许多赞扬的话，给了我们很多鼓励。也有观众说，北京人艺的风格就是演老北京，这使我感到悲哀。难道我们的创作道路真的就那么狭窄吗？可是多年来我们没有拿出多少有质量、反映当代生活的戏来。这就难怪观众对我们有这样的看法了。

《红白喜事》的剧本为我们提供了这样好的基础，我们就产生了一个奢望：在现代戏上打个翻身仗，哪怕是像剧中金豆儿说的那样"王八过门槛子"翻它一小翻呢，这也是我们的创造动力之一。

创造有了动力，就使演员连理智带心都调动起来了。

（乙）我演三叔

（一）先说的远一点。

《茶馆》先后到西欧和日本去演出，西德和日本都是二次世界大战的战败国，他们都是在一片废墟上开始建设的，他们起步的时间比我们的一九四九年还要晚些，但是他们走在我们的前边了。我感到其中一个很重要的原因即是他们的文化水平高。

《红白喜事》里的三叔，是小学教员，是我们文化阵地上的一位教师。但是很遗憾，他是一个不合格的文化人。这样的一位不怎么有文化的文化人，又是真真实实的客观存在。这不也是我们国家的不幸吗？我很希望通过三叔这个人物能够引起人们重视我们的文化阵地，改革教育。把我国最基础的教育搞得好些。彩排以后我听到这样的意见，要给三叔落实知识分子政策。我没想到。

（二）文化人，不怎么有文化，这是三叔这个人物的对立统一。

他资格老，一九四八年大哥把他带到部队上，学了几个月文化，后来回到家乡，当了小学教员。他不大看得起那年轻的校长。"他是五六年入党的，照着我还差着两三年哩。"我见过不少这样的同志，他们爱讲资历，若是有一个和他同年代参加革命的，而今已是名人了，那么这位人士的姓名就会在他简短的谈话中反复出现。这些同志很少谈起我们的干部标准应是："不务虚名，会干实事。"

他打了副校长。他振振有词，"打了！他有什么本事，他当副校长！"打人，和人家有没有本事这是两码事，他能联在一起，这种逻辑实在是一种"文化"，这种"文化"在我们的日常生活中并不少见。

他还打学生。他的理论根据是："养不教，父之过。教不严，师之惰。"谁能说他是没有文化的呢？

为了说明自己的自理，他爱提离休的事。他常喊："不干了"，"这一回说什么也不干了"，"离了休，一分钱也不少拿"，"离了休，还能去北戴河疗养哩！"等到真的批准他退休了，他真悲伤，这时候他才意识到教育工作的神圣，他留恋他的工作，他怕过那种空空落落的日子，这时候热闹请他去做科学文化中心的教员，建设文明村，他的积极性是由衷的，这也是三叔这个人物身上的对立统一。

《红白喜事》里许多人物都有他们自身的矛盾。

差不多老辈子的身上都有老革命、热爱党的一面。同时也有落后的一面。年轻人中也都有受封建束缚的一面和要求解放的一面，就像三叔说的："自从夏、商、周、春秋战国以来，三千年的封建历史了，谁不受点影响呢？我们这些人的脑瓜子里是一半新的，一半旧的。"

我觉得，找到形象的矛盾，就会引导演员去创造一个真实的、具体的或可能是生动的形象。从而避免那种概念化的、单薄的形象。在这方面，曹雪芹给我们留下了宝贵的遗产，这也是《红白喜事》的艺术特色之一。

（三）这位三叔的身上，时代烙印也是很突出的，像"当官儿的没有正经人"这类话，他像哼流行歌曲一般，脱口而出。

第三场，批准他退休了，他情绪很灰，有一段台词是："热闹，我现在是老百姓了，你是干部，你来吧，我跟你谈谈心。"我开始顺着他的情绪，真诚地要求谈心。但是我总感觉这样不是他。一，他是热闹的叔叔，虽然心里对热闹是服气的，但是他爱摆长辈的架子。这也是封建的传统吧。平等尚且不肯，何况是低下头来有求于他呢。二，他乃一"混"人也，不可能一下子灰到底。此时此刻的他，应该是怎样的？应该把他放在历史环境中去考察。我想到林彪的"群众运动天然合理"的流毒，他一提到自己"现在是老百姓了"，他就得理了，"你是干部"就得听他的。这样一来，他的自我感觉不一样了，他又是"真正的英雄"了，而对方"则是幼稚可笑的"了。我体会到，找到人物的时代特征，或者叫典型环境中的产物，对演员获得人物的自我感觉、增强信念是很有帮助的，观众也会更加相信他是一个真实的人。

　　以上几点肤浅的体会，提供给同行作为活资料来研究，并希望得到同志们的帮助。

舞台剧《屠夫》

编剧：彼得·普列瑟斯（奥）

乌尔利希·贝希尔（德）

译者：舒雨·唐伦亿

赵尚峰

导演：顾威

顾威毕业于中央戏剧学院，原是演员，现做导演，是北京人艺的艺术骨干。

本剧在 23 年前由田冲担任导演，田春奎任副导演，于 1982 年秋天首次在中国演出。这次又于 2005 年演出，为纪念中国暨世界反法西斯战争胜利 60 周年。演出的主要人员中除扮演伯克勒的妻子和儿子汉斯的演员更换为龚丽君与何靖，原来扮演汉斯的演员米铁增，因年龄已大的关系，改演哈青格尔外，大部分的角色仍由 23 年前的原班人马担任。这一年朱旭已经 75 岁，他还不算高龄，扮演冯·拉姆的郑榕已经 81 岁。郑榕是广大话剧观众所熟悉的演员，是人艺的艺术骨干，他成功地塑造了《雷雨》中的周朴园，《茶馆》里的常四爷，他有自己的独特风格：庄重、严谨、有深度。这个剧目封存多年又怎么被发现的呢？是老艺术家郑榕推荐的。为什么在剧院的一声召唤下又都重上舞台了呢？《北京青年报》采访朱旭时，他说："我们为什么还重聚在一起演出《屠夫》，现在戏剧发展很快，也许我们赶不上年轻人的脚步和潮流了，但我相信传统这两个字对所有的人来说都是很重要的。所以我们这些老头儿重聚在这里，为传统现实主义的戏剧写上一小笔。"

这是他发自内心的肺腑之言。

故事梗概：

故事发生在第二次世界大战时，被德国法西斯统治的维也纳，肉铺掌柜勃克勒一家人产生的尖锐矛盾。勃克勒虽说是个粗人，是个普通的老百姓，但作为一个善良的人，见不得法西斯对犹太人的血腥屠杀，这是一个有人性的人本能产生的反感和反抗。但是他抵不住法西斯不断对人民的渗透，勃克勒的妻子参加纳粹妇女协会，成为其中的一员。他的儿子汉斯却成了纳粹冲锋队的队员，把希特勒视为亲父，把亲父视同敌人，父子之间发生了不可调和的矛盾。父子终归是父子，骨肉之情在关键时刻仍会自然地流露出来。勃克勒和反法西斯的好朋友赫尔曼在小酒馆意外相逢时，正碰见儿子汉斯来捉拿父亲的好友归案，在紧要关头他放走了他的父亲，随后又秘密逮捕了父亲的好友。纳粹秘密警察头子冯·拉姆要审问勃克勒之前，汉斯让另一位纳粹小头目格施特纳解脱了父亲。没过多久,汉斯被派往俄罗斯的战场上,由于父子不和,汉斯并未告诉父亲他要赶赴遥远的战场。哈青格尔知道后,并未直接告诉勃克勒汉斯要远行,而是把勃克勒约到俱乐部后才告诉他真相,父子在这里意外地相遇。汉斯向父亲吐露真情,他怕死,他不愿意奔赴遥远的战场。但事已至此,无法改变,勃克勒为了让儿子能心情轻松一点地离开,他原谅了儿子的一切错误。在优美的多瑙河音乐声中和汉斯翩翩起舞,让汉斯玩个尽兴后,送他上战场。不久传来凶耗,汉斯牺牲在战场上,妻子比内尔悲痛万分,勃克勒极尽各种能事使比内尔淡化悲痛。战争给勃克勒一家人带来了灾难。正义的战争终于战胜了非正义的战争,阳光重新普照奥地利,勃克勒重新拥有了和平幸福的生活。

这是一部政治性很强的戏,但是作者编织了精巧的故事情节,充满喜剧色彩,既不教条也不枯燥,塑造了一群真实的人物形象。朱旭揣摩勃克勒这个小人物的内心世界,用智慧、用他独特的办法抵抗法西斯的独裁统治,他把人物的聪明和幽默的性格刻画得淋漓尽致。这部戏的喜剧性通过勃克勒这个人物的性格、思想具体展露出来。其中勃克勒被秘密警察头子审问的这场戏里,他用智慧巧妙地周旋着。当他迈进冯·拉姆的办公室的时候,没有按照法西斯的规定行举手礼。冯·拉姆不满地厉声质问他,他机智地找出一个胳膊有病、举不起来、只能举到耳朵下面为理由。勃克勒带着毫无惧怕、毫不认生的表情,好像和秘密警察头子很熟识似的嬉笑着,他把手举到耳朵下面,好像说:"你看!"

紧接着又把他的手再往上举一举,仍在耳朵下,他很抱歉地摇摇头，表示着："实在举不上去了，只能到此为止，没法子给你敬礼了。"

虽然是瞬间的无言动作，可是人们都明白了他潜在的意思。冯·拉姆被戏弄得有点恼怒，可又无可奈何。因为勃克勒拿出了一张医生开的证明。朱旭不放过每一个细小的情节，细微的动作。他通过这些很小的细节，流露着人物的幽默、机智、嘲讽，塑造出具有民族情感的普通老百姓的典型人物。这是他在舞台上再一次获得的成功。

黄维钧的一篇题为《形象即思想》的文章中谈道：

"看了《屠夫》，都会由衷地为 75 岁的朱旭老先生扮演的勃克勒的精彩演出而鼓掌。且不说他的老当益壮使人感佩，他的表演举重若轻，游刃有余，挥洒自如，寓在于谐，还有一种令人忍俊不禁，浑然天成的冷幽默非他莫属。用炉火纯青形容他这个戏中的表演大概不算溢美之词。其实这不是靠本色便心想事成、顺手拈来就能得到的。角色创造背后的艰辛付出，只有他自己知道。能以这样一种放松自如的状态塑造极端政治挤压下的勃克勒这个人物，我以为朱旭先生是在自觉的审美观念的观照之下从事表演的……"（2005 年发表在《北京人艺院刊》上）

另一篇由田本相撰文《看了〈屠夫〉有感》的评论是这么写的：

"我对朱旭先生的表演，历来是个崇拜者。不论是话剧，还是电影，甚至是电视剧，只要是朱旭演出的，我必看。我喜欢他的表演风格，我欣赏他的台词的艺术魅力，我沉迷在他表演的韵味之中……

"他的表演有一种书卷气，但绝不是书呆子，他不是说演什么角色都像书生，而是一种由内而外的修养，一种内蕴深厚的气质，因此，你听他的台词，其中的抑扬顿挫，都别有一番韵味和境界，而他的举手投足，绝对是有分寸感的，具有尺度的，这分寸、尺度同样来自对于人物深切的体会……

"我以为演得真实可信，是对于演员最大的褒奖。朱旭的勃克勒，就演得真实可信。这个真实可信，首先是演员自己的'真'，是真实的感受到这个人物性格，人物的心理感情，直到他的语言行动，也就是真正懂得明白这个人物；二是让观众感到你的'真'，感到'可信'。因此，对于这样一个喜剧人物，是绝对不能靠噱头、靠卖弄、靠夸张所实现的。勃克勒是个'屠夫'，是个粗人，但又是个'崇高的喜剧角色'，朱旭先生演得'粗而不俗，直而可亲'。"

2006 年 1 月 27 日，《北京晚报》的一篇报道，题目是"朱旭演《屠夫》给台词'谱曲'"，提到本剧导演顾威口中的朱旭，"轻松、幽默、自如"。这是人艺的顾威导演对朱旭表演风格的评价。

"他是一个太有创造力的演员了，遇到这样的演员，对于导演来说太幸运了，他拿到剧本，会从头到尾捋上一遍，把台词变成是自己的语言，让自己和角色完全融为一体，那些台词和细节的处理，即使是一挠头，一转身都有戏，都特有效果，真是把人物演活了。所以他塑造的角色是别人无法模仿的，这样的演员真是了不起，太了不起了！……"

朱旭对《北京晚报》的记者说：

"回想自己这一辈子，觉得很幸运，因为那个时候的北京人艺集中了一批精英人物，有老舍、曹禺、郭沫若、焦菊隐这样学贯中西的人物，还有于是之、舒绣文这样优秀出色的演员，从他们每个人身上，能够学到很多东西。

"应该说我们在个人成名成家方面，是没有想法的，但整个人艺是有一个大的目标的，那就是在表演方面，在世界上应有我们的一席之地，应该屹立于世界民族之林，所以我们无论在工作还是学习上都有这么一个劲头。"

舞台剧《屠夫》使他又一次捧到中国话剧艺术研究院、第五届中国话剧奖的"金狮奖"。

这个戏组有些特殊，特殊在年岁大的老演员多，他们的健康和安全，不仅牵挂着剧院内自己人的心，也牵挂着剧院外观众们的心。有一场戏是勃克勒洗着半截脚又急忙穿上拖鞋跑出家门口，首场演出时由于拖鞋底子滑，跑到家门口时朱旭几乎滑倒，观众发出轻轻的惊叫声。第二天报纸就报道了观众担心朱旭摔着，用朱旭的话说："咱不能让观众为我担心哪！"导演顾威立即和朱旭商量，改成洗脚不穿拖鞋，光着脚跑出去，只是叮嘱换景时要仔细检查别留下扎脚的东西。挂国旗上梯子的时候，请演妻子的龚丽君先别下场休息，再一次上台来给朱旭扶着梯子，也就万无一失了。观众的关怀让朱旭深受感动，他只有一个想法："要对得起观众！"

原来的剧本有些拖拉的现象，经过顾威导演修改后，紧凑了，可是勃克勒的戏就紧张了，一场接一场，11 场戏没有一场戏能闲下来，连到后台喝水的空闲都没有，怎么办？决定请管理服装的王薇薇负责照顾朱旭，保证他安全地上下场。朱旭打心眼里感谢王薇薇。有一次记者来采访他，他就把这事讲给记者听，记者还给报道出去了，通过这次合作，他和王薇薇建立起很好的友情。

剧院医务室大夫，每天晚上都在后台随场演出。开幕前，大夫总要为他量一下血压，有时测量后，他会轻松愉快地冲着我挑起大拇指，轻轻拍着自己的胸脯说："怎么样？正常吧！散了戏给咱什么酒菜？"

"拌白萝卜丝！"

"别介，总给植物，也给点动物哇！"

"晚上了，不能吃那么油腻。"

"那也不能就得恐油症啊！我候场去了，您看着办吧！"

边走出化妆间，边自己嘟囔着："不给人家肉吃！你不知道我是食肉类，白跟你过一辈子了。"

几十年如一日，他仍延续着演出前滴酒不沾的习惯，演出后才小饮两杯。所不同的是那些海聊的知己或已作古，或是有病缠身，他只能对酒独酌，时而会引起他思绪万千……想到这些，他格外地珍惜和一些还健在的老友的友情。

电影《小巷名流》

根据栈桥所著《文君街传奇》的小说改编。由四川省峨眉电影制片厂摄制。

改编者：梁沪生、罗俊华

导演：丛连文

故事梗概：

描写四川某地一个小县城里有一条著名的小巷，名字叫文君街。集居着各阶层的人，也是繁华闹市区。在这条街上住着三户比较突出的人家，卖花圈的司马寿仙，人称司马二哥的，携有一子，靠书写和制作为死人祭奠的花圈度日。牛三是这小巷里有名的杀狗的，以卖狗肉为生。卓春娟原是国民党军官的姨太太，丈夫死后一个人带着女儿靠卖旧衣服为生。他们同住小巷多年，大家都认识却并无来往，是"文化大革命"把他们连接在一起的，同呼吸共命运。"文化大革命"开始，司马二哥、牛三、卓春娟都被红卫兵以"莫须有"的罪名把他们三个人关进学习班，坦白交代罪行。司马二哥这位小手工业者，也是经纶满腹的小知识分子，他比其他学习班的人更能顺应时局。卓春娟被造反派的何司令看中，但卓春娟拒绝了他，何司令怀恨在心，用目前的权势欺辱报复以泄私愤。

学习班的学员陆续毕业回家，司马二哥本应一同被解放的，由于他袒护了卓春娟，临时又决定不准他毕业，学习班只留下了司马二哥、牛三、卓春娟三个人继续学习，指定司马二哥为班长。卓春娟被何司令强迫承认自己曾同众多男人发生过不正当的关系，这是从来未有过的事情。她的人格被侮辱，痛不欲生，正欲上吊自杀，被司马二哥发现，他和牛三一块救下卓春娟，无奈为了挽救卓春娟的生命，司马二哥挖空心思想出对策，让卓春娟将计就计地承认此事，并拟出了一个曾和她发生关系的假名单。歪打正着，在这名单中有一个人名是和当前县革委会主任同名，于是县革委会主任亲自来到学习班找卓春娟责问此事，因为他根本就不认识卓春娟本人。借此机会卓春娟告发了何司令的逼供，牛三出头画押做证，革命委员会主任弄清是非后，下令解散学习班，同时撤销何司令的职务。司马二哥、牛三、卓春娟才得以解放，各自回到自己的家。由于"文化大革命"还没有结束，他们回家后的生活并不安宁，首先经济窘困，精神上时常受到红卫兵的干扰，一天夜里下着沥沥小雨，卓春娟门前来了三个造反派，认为卓春娟母女就是娼妓，非要住宿她家，被司马二哥碰见，出面为卓春娟澄清事实，险遭三人的武斗。好汉不吃眼前亏，他又手无寸铁，只好找到牛三来对付，牛三就在雨里露宿在卓春娟家的门口。这一切都感动了卓家母女，经司马二哥的撮合，卓欲把女儿丁香许配给牛三，牛三因家中尚有妻子，他不愿欺骗母女二人，留下三张狗皮，请司马二哥为了丁香疏通县剧团的领导，录取丁香为该团演员，满足丁香的愿望。他自己不辞而别回河南老家去了。丁香终于被录取当上演员，可是她却被革委会主任所奸污，卓春娟再一次受到极大的刺激，患上严重抑郁型的精神病住进精神病院，丁香已生一子，不知其父是谁。不公平的生活遭遇使她的性格由原来的温顺少女，变成泼辣的少妇，这就是司马二哥经常挂在嘴头上的悲剧，他把自己的所见所闻写成一篇小说，名字就叫《小巷名流》。

这部戏是"文化大革命"刚刚结束时拍摄的，也是最早拍摄的以"文化大革命"为主要内容的故事片。影片生活真实，没有虚伪造作，它是中国在一个特殊历史时期的缩影，很有永远保留的历史价值。当时观众看后产生了思想上的共鸣，使人痛定思痛，也鼓舞着人民珍惜今天的安定。历史的经验不容再蹈覆辙，在一片生活情景中，含着善意的讽刺，幽默、含蓄、深邃是这个影片的风格。这是一部让人心酸的喜剧片，在70年代末为广大观众喜闻乐见。

司马二哥由朱旭扮演，据他自己说他是司马相如的后代，有几分文才，却又是小手工业者，有智慧，通人情世故，在这小巷里是位名人。"文化大革命"像疾风暴雨似的冲进小巷来，司马二哥毫不例外，也受到革命的冲击，他顺应时局，沉着应战，专门应付文斗。司马二哥的思想感情和心理状态，是所有经过"文化大革命"的人共同有过的感受，司马二哥的形象一直活在朱旭的心里。他熟悉、了解这种人，有两场戏给人留下极深的印象。只要一提起《小巷名流》这部影片，首先观众想起的就是以下两场戏，它耐人寻味，引起人们的共鸣和无限的回忆。一场戏是司马二哥在学习班里的大会上做自我批判，本来他是个本分人并无过错，但在造反派的压力下，他不得不用只有"文化大革命"才涌现出的新的语汇，给自己罗列出不是罪名的罪名，无限上纲，违心地把自己说成给县长送花圈就是反动阶级的孝子贤孙。在武斗中死了的红卫兵家属到他的店里买花圈，就是他要发黑心财等等，最后他严肃认真地说："我用最最热烈的心情歌唱红色电波传喜讯，312353213……"

还没有唱完就让造反派的何司令给轰下了台，这一段戏里司马二哥为迎合造反派的心理做着口是心非的、驴唇不对马嘴的自我批判的神态，使人看了哭笑不得，最后禁不住地失声大笑。他所创造的司马二哥，表面上态度好像挺拘谨，可在精神世界里却

《小巷名流》剧照

是自如的，坚决按照自己的原则应付着眼前的压力。

另一场戏，司马二哥的假死。他在学习班里正午休，闭目养神之际，儿子小仙送饭来，喊了几声不见父亲答应，又喊了几声，仍见他笔直僵硬地躺在铺板上不动，儿子以为他死了，放声痛哭，没想到爸爸突然坐起，猛地给儿子一个嘴巴，打得孩子直往后退。司马二哥告诉儿子不要哭，要跟自己划清界限，要狠狠批斗他才对，让儿子重新演习一遍，他又躺下装死。儿子按照父亲的要求狠狠地批斗他，痛骂他是不齿于人类的狗屎堆……红卫兵闯进门来看见此景，以为司马二哥真的死了，惋惜地说了句："可惜！再有两天就要出学习班了。"

司马二哥一听此话，兴奋地从床上坐起，带着充满希望的目光看着红卫兵说："真的？"

他心疼地摸着孩子的脸说："疼吗？爸爸都是为了你呀！"

"知道！"

他心疼地紧紧拥抱着儿子难过地流下慈父的眼泪。这一段父爱子的真情在笑声中感人泪下，朱旭在这个人物身上所体验出来的思想感情，虽然幽默、含蓄，但又把人物心灵深处的苦涩、辛酸流露无遗。在全剧的故事中贯穿着他对卓春娟善意的关怀，挽救了她的性命才使其生存下来，这些行为都出于司马二哥的善良和正义，没有丝毫的私心杂念。可贵的是他并没有把这个人物当高、大、全的英雄人物来塑造，而是普普通通老百姓，一个小人物，有老百姓待人接物的习俗，有人物的世故，可又都不影响司马二哥的可爱之处。真挚、善良是司马二哥的本质，是主流，他的无辜又使人同情，是人民大众都熟悉的，在史无前例的"文化大革命"的特殊环境里，这是一个挣扎过来的人，一个真实的人。

1993年第一期《电影艺术》中童道明所写的《朱旭的银幕形象》一文中提到：

"帮助朱旭达到人间悲剧高度的，又深蕴到含而不露的喜剧性的夸张。朱旭在'装死训子'这段戏里，非常成功地把往往不能协调起来的场面的喜剧性与性格的喜剧性协调起来，使得这实际上是艺术夸张了的悲喜剧场面，产生了巨大的生活真实感与思想震撼力，朱旭的司马二哥这一人物形象创造成功是毫无疑义的，他在《小巷名流》里的表演风格实际上也决定了这部电影的整体艺术风格。"

朱旭在这一届的金鸡、百花奖被提名为最佳男主角。

电影《心香》

珠江电影制片厂摄制

编剧：苗月

改编：孙周

导演：孙周，珠江电影制片厂的导演。

《心香》获金鸡奖最佳导演奖。

故事梗概：

广东省某城镇住有著名京剧演员李汉亭，已退休，年轻时丧偶，生有一女，他不满意女儿的婚姻，女儿婚后即随丈夫去他乡，十几年音信全无，只剩下李汉亭一人。他有一位红尘知己，姓何名莲姑，相识多年。莲姑的丈夫在台湾，数十年不知其下落，以为早就作古，其实她也是孤身一人。这两位老人家情投意合，不知不觉早已产生爱情，他们预备在不久的将来结合在一起。李汉亭经常在生活上受到莲姑的照顾。

一天，李汉亭突然接到女儿的电报，事先并没有征求他的同意就把十几岁的外孙子京京给送来了。京京在戏曲学校学习武生，可是孩子本人并不喜欢学京戏，这些事外公都一无所知。爷俩从未见过面，由于李汉亭不喜欢他的爸爸，对京京也没有好感，京京因得不到外公的关心，对他也很冷漠。

莲姑深夜来看京京，同时告诉李汉亭，她在台湾的丈夫已有音信，就要回来看她，这消息使李汉亭心烦意乱，更对京京没有好脸色，无缘无故就对京京指责申斥，京京委屈地在洗澡间里偷偷地哭泣着。李汉亭询问他哭的原因，京京才告诉他，父母要离婚，他无处可去，才一人来到外公家的。李汉亭得知后开始心疼孩子，关心孩子，相应的京京对外公也产生了感情。

莲姑得知在台湾的丈夫突然死去的噩耗，多年的心脏病突发，病已垂危，她念念不忘李汉亭。李汉亭得信后，急带京京去看望。莲姑是虔诚的佛教徒，她临终前叮嘱京京，她死后让外公为她做法事超度。

莲姑辞世而去，李汉亭失去红尘知己心痛欲碎，一病不起。京京心疼外公的遭遇，他担起护理外公的责任，和珠珠（外公邻居家的小女孩）一块去市场购买药材为外公煮汤，营养病体，谁知他手里的钱不够买的。出于对外公的爱，京京欲要窃取，被店主人发现，总算没有真犯这严重的错误。

李汉亭病好以后要为莲姑做法事，可是手头无钱，无奈他决定忍痛割爱卖掉跟随他几十年的胡琴，持胡琴到茶楼招揽买主，茶客们见是尚好的胡琴，纷纷要求李汉亭拉一段听听。正这时，远处传来亢昂有力的唱腔，李汉亭被吸引住，他沿着声音去寻找，终于被他找到。原来是京京在江边临时卖艺以求过往行人的赞助，为解决外公做法事所用，外公这才知道外孙是受过正规训练的戏曲学校的学生，爷俩的感情更加深厚。

京京要离开李汉亭回到妈妈身边去了，祖孙二人难舍难分，大局已定，京京和外公忍痛告别，仍剩外公一个人独度残年。

本片故事的主人翁只有老少三人，李汉亭、莲姑、京京，这三个人的关系通过细小的情节，发生着思想感情的变化，简洁、惟妙、耐人寻味。李汉亭和莲姑是一对老年人的黄昏恋，风烛残年，他们相依为命，互敬互爱，是真诚的爱情，这爱情表现的方式又是尽在不言中。

李汉亭对京京由不喜欢到由衷地疼爱，由原本不了解到了解，感情的产生变化是自然的。京京在幼小的心灵中感觉自己是多余的人，终于在外公的爱里，缓解了他儿童心理上的孤寂。莲姑为了分担李汉亭的生活负担，她以母性的爱关怀着少言寡语的京京，无形中京京对莲姑也产生了纯真的感情。互为因果，这三颗寂寞的心都有了寄托。好景不长，不幸的是莲姑中途逝去，外公的愿望变成永远也圆不上的梦，一切又都变回老样子。从审美的角度看，这是一首含着淡淡哀愁的抒情诗，美而动人，但又有点凄凉。

朱旭所扮演的外公，把孤寡老人的心态揭示得非常真实。尤其在思想感情方面的发展、变化，表现得很细腻、朴素，没有矫揉造作。全片在慢节奏里产生着宁静，在宁静中又使人感到人物内心的不平静、冲动、撞击、波澜起伏。老人的思想感情多是通过京剧的唱腔表达出来的，这对于话剧演员来说多了一层难度，他游刃有余地完成了，这应归功到他平日对京剧的研究。对于这

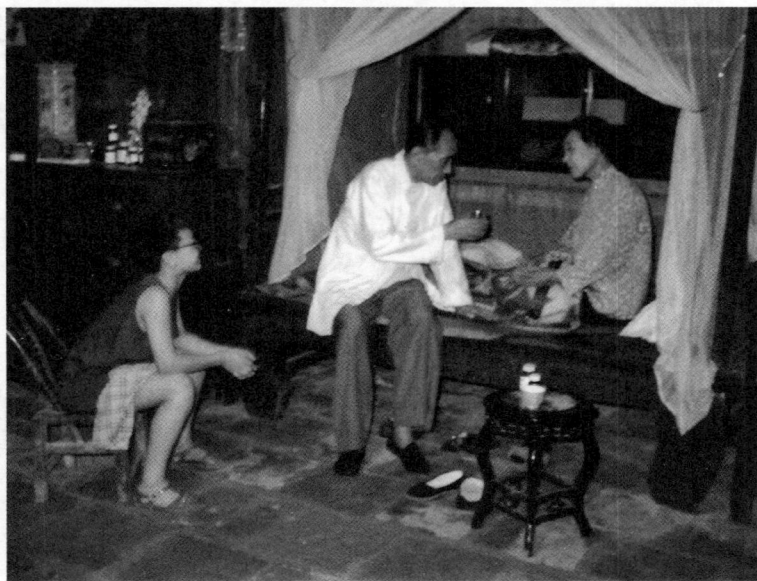

电影《心香》剧照

个角色的创造他不仅准确地把人物内心的思想感情表达出来，还演出了角色的职业身份，一个著名的京剧演员，这就把人物更立体化了。

外公在莲姑的祠堂里公演《打渔杀家》后，因为莲姑的丈夫要回来，他既为莲姑高兴，又为自己难过，他和莲姑的婚姻是否要成泡影呢？使他迷惘、伤感而惆怅，散戏后，借酒浇愁，喝得酩酊大醉，让人给抬回来的，在酒醉中发泄着心里的郁闷。通过几句唱，唱出人物复杂的情感，又夹杂着想起观众的掌声，这掌声使他得意，又自我陶醉，紧接着在外孙面前打起一个旋子，没打起来，跌坐在地上。这又伤了他的自尊心，无名恼火冲着外孙发泄着，外孙受不了这委屈，一个人在洗澡间边洗边哭泣。外公在洗澡房门外窥见了，他带着自责的心情走进来，无言地拿起毛巾替外孙搓着前胸，轻声细语地问着外孙为什么哭。外孙告知他父母亲在离婚，他没有去处了，外公顿时了解孩子的心灵已受到伤害，他对外孙产生了怜爱。为外孙修理眼镜架，抱他上楼去睡觉，给孩子无限的温情，从此祖孙改善了原来的冷漠关系。朱旭把这一长串复杂的思想感情，有逻辑性地、有条不紊地把发展和变化一步步展现出来，恰到好处。

莲姑临终之前，外公坐在床前边温存地宽慰着她，下意识地握着她的手，轻轻拍着手背，好像哄着一个乖孩子让她安静地睡着似的。从这个简单的动作里能看出他对莲姑无限的爱，无限的留恋之情……莲姑喜洁净，他静悄悄拿着帚把轻轻地慢慢地为她清除着堂屋的尘埃，无言的、默默的，但从他的后背看出他内心的沉痛，又有着无可奈何的、无能为力去改变命运的安排。

外孙又要离去，临别前他喋喋不休地嘱咐着，当外孙流露出舍不得离开他时，他理智地抑制自己的感情，急转过身去挥手让外孙快走，更让人觉得他离情难忍。外孙渐渐远去，他一个人孤寂地拿起酒瓶借酒浇愁并唱着："我好恨哪！……恨只恨，足下不生云……"

孤独和沧桑之感在一声唱中抒发殆尽。朱旭对孤寡老人的心境有理解、有体验。他掌握住老年人在爱情上的特点"蔫诚"，不是表面上的热情，而是朴素无华的感情。他对外孙的爱不同于富贵人家的娇纵，而是切实为孩子做点实事。

影片里的京剧唱段全部不是配音，都是朱旭自己唱的，在全部影片中突出了他对人物的深重情义。

童道明发表在 1993 年第一期《电影艺术》杂志上的评论《朱旭的银幕形象创造》一文中，对电影《心香》里朱旭所扮演的角色评论如下：

"《心香》里的外公比《小巷名流》里的司马二哥难演得多，司马二哥很具体，也不乏能产生戏剧性效果的动作，而外公不然，更多的是心理动作，他更理念一些，更抽象一些，编导是想让观众从这个连名字都没有的老人身上，窥视属于中国特定人群的生存状态，但朱旭有这样本领，他能把任何一个似乎有点抽象的角色创造成一个具体的有血有肉的人物，与此同时，又保留了可供我们进行抽象概括与自我反省的可能……"

在另一段他又写道：

"……就在 50 年代初，焦菊隐提出了旨在提高演员塑造形象能力的'心像'说，从此，创造鲜明的人物形象，逐渐形成为北京人艺演剧风格的一个重要内容。我们从朱旭的一系列的银幕形象中也可以看到北京人艺这一创作方法的生命力。"

1986 年，朱旭在金鸡、百花奖上被提名为最佳男演员。

这里有一段花絮，最初朱旭不打算去拍这部电影，因为正在上演话剧《芭巴拉少校》，考虑到不影响该剧的演出为主要点。《芭巴拉少校》演出最后一场时，导演孙周和他的助手章申二人来到剧场看戏，散戏后已经深夜 11 点钟，二人追踪到家里，执意要求朱旭接拍此片，朱旭婉言谢绝。孙周、章申仍旧信心百倍耐心说服，最后孙周说："改编这个戏时，我脑子里出现的就是您，我就为您改编的，非您莫属。如果您不演，我也就不拍了。"

章申靠在沙发上说，又移坐在地上讲，最后才注意到东方发白，已经是第二天的早晨五点钟了，整整说了一夜。朱旭被二位的真诚和执着之情所感动，一口答应下来。拍摄期间他们合作的十分融洽，他们导演与演员之间的通力合作也是影片成功的因素之一。

电影《阙里人家》

上海电影制片厂摄制

编剧：矫健、周梅森、于艾平、杨江

导演：吴贻弓，当代中国著名导演之一，他所导演的电影《城南旧事》曾获最佳影片奖，曾任上海市电影局局长。

故事梗概：

中国教育家、儒家学说的创始人，姓孔名丘，字仲尼，历代皇帝为纪念他，在他的家乡山东曲阜建有宏伟的孔庙。每年都有一次祭孔的隆重典礼，并有皇家特赐的孔子家族墓地孔林。故事就发生在这里，孔夫子的家族延续到现在已经是78代了。76代子孙孔令谭冲破旧的传统观念，凭他一腔热血，抛下妻儿老小奔向革命，一去几十年，如今他已经70岁，是退休的部级干部。为了给90岁的父亲祝寿，他回到阔别已久的家乡。当年被他抛下的儿子孔德贤由祖父抚养成人，他的母亲由于和孔令谭离婚，悲痛而亡，这些宿怨常年积累在孔德贤心里，对他的父亲耿耿于怀，视为仇人。孔德贤也已有了儿孙，由于时代的不同，他的儿子孔利本接受的是新思想，和他父亲的传统观念发生了矛盾。孔利本私自卖了太爷爷的寿材，买了一辆旧汽车，打算辞去教师的工作改行开汽车，多积蓄一些钱为他出国打下经济基础。这件事惹恼了他的父亲孔德贤，坚决不同意他辞去铁饭碗的工作，更不同意他出国，父子的矛盾正在激化时，这位孔子家族的叛逆者孔令谭回来了。孔德贤看见父亲回来，积压在他心里的愤懑不时地发泄出来，使得孔令谭难堪又痛心。孔德贤的妻子是位贤妻良母，她好意地几次为丈夫和公公创造谈心的条件，把当年他母子被抛弃的事情能让公公向丈夫解释清楚，缓解父子之间的矛盾，都被孔德贤拒绝。无奈孔令谭只有耐心地等待儿子的谅解。孔德贤对儿子孔利本的专制，起到更强烈的反弹作用，利本为了反抗父亲的压制，他把检讨书改写成辞职书，这更引起孔德贤的勃然大怒，偏偏孔利本在全家族的面前明确表态，他的楷模不是他的父亲孔德贤，而是他的爷爷孔令谭，这又使孔德贤火上浇油，怒不可遏。终于按捺不住，借利本辞职事当着孔令谭的面大发雷霆，孔令谭只能视而不见地忍耐着，孔利本离家出走。孔令谭找到孙子循循善诱，终于说服利本不再辞职，同时为出国做知识的蓄备。在老太爷生日这天，孔利本借机回到家里，孔令谭终于帮助儿子解决了和孙子的矛盾。为父亲做完寿，他告别家人回北京，在家人欢送他的时候，只缺少孔德贤。儿子还是不原谅他的过去，使他带着沉重的心情踏上归途。半路上发现儿子正在望夫台上目送着他，他的心又暖了起来，几十年的隔阂终于和解了。

这部电影在短短的篇幅里，勾画出中国几千年的旧传统观念与当代新思想的冲突。这个题材挖掘很有深远意义，虽然新的思想不断推进社会的发展与前进，可是根深蒂固的旧思想并没有彻底瓦解，它仍然忽明忽暗地起着作用。看起来是发生在家庭中的恩恩怨怨的事，实际是社会上不同思潮的反映，它深刻地说明思想领域里的问题。既有思想性又有艺术性，两者结合得很完美。

朱旭扮演男主角孔令谭，这是一位受过革命教育、有着较高素养的部级干部。朱旭并不是概念化地塑造革命领导干部的形象，他和普通老百姓一样有着七情六欲，有着家庭观念，有着几辈人的父子亲情。当年为了奔赴革命战场，奋不顾身地丢下妻儿老小，如今儿子还不原谅他，更不能原谅他的离婚，这是他心里的内疚，只能任儿子谴责，无法解释。现在他已是70岁的老人，又已丧偶，多么渴望有儿子的亲情能安慰他孤寂的心呢！当儿子无情地在他面前摔碎他们父子的照片时，在特写镜头前看见的是孔令谭难忍的心碎，无言地咀嚼着内心的痛苦，老疤绽开新痕的痛楚。事情过去了，当孙媳妇带着同情心想安慰他时，他却挥手做出"没什么"的样子。这点既表现出他在小辈面前的尊严、大度，又表现出不愿提起此事，无形中制止住孙媳妇再继续发问：在简短的一句话中表现出三个内涵，这是朱旭在表演上不流于表面化的特点。

他很疼爱孙子，可也了解孙子的缺点，目前他还缺少应有的知识，他也不会外语，不具备出国的条件，他对利本不施用封建传统的作风，而是深入了解，耐心说服，像知心朋友一样地相处。特别在雪地里和利本打猎的那场戏，把孙子当作知己，向他述说着当年在军号声中只有跟着部队前进，革命的热情使他什么都不顾了，虽然他的妻子抱着儿子追出 100 多里以外，他仍坚定地跟着军队走了。离婚的妻子已经死亡，革命胜利后他的第二个妻子也病故。他曾把儿子接到北京，可儿子的心里只有死去的亲妈妈，不承认他这个父亲，从感情上就恨他的父亲，儿子冰冷的心，他怎么也温暖不过来。最后他说："他像小狼一样的眼睛看着我……"

这句话孔令谭反复地说着，像是说给利本听，又像是不由得的自语，让人觉得这是一双刺痛他心灵的眼睛，他永远不会忘记，这种深情使观众不觉潜然泪下。类似这样的片段在影片里不只一处。观众看后，觉得朱旭所塑造的孔令谭是有着深沉的思想，凝重的感情，深深打动着观众的心。

孔令谭和他从小一块长大的老朋友相聚在雪地里，回忆起儿时的趣事，唱着年轻时的乡音乡曲，他一扫心里的苦闷，充满年轻的心态和活力，正像利本说的："爷爷一点都不老！"

在这场戏里，朱旭把握着人物的另一个方面，老年人的精神活力和他在心理上的自我解放。这就突破了总在痛苦里打转转的单一化。生活里总是有苦也有乐的，一下子就把人物丰富起来，而不是简单化的图解人物。

最后一场戏的处理是很精彩的，这是导演的构思，朱旭通过人物内心的情感体现出导演的意图。戏是这样的：孔令谭告别父老乡亲乘车走在归途上的时候，发现一直没来送他的儿子却站在望夫台上正用泪眼送着他，这意外使他激动地停下车。开始他不相信这是真的，远远察看着，从那绰绰的人影中，他辨认出确是自己的儿子，一时控制不住激动的心，他多想拥抱一下儿子呀！

《阙里人家》剧照

忘了自己的年迈，奋不顾身奔跑向望夫台，父子二人在一步步将要接近的时候……画面定格，故事结束了。但是深沉的思想感情仍在观众的心里回荡着，它很像一幅浓墨重彩的中国画卷，而朱旭在这幅画卷里却占着重彩的位置。

《电影艺术》杂志，1993 年第一期童道明论述的《朱旭的银幕形象》里评论到《阙里人家》时，是这样论述的：

"如果说，一般的演员接受一个角色之后，在做角色分析的案头工作时，会首先思索与把握这个角色的基调，那么，朱旭对于他所要扮演的那个角色的分析，往往首先着眼于对角色的'自我矛盾'的分析。"

又论：

"……像所有的朱旭创造的人物形象一样，孔令谭也是个复杂的矛盾体，而且很可能更为深刻的矛盾体，试想，还有什么比在一个人的内心深处同时供奉两个老祖宗马克思和孔子，更为深刻的矛盾了！朱旭的孔令谭这一形象创造也是在用形象向我们展示一个很有现代意义的历史进程，当代中国人的充满矛盾，乃至痛苦的文化道德选择的进程。"

本片被评为 1992 年的优秀电影，荣获第一届文华奖（文化部颁发的原"政府奖"），朱旭也荣获第一届文华奖最佳男主角奖。

电影《变脸》

中国电影合作影片公司协助拍摄

出品人：香港邵氏兄弟有限公司。金继武。

原著故事：陈文贵

编剧：魏明伦，川剧剧作家，曾多次获得优秀剧本奖。现任四川川剧院院长。

导演、制片人：吴天明，中国当代著名电影导演。

故事梗概：

在若干年前，四川省某城镇街头卖艺的艺人，绰号变脸王，身怀绝技。在镇上颇有点小名气。他是个贫寒人，是水上人家，常年居住天木船上，养了一只名叫"将军"的猴子陪伴他，卖艺为生，勉强糊口。他的绝技被名旦梁素兰所欣赏，邀他入班，变脸王一口回绝，梁素兰嘱他不要断了烟火要有继承人，在梁素兰的启发下，他决心买一男孩继承烟火，取名狗娃。孩子很得他的欢心，在他的孤苦生活里也添了一份乐趣和安慰。谁知爷俩正走在街上碰见劈甘蔗论输赢的把戏，变脸王把甘蔗一劈到底，他赢了，还想再劈第二根的时候，失手把刀砍在脚上，鲜血四溢，要用狗娃的童子尿为他敷药，狗娃说出真情，她不是男娃，是女娃。变脸王在恼怒之下要赶走狗娃，狗娃苦苦哀求才被留下为他养猴做饭，在他的精心教练下，狗娃也练出一身功夫，成了他的帮手，爷俩同时卖艺。狗娃总想知道变脸的秘密，这老人就是不肯教她，因为他坚守一个传统观念：传男不传女，传内不传外。

狗娃乘变脸王不在船上的时候，她找出了脸谱，在烛灯前试扮着，烛灯燃烧着脸谱引起船上失火，当老人回来时已成灰烬，狗娃因害怕而逃跑，又被人贩子所见，重新被逮住，让她看守着被骗来的男孩天赐。狗娃知道老人盼男孩心切，她带天赐一同逃出人贩子的手掌，把天赐送到老人的船上。变脸王回船发现天赐真是男孩，他喜出望外。没有几天，他被当局拘捕，天赐被送回自己家中。变脸王屈打成招，警察当局草菅人命，把县里所有丢失孩子的案件都算在他身上，一次结案，定他死刑。狗娃知道后恳求梁素兰去求师长救人，被师长拒绝，梁素兰不敢再去求情。师长60大寿之日，梁素兰在府上唱堂会，狗娃被迫无奈，救变脸王心切，她奋不顾身爬到屋顶上喊冤，师长仍不理睬，袖手旁观，狗娃情急，舍命也要救老人，瞬间从屋顶上跳跃而下，梁素兰奋力抢救了狗娃的性命。他为狗娃的真情所感动，决心要和狗娃一块去告冤状。师长见状，被梁素兰的正义、狗娃的真情所感动，答应救出变脸王。老人死里逃生，到梁素兰住处感谢救命之恩时才知道真正救他的是狗娃，他匆忙回到船上正见狗娃在船上，爷俩和好，变脸王破除他的旧传统观念，诚心诚意地把变脸的绝

在《变脸》中，朱旭与戏中的"将军"之间有了深厚的情谊

技传给狗娃。

故事的结构是松散式的，以人物为主，故事没有过多的悬念和离奇的情节，朴素而生活，松散中又有无数的聚焦，所以丝毫没有涣散观者的视线。相反却始终吸引着人们的注意力，线条清晰，脉络明白，三个不同年龄段的人，不同身份，不同性格，行动各异，是三种不同的色彩。可是他们都有着共同点，那就是人间最可贵的"真情"，把这三个人的感情像三条线一样巧妙地编织在一起，是独立的，又是整体的，使全剧显得精巧、剔透、感人。影片开头的舞龙、人流、灯笼、烟火炮花的夜空组合在一起，绚丽夺目、振奋人心，同时把地方的民风民俗一下子就呈现出来，产生着浓郁的乡土气息，突出了民族的艺术特色。后来的人物遭遇都在人烟稀少的街道河边发生着，这种在环境和气氛中的反差，破除了单一的节奏感，情调也显得多彩，可又有总的基调。

三个人物的塑造都有各自的成功。梁素兰有着阳春白雪式的艺人修养，以及他在本性上的善良与正义，表演的恰如其分。狗娃的纯真、稚幼赢得多少人的眼泪。领衔主演的朱旭所扮演的变脸王，他满身的江湖气，特别在街头卖艺招揽看客时精神抖擞，手脚利索，浑身是劲，接钱时一股满不在乎的样子，对于给钱的道谢，不给钱的他也不要，可话里总带着让你听着又说不出来的刺儿话。带着一股天塌了顶着、地陷了照样站着的气势，软的不欺，硬的犯不上招惹，是位老于世故、卖艺走江湖的人。他又不失正直和善良，固执并不怪诞，这就是朱旭所塑造的变脸王。当他刚把狗娃买来时，充满了对孩子的喜爱和希望，不由自主地向狗娃述说着他生活中的不幸，只是稍有感叹并无伤感，因为这是性格倔强饱经磨炼的江湖人，不是容易见景生情、多愁善感的知识阶层的人。他不同于其他老人的心态，这正是朱旭创造变脸王的可贵之处，只有成熟的演员才能有这样的理解力和体会。他扮演过各种类型的孤寡老人，都没有过雷同，有着神采各异的内在形象。对于变脸王他紧紧抓住跑江湖又是个帮会人的特点，以及性格上的强悍。虽是江湖人，却少流氓气。江湖上也分两种人，一种是横行霸道的恶棍，一种是重义气、依仗一技之长挣饭吃。变脸王是属于后种人，用人物自己的话说："不偷，不摸，不求人，靠本事挣饭吃。"

变脸王用他自身的座右铭来教育狗娃偷酒的行为。为这事他曾严厉地打过她，说过她，这是人物可敬的品德。把狗娃刚领回来的时候他欣喜的心情，和狗娃为他挠背解痒时像喝下一杯烫热的黄酒那么浑身酥松，真是舒坦！这种自我感觉的准确、真实，是来自生活中的体验，不是生硬的"演"。演员和角色的距离很大，不是一个阶层的人，可是当朱旭出现在银幕上时，使人相信这就是变脸王。这是经过他深入生活，对这一阶层人的思想感情的体验，才创造出这样一个真实的人，松弛、自如，他力求角色的行为合乎生活的规律，没有表演的痕迹。用朱旭自己的话说："遵循生活的规律，创造真实的人。体验生活就是了解、研究、体验一切人，一切生动的生活方式，《洗澡》《变脸》都有他们独特的生活方式，独特的性格特征。还要学习人物职业的独特技能，比如《洗澡》里的刮脸、《变脸》里的耍猴等职业。"

在这部电影里朱旭的表演又达到一个新的艺术高度，他又一次取得丰硕的成果。本片在国内外四次获奖：

　　获中国合拍影片奖。

　　获 1996 年大学生电影节优秀影片奖。

　　获 1996 年珠海电影节优秀影片奖。

　　获 1996 年第 22 回东京国际电影节，优秀影片奖。

　　吴天明个人获最佳导演奖。

　　朱旭获得 1996 年大学生电影节最佳男主角奖。

　　获得 1996 年第 22 回东京国际电影节最佳男演员奖，誉为影帝称号。

电视单本剧《酒友》

中央电视台电视剧制作中心、青岛港务局大港公司、北京艺术交流中心、青岛电视台联合拍摄。

根据张旺模同名小说改编而成。

这是一部仅有 45 分钟的短剧。

编剧：周楷、朱旭。

周楷：中国电视剧制作中心、一级编剧。

导演：周寰，中国电视剧制作中心、国家一级导演。

1995 年荣获中央戏剧学院首届"学院奖"（导演奖）。

在完成电视连续剧《末代皇帝》以后，他们合作的愉快又默契，真是难舍难分。一天周寰拿来一篇山西"山药蛋派"作家的小说《酒友》请朱旭看，问他能不能拍一个单本电视剧。朱旭看后表示有意思，他们越说越来劲，整个戏就已经形成了。说干就干，趁着《末代皇帝》摄制组没解散，马上就着手准备开拍。

故事梗概：

80年代中国某地一个贫困的小乡镇，有部分人先富起来，老毕就是这个乡里先富起来的养鸡专业户，和他从小一起长大的冯主任，如今是一乡之长，他们有着深厚的友情，也有思想上的差距。因为冯乡长没有给因闹鸡瘟而濒临破产的老毕贷款，也就是在这种压力下老毕才奋发图强不再依赖乡里的帮助，自力更生发家致富。现在乡里要盖一个文化大楼，缺少资金，乡长打算找老毕商议，请他资助一部分资金，镜头就是从这里开始的……

老毕对于冯乡长没有给他贷款的这件事虽然已经过去多年，可是想起来仍耿耿于怀，现在冯乡长有求于他，他也要像冯乡长当年对他一样，比两个人的酒量决定他出多少钱。从小酒杯换到大酒杯，再换成大茶碗，冯乡长终于醉倒了，老毕发现乡长依旧一贫如洗，使他无限感慨。同时悟到自己所想的只是个人致富，而冯乡长所想的是要使全乡的人都富起来，在自愧不如冯乡长的思想情操高于己的情况下，他决定响应冯乡长的号召，为盖一个对全乡人民都有福利的文化大楼而出资。

45分钟一个小戏，反映了80年代中国农村发生经济变化的一个侧面，充分表现出农村一派新生活的气息。周寰曾想在镜头画面上采用具有中国特色的年画风格，当和朱旭谈了自己的想法以后，朱旭马上给以首肯。增加了周寰的信心，并以此确定了全剧的基调。

原小说中有很多老毕的内心独白，在讨论剧本时，朱旭认为这很有特点，他立意保留。但周寰怕所有电视剧中都没有这种风格，能不能被观众接受。最后证明这个风格是观众喜爱的，突出了该剧的喜剧性，也成为该剧最独特的风格。

还有一次也是在讨论剧本的时候，电视里播放斗鸡的场景。朱旭突发奇想，利用老毕是养鸡专业户的特点，将两只公鸡相斗，来渲染老毕和乡长斗酒的过程。既有特定环境的渲染，又使一杯杯酒喝至全醉的过程不显单调，使它丰富和形象化。让两只公鸡有伸长脖子的相持，又有飞身互叼的雄姿，还有鸡毛乱飞的厮杀……形象地影射着老毕和乡长的斗酒，刻画得淋漓尽致。这种喜剧效果让观众在感动和欢快中产生一种艺术的享受。

老毕由朱旭扮演，冯乡长由北京人艺著名演员牛星丽扮演，这两位表演艺术家，演来得心应手，心领神会十分默契，由始至终吸引着观众。牛星丽的表演朴素、真实可信，在这部戏里是成功的。

重点放在单论朱旭所扮演的老毕，他所塑造的是位表里不一的人物。老毕对乡长一肚子的不满情绪，可是表面上又热情洋溢地招待着人家，他的第一个细小的动作，都有内心的含义，比如老毕心里一边想着："我倒霉的那会儿你不来，我发家了你来了。"（只向观众用画外音说出的内心独白）

同时又端了一碗加白糖的卧鸡蛋，非让冯乡长吃。这是农村的习惯，只有贵宾才能受到这样的待遇。表示我老毕并不计较你当初对我的无情无义，我是宽怀大量的。当冯乡长坐在炕头上，两个人正要举杯之际，老毕忽然触景生情，他想起他到冯乡长家谈贷款时，冯乡长就是这样背靠着棉被垛，坐在棉被子上跷着二郎腿，一条腿晃悠着，毫无商量地一口拒绝。今天他又让冯乡长

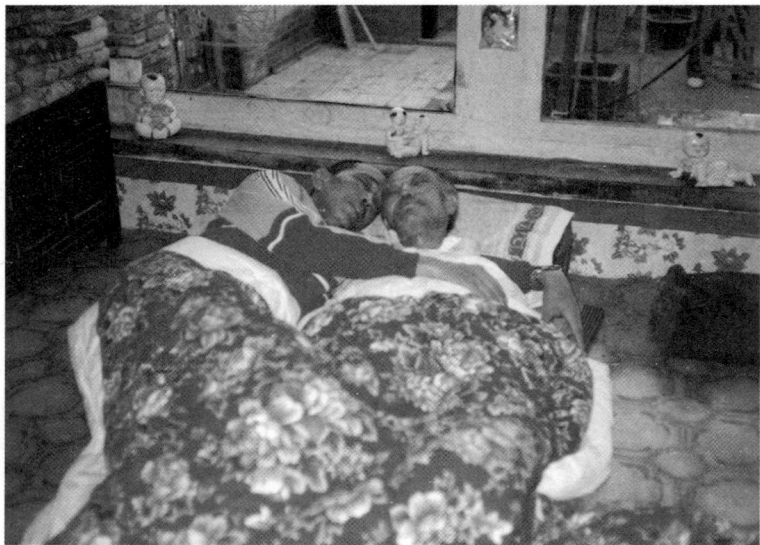

《酒友》剧照

用这个姿势坐着，好引起冯乡长的回忆，让他想想当初你是怎么对待我的。从这些细节看出老毕这个人表面上是不计小节，其实骨子里是很计较的。

他们从屋子里喝到院子里，当冯乡长酩酊大醉时，又把他扶回屋子里，替他脱鞋脱衣服时发现他的衣衫褴褛，他心里又心疼起这位既是他的领导，又是他多年好友的人，禁不住留下同情的眼泪。他才从心里真正消除掉过去的恩怨。朱旭对老毕的处理有独到之处，他抓住人物表里不一的特点，但又不失是个善良忠厚的人，同时调动了他本人几十年喝酒的生活体验，更把喝酒的神态表现得悠然自得。老毕这个人物出现在屏幕时，显得十分生动、活泼、有趣，得到文艺界的专家和观众的好评。

周寰这部戏拍得很有独到之处，他有许多巧妙的构思，比如：剧中有四个人物，为了简洁和突出喜剧效果，其中一个二流子在乡长喝醉以后，又来找乡长要贷款，老毕拉上窗帘，叫乡长继续躺着。他走出房子，把二流子拦住，教训了他一顿，并答应他，如果他改邪归正，他愿意给他出资赞助。这样既为乡长解除了纠缠，又使二流子改正了缺点，重新做人。这一段戏，原来二流子有一堆胡搅蛮缠的理由，实际上与本剧的主线游离，为了简洁而突出喜剧效果，这段二流子的台词变成了加速的"快转"，又听见："纠……"各种音高音低的声音，听不清具体的台词。只能听到老毕的话，而且只用了一个乡长透过窗帘缝隙看到的远景镜头。

还有一个人物就是老毕的老婆，周寰把这个人物处理得十分巧妙，由始至终没有让观众看见她的脸部，只看见她忙碌的手和脚。一会儿是胖乎乎特写的两只手端着酒菜放到桌上，一会儿是两只脚的特写稳健地走在地上，一会儿听见她清脆的笑语，只闻其声不见其人。虽然在镜头前看不见她面部的表情，却通过简短的声音，手和脚动作的节奏，感觉到这是一个有着开朗性格、干净利落、做事麻利的一位能干的农村妇女，既形象又鲜明地浮现在观众的想象中。作为演员来说，这并不好演，因为就像舞蹈演员一样，侧重在用脚体语言来表现，可是这位演员却演得得心应手。当全剧放映完毕，她给观众留下了一个谜，一个猜想，演老毕媳妇的演员是谁？她长得什么样？她并不是别人，是周寰的夫人陈阿喜。阿喜是位体态丰满，总带着甜甜的笑容，很像无锡著名的泥娃娃大阿福，有一副喜人的福相。沉静、稳重是她的气质，她也是中央广播电视剧的元老，也是中国早期电视剧、直播时代的参与者，资深的电视演员，展现过不一般的艺术水平。她从来不谈自己的过去，有着"好汉不提当年勇"的风度。

周寰说：《酒友》在拍最后一段戏时，老朱扮演的养鸡个体户把牛星丽扮演的队干部灌醉了，发现了他穿的袜子是破的，是用橡皮膏粘的，外面穿的干部服还整齐，但里面穿的旧军衣，却是洗得发白，补丁摞补丁。他心酸了，他想他这位党员干部的老同学，就凭着当干部的各种关系，如果下海经营个体户，准比他强。可他为了大家富起来，为了村里所有的孩子能上学，他还在为大家支撑着，忙碌着。求大家帮忙赞助。他悔恨自己为了报复，却把他灌成这样，冯乡长烂醉如泥一时睡在炕头上，其实戏到这儿就结束了。拍这最后一个全景镜头时，老毕将被子掀起来，然后也钻进被子里，躺在牛星丽身边将牛星丽抱住，两人像童年的小伙伴时一样。我们在监视器前看到这一情景，大家都笑了。有人说：

"这不是同性恋吗？！"

本来这是全剧最后一个镜头，大家正在兴高采烈地准备收工，老朱还和牛星丽躺在炕上不起来。我进屋想跟老朱开玩笑，当我走到他们身边时，我惊呆了。那一幕使我的眼睛湿润了。我看到他们老二位，都是热泪盈眶。原来他们突然想起了在"文革"中一起挨斗的日子和友谊。老朱的临场发挥，将该剧的情感推向了顶峰，深化了主题。这一幕，让我终生难忘。他是演员和角色融为一体，才能迸发出的激情，才有这不一般化的艺术处理。同时，我也为老朱和牛星丽的真情所感动！我保留了这个长镜头和全部的过程。后来很多观众反映，看这部戏是笑声中含着热泪，触及心灵！

《酒友》获全国优秀电视剧第 10 届"飞天奖"单本戏二等奖。

电视连续剧《末代皇帝》

由中央电视台电视剧制作中心拍摄的 28 集连续剧。

编剧：王树元，中国的一级作家。现在中央戏剧学院任职，他所著话剧本《北上》，获文化部、中国文联颁发的优秀剧本奖。

导演：周寰，中国电视剧制作中心的一级导演，拍摄的《苍天在上》等多次获得各种奖项。

导演：张建民，中国电视剧制作中心的导演。他同周寰合作的《奖金》等多部电视剧，曾多次获得"飞天奖"。

《末代皇帝》曾获：

全国优秀电视剧第九届"飞天奖"电视连续剧特别奖。

全国电视剧第七届"金鹰奖"。

第 25 届法国戛纳国际电影节优秀电视节目。

1991 年美国 ACE 优秀电视节目大奖提名。

故事梗概：

这是一部真实的历史，用艺术的手法再现其生活。

　　中国清朝最后一位皇帝溥仪，三岁进宫，数日后光绪皇帝、慈禧太后相继病逝，由三岁的溥仪继承皇位，由其父载沣监国摄政。溥仪在宫内除读书、写字、学英语以外就是游玩，因为他还是个儿童。

　　"辛亥革命"爆发后的次年，溥仪被迫退位，根据民国临时政府协定的清室优待条件，退位后的皇室一行人仍旧留居皇宫北半部，继续保持"大清皇帝"尊号，溥仪关起宫门做皇帝，保持着皇家祖宗一系列的家法。

　　1917 年，北洋军阀张勋率兵入京，拥年仅 12 岁的逊帝复辟帝制，溥仪又做了 12 天的皇帝。张勋兵败逃匿，溥仪再次逊位，仍留居皇宫，恢复他的逊帝生活。

　　溥仪 17 岁大婚，娶皇后婉容，娶淑妃文绣。大婚庆典仍按皇家规矩风俗进行的。虽然禁闭宫门，社会上的新时尚仍不断浸透宫里。剪辫子、穿西服、跳交谊舞，引起皇家内部的骚乱，溥仪不顾同治和光绪的遗孀们（皇太妃们）及父亲载沣的反对，固执地按照自己的旨意行事。安电话、看洋电影、做白话诗等等新潮涌进，冲击着几千年的古老的传统，破坏皇家固有的生活方式。

　　1924 年 11 月 5 日，他被冯玉祥、鹿钟麟赶出皇宫，永远废除大清皇帝尊号。溥仪全家及其部分臣子移居天津，先住张园，后住静园，他虽然从逊位的皇帝变成百姓，仍是关起家门做皇帝。

　　1931 年，发生"九一八事变"，溥仪秘密逃亡东北，在日本支持下做了 13 年的伪满洲国的傀儡皇帝。第二次世界大战结束后，溥仪及其臣子被苏联红军俘虏送往西伯利亚伯力收容所，当远东战犯军事法庭在东京开始审判日本战犯时，溥仪出庭作证，审判结束后，他仍回伯力收容所。五年以后新中国把他引渡回国，在抚顺战犯所接受管理所的劳动改造，这期间他曾想与分散了的妃子李玉琴再相聚，管理所所长为他找到李玉琴，特许他们夫妻相见留住一宿，在李玉琴坚持离婚的要求下，溥仪无奈，只好应允。

经过九年的改造，新中国成立10周年大庆时期大赦，溥仪和他的罪臣们同时被释放，受到周总理、陈毅、贺龙等中国领导人的接见。溥仪的一生是特殊的，是世界上仅有的。

此剧拍摄达四年之久，耗资巨大，集各方面的名人为顾问，溥仪的胞弟溥杰为本剧的顾问之一，云集优秀演员于一堂。

一经播出后，受到亿万观众的喜爱。本剧年代的跨度很大，扮演溥仪的共有四人：三岁当上皇帝的小溥仪，选自东华门幼儿园。

7岁到13岁的少年溥仪，选自北京市小学校的学生。

14岁到中年的溥仪，由中央台演出团的著名演员陈道明扮演。

46岁的老溥仪由朱旭扮演，从23集开始到28集为止。从被俘到在苏联的伯力收容所开始，用朱旭自己的话说："享受荣华富贵的时候没有我，劳动改造我来了。"

在这六集戏中，只有第23集有长篇幅的大段台词和表现人物的动作，朱旭所演的其他五集中溥仪的话很少，只有一两句台词，主要靠无言的动作表现人物的思想感情。对演员来讲，这是难度很大的戏，溥仪做皇帝和逊位皇帝的特殊性，也有普通人的共性，朱旭抓住这两点进行了深透的分析和理解。他对人物的发展和处理都不忘历史的根据，有几场戏的处理是使人难忘的。被俘在苏联的伯力收容所时，苏联对他只是关押。没有进行劳动改造，虽然他和他的臣子们同是阶下囚，可是他那皇帝的威严依然如故，特别在他的臣民中间，仍然保持着"唯我独尊"的气派。可是回国后，到了战犯管理所，他的精神状态大变，压抑、悲观、痛苦、内心的不服等等复杂的情绪都集中地表现出来了。在引渡回国的火车里，他的内心处在恐惧和万分紧张中，他认定回到祖国就要按战犯处以死刑，"死到临头"的思想情绪一直笼罩着他全身心。在臣子的面前，表面上又故作镇静，他强迫自己手里拿着佛珠不停地转动着，嘴里又无声地念着佛经，以此掩饰内心的恐慌。让他下车吃饭时，他又误认为这是"送终饭"，突然高喊了一声："拿酒来！"

在这充满绝望的一声大喊中，他晕倒在地上。

到了抚顺战犯管理所，第一次上操，他来晚了，想不到在这个劳改队里，领队的却是从小就跟着他，由他呼来唤去、想打就打、想骂就骂、百依百顺决不敢说出半个"不"字的太监李得勤，今天胆敢对他这个皇上发号施令了。一向唯我至上的溥仪怒不可遏，又不敢明目张胆地对他打骂。他走近李得勤身旁面对面虎视眈眈瞪着好久，企图用这无言的怒视压制住太监，可是现在他们是平等的了，同是犯人，他无可奈何只好愤怒地又带几分伤感地强迫自己走回到队伍里。

又如溥仪到了监狱的第二天，夜里睡不着觉，翻来覆去的，最后烦躁地使他起来披着被子坐着。他刚拿出香烟，睡在身边的李得勤立刻起身为他寻找火柴，把已经睡着了的人一个个叫起来问着有没有火柴时，溥仪却一声不响，最后他极其不耐烦地看着

《末代皇帝》剧照

李太监指指地下自己穿的棉鞋，李太监遵照着旨意把鞋垫掀起，里边藏有一盒火柴。李太监小心地替他点着了烟，才悄悄地躺下，只要他和李太监单独在一起，他那皇帝的尊严仍不时地表现出来，仍旧是主子和奴才的关系。

溥仪从生下来的那天起，几十年如一日，穿衣、吃饭，就连穿袜子系裤腰带都是太监的事，自己身不动膀不摇，是饭来张口、茶来伸手的真龙天子。现在这一切生活都要靠自己操劳，于是出现了衣帽不整齐，干什么都笨手笨脚的样子。

还有一场戏是由溥仪自己洗衬衫，正洗半截时候该吃饭了，他扔下衣服就走了，水龙头也没有关，顾了这头顾不了那头，结果白衬衫染成花灰色的，水溢满了地，几乎成了小河。溥杰知道后急赶来替他扫水，当溥仪也回来看见溥杰替他扫水时，反而把扫把夺过来自己扫，其实他是在生自己的气，一边还难过地埋怨自己笨，溥杰想安慰他，脱口而出地喊了一声："大哥！"

他愣住了，他们虽是亲兄弟，可是从儿时起就不许以兄弟相称，都以君臣相称，几十年这是第一次听到弟弟喊他大哥。他好像不相信自己的耳朵，让溥杰再叫他一声，这一声大哥喊出后，他泪流满面同溥杰拥抱一起，这是溥仪有生以来第一次真正感到了"亲情"。尤其又在这种特殊环境里，他怎么能不激动呢！观众也随之泪下，短短一两分钟的镜头，朱旭却把溥仪的内心世界表现得淋漓尽致。他刻画出特殊环境里的溥仪，经常出现的是双重人格的心态，时而自尊，时而自卑，可怜、可笑又可气，复杂心理的交错，却让观众感觉真实可信，因为他牢牢地掌握住溥仪这个特殊人物思想感情发展的规律，同时抓住他心理和精神状态的特点。复杂内心的变化都不是通过台词说出来的，是经过五味俱全的心态表现出来的。

又一场戏是他第一次踏进牢门，抱着洗脸盆，迈着沉重的步子走在漫长的通向牢房的甬道上。形体的感觉是疲乏无力，精神状态是无望的麻木，通过他黯淡无光的眼神直视前方，可又不时地在目光中小有微微的闪动，使人觉得溥仪并没有呆滞，他的思想还在活动着，好像回想着过去的唯我独尊。朱旭在这些没有台词的表演里，对人物内心的揭示十分清楚细腻，从此无声胜有声。

以溥仪到东京远东国际战争罪犯军事法庭作证一事贯穿全集，一反在其他每集中的无言表演，而是大段的台词不绝于耳，这又要求演员的台词功底了。当溥仪出现在法庭的时候，他以至尊无上的威严缓缓步入法庭，在众目睽睽之下，他气度昂然地坐在证人席上。国际法庭的检察长季楠开始向他提问，（以下溥仪长段的台词，择其重要的节录数句，所以"……"处均为本文所删节）溥仪从容不迫、冷静、客观地回答着："我是1906年出生的，1908年出任中国皇帝这个地位……1921年冯玉祥用下力让我迁出皇宫，那时我才15岁。在天津住了10年，中国和日本发生冲突，就是'九一八事变'，后来、后来我就到东北去了……"

检察长季楠就他去东北作为皇帝一事再问："是自愿还是被迫？"

这是关键性的问题，关系到溥仪今后会不会是罪人的问题。这时朱旭所表现出来溥仪的精神开始有些紧张，他的手下意识地放在嘴角边，手指不停地抚摸着下巴颏，可并不失态。在这短暂的停顿中，观众感到的是他在飞快地思考，很快地他把手放下，又调整了一下坐姿，立刻回答着："天津发生了不少的怪事，有人送水果龙，里边装的是炸弹，我的臣民们说过这是对我生命的威胁……我本心不愿意去……不得已被迫去了……"

在这大长段的话中开始还比较镇静地讲，讲到"……不得已被迫去了……"时，产生了一丝的委屈情绪，发展到后面的对话时，是一种无奈的样子。

季楠接着问："你有自由吗？"

溥仪一开始就有点激动地说："自由是耍儿戏……不允许我跟关东军单独面谈，（更触到他的痛处），我的信件被扣押，不许亲属给我过生日，不能祭祖宗，我的爱妾谭玉玲被害死……"

说到此处，溥仪发自内心地动感情，他愈说愈激动，悲愤得热泪盈眶，转谈别的问题时他的感情才逐渐平静下来。

被告方面律师布莱尼克提问："你是否想复辟？"

显而易见，布莱尼克是想把溥仪引导到和日本战犯同一条路上去。观众能看出溥仪很明白对方的意图，片刻，他当机立断地说："我要为人民着想，预备同中国里应外合地反对日本……"

巧妙地驳回布莱尼克的诱供，布莱尼克也不示弱，理直气壮地拿出溥仪当年写给日本的信件作为物证时，这时的溥仪显示出他极度紧张的心情，又一次把左手指放在嘴边，不时地咬着手指尖，同时又用这个小小的动作掩饰着心里翻滚的波涛，极力控制着自己不要惊慌失措。在这刹那间，他毫不犹豫地决定了面对物证的态度，只见他敏捷地毅然站起来举着这封信以十分肯定的语气大声宣布着："这是假的！……印鉴是假的！……郑孝胥的签名是假的……"

布莱尼克目瞪口呆，国际法庭以战争罪犯们制造假证的罪名结束审判。

最后一个镜头，溥仪回到伯力收容所时，他以胜利者胜利归来的神态接受他的臣民们的迎接，瞬间他又恢复了皇帝的姿态。这一集主要的戏集中在法庭上，长镜头近距离的特写是最考验演员的技巧，如有半点虚伪或不合情理的地方，特写会毫不留情地放大几倍暴露在屏幕前面。朱旭在法庭作证的戏里，堪称天衣无缝，找不出破绽。溥仪的思想矛盾清楚，有层次，感情的起伏跌宕真实，从表演的角度看，第23集戏拍得很完整，也征服了广大的电视观众。

这一集的播放刚刚结束，家里的电话铃声接连不断地响起来，有亲朋好友，有文艺界的导演，祝贺他的成功。《末代皇帝》除了剧本、导演和其他演员的成功之外，朱旭的老溥仪也是剧本里一枝光彩夺目的花朵之一。一时在中国大地揭起《末代皇帝》热，不管走在大街小巷，还是商店里，经常被人指着背后说："老溥仪，981！981！"（981是溥仪在战犯管理所时的代号）

有一次在公共汽车里被人认出来，一时让观众给包围着非要请朱旭签名，在车上挤得他没有落脚的地方。好容易到了一个站台停下来，他灵机一动，虽然不是他要到的站台，也赶快逃下车来。回家后觉得右边肋骨疼痛，原来在他衣服口袋里揣着一个装茶叶的小铁盒，小铁盒已经被挤扁了，人的肋骨还能不被硌疼吗？从此以后，他再也不敢乘公共汽车。

夏天，他在青岛的一个餐厅里吃饭，被用餐的人发现，围过来许多人。他们手里没有纸簿之类的东西，忙不迭地请他在衬衫上、帽子上签名留念。

《末代皇帝》从首次播放到现在已经几十年过去了，至今他到商店里买东西，服务台上有的小姐还能认出他，经常说："皇上来了，优惠吧！"总要给他少算一点钱。

乘的士车也常被司机认出，有的司机少要钱，有的司机不要钱，总爱说："我能给皇上开车，太荣幸了。"

演员最大的幸福莫过于所创造的角色能扎根在观众的心里，受到广大观众的爱戴，朱旭在这部电视剧里他都得到了。

对于朱旭塑造溥仪这个人物的前前后后，导演周寰图文并茂地写了一篇"解密朱旭"，文章如下：

"我请大爷出演老年溥仪，他是不接受的。28集的连续剧正像老朱说的：前面风流，威风，人家都演过了，到他出演了，是溥仪被捕到改造，场景除了监狱就是战犯管理所，仅六集戏重新让观众认出，真是很难的。后来大概他是出于过去和我们合作，请他演过《奖金》，又有梅阡先生出面，他不好推辞。当他接受了这个角色以后，是下了很大的功夫的，看了大量的资料，还看了陈道明前面演的年轻溥仪的样片。

"第22集，仅在最后出场了十几分钟。一下就把观众征服了！不得不说老朱不愧为一位优秀的表演艺术家。

"我们在绥芬河拍他第一次出场，场景是原苏联的战犯管理所。他从阳台上出来。这一亮相，无论是形体，还是眼神，一下就把溥仪的特点抓住了。

"表面上他是阶下囚，但当他看见伪满的各位下属，在楼下毕恭毕敬地高呼'上面'时，他马上挺起腰杆子，眼里露出的光芒充满了霸气。这个亮相是对于人物的分寸很难把握的。朱旭没有过分地强调人物的外表，完全通过人物内心的感受从细腻的眼神、转身的感觉中体现溥仪的特征。

"在拍摄现场，当这组镜头拍完后，简直把我们乐坏了！太精彩了！我们跑过去向老朱祝贺！他完全能征服观众！

"紧接着第23集，是溥仪出席东京军事法庭作证。这一集是溥仪在法庭上一直坐在那儿，整整40分钟。老朱在这一集中的出色表演，他把溥仪政治家的那一面表现得淋漓尽致，他机敏的狡辩，使得在场的各国法官和律师、记者目瞪口呆，甚至连日本战犯都惊讶。这一段历史的真实再现，尤其是溥仪述说自己历史的那一大段精彩的独白，老朱充分展示了他的台词功力和对人物个性的体现，他不是玩弄台词技巧，而是从人物的内在体验出发，通过眼神和形体的准确把握，活生生地展现在观众面前。你不能不说这是一个活脱的溥仪，而不是一个空壳的流于形式的'花架子'。

"后面的四集，是溥仪进入国内的抚顺战犯管理所，开始了他艰难的改造。在这短短的四集中，是展现中国共产党人对一个皇帝改造成一个自食其力的公民举世无双的伟大工程。最近尼泊尔王国通过议会选举，废除了皇帝。尼泊尔总统宣布比兰德拉国王搬出皇宫，希望他像中国的溥仪那样成为公民。短短的四集里，溥仪经历了从'亿万人之上''唯我独尊'的地位到普通的百姓，对新社会的对抗、怀疑、不解，到对新事物的好奇、感动、震撼心灵。这是多么复杂而又艰苦的心理过程呀！而老朱却用表演艺术将这一过程不放过任何细节，感人至深地展示给观众。

"能够'一人千面'是表演艺术的最高境界!

"老朱最喜欢的，也是他自己设计的一段戏，就是溥仪在学着缝袜子，这位从小'茶来伸手，饭来张口'的皇帝，第一次给自己缝袜子，他缝得那样认真，浑身使出吃奶的劲，而脸上充满了成就感的笑，生动地再现了溥仪人性的回归。再看那只袜子被缝成了一个大疙瘩，虽然幽默得使观众捧腹大笑，但笑声中被深深地感动，老朱在无数角色的创造中，都是这样用捕捉细节来刻画人物，幽默又是老朱的最拿手的表演风格。"

电视连续剧《大地之子》

日本 NHK 电视台与中国中央电视台合作拍摄电视连续剧《大地之子》。

原作者：山崎丰子

改编者：冈崎荣

音乐：渡边俊幸

导演：怆冈孝治、潘小扬、榎户荣泰

故事概概：

1945 年 8 月 15 日之前，一支从日本到中国来的左度开拓团，在炮火中逃生。其中有松本胜男一家人，沿途因饥饿、患病等原因不断发生死亡，松本一家同时殉难。在死人堆里爬出了七岁的松本胜男和他的妹妹卡江，还有一同姓的长姐。三个孩子被中国的农民发现后带到村里，妹妹被邻村的人带走，松本胜男留在本村的一户人家放羊，改名大福。主人十分凶恶，松本胜男不堪虐待，逃出农家，偷乘火车直到牡丹江站下车，在站台上碰到中国儿童袁立本。袁立本同情松本，看他饥寒交迫，把食物分给松本，若干年后他们成了生死之交的好朋友。松本又乘火车到长春的一个小镇上，在这里他成了流浪儿，又遇到人贩子把他拐卖在街头，被小学教师陆德志所见，出于怜悯，他用一件新棉袄换来松本胜男。回家后松本即患黑热病高烧不退，陆德志经济窘困，无钱替他治病，无奈只好把他送到一处空房子，等待留下的日本人收养他。在松本的无言哀求下，陆德志实不忍心抛下他，又把他抱回家里，把家中仅有的一点钱都给松本治病了。意想不到的是这个日本孩子却活下来，从此成了陆德志的家庭成员。松本胜男不肯认他为父，由于战火的惊吓，松本胜男记忆中的往事模糊不清，只在模糊中还能记起妹妹的影子。陆德志为他改名为陆一心，并让他从小学开始接受教育。

新中国成立前，长春被解放军保卫，城内没有粮食，老百姓纷纷逃亡孟家屯的方向。陆德志夫妻带领一心过哨卡时，因为听出一心是日本口音，被解放军扣留，经过陆父的苦苦哀求，才放一心过哨卡，一心第一次激动地喊出了"爸爸！"

陆一心在陆父母的精心养育下健康地成长起来，把他供读到大连的钢铁学院毕业，以高才生的成绩夺冠，分配到钢厂工作。在校时曾与同班同学赵丹青恋爱，本欲结婚。当一心告诉她自己是日本人时，赵丹青却毅然地离开了他。不久，中国的"文化大革命"开始，一心以莫须有的罪名被诬陷，送到内蒙古去进行劳动改造。此后陆一心和养父断绝音信。一心的生父松本耕次先生在日本一直以为一心已死，当得知在中国还有一批被遗留的日本孤儿时，他盼望找到儿子的心情重新燃起了希望。

一心在劳改农场认识了一个叫黄书海的劳改犯，他是日本华侨，他热诚地教给一心日本话。为了不忘祖国的语言，一心专心学习，他把日文记在语录本子里。一心放羊时碰到一辆从北京来的巡回医疗队的汽车陷入泥坑不能运行，经过一心的帮助，解除车陷的困境。这时他认识了医疗队的护士江月梅。一心的手臂受刀伤，引发成破伤风症，病情极其危险，被送到医疗队中抢救。治疗破伤风的药很少，也很贵重，医生不肯把这贵重的药注射给犯人，尤其是日本犯人的身上。经过月梅力争才得到医生的同意，经过一段治疗，一心的病逐渐痊愈，多日来的病床护理都是由月梅负责，他们建立了一定的友谊，一心告知月梅自己的身世。月梅返回北京时立即写信告知陆父一心的下落及被捏造的罪名。陆父接到信后，决心到北京去上访，为一心申冤。袁立本的爱人秀兰的书信中告知陆父已去上访的事，袁立本派人到上访处找到陆德志后，把材料直接送到周恩来总理的手里。

一心的病好后回到劳改场仍旧放羊，遇到劳改犯人逃跑，他被误认为是同谋者，又一次受到重新审查。他被发现在语录中深藏日文，本该判处死刑，被黄书海用"苦肉计"挽救了一命，改判 15 年的徒刑。

一心在狂风中发现一落马的女人，当被他救起后才知道是月梅，在这种困难中的重逢，他们互叙衷肠，并请月梅把新的冤屈代为转达陆父。陆父的上访在袁立本的帮助下，终于得到解决，一心被平反无罪释放。

中日邦交正常化，中国按照周恩来总理的指示，帮助日本人在中国寻找失去的儿女，使他们能得以团圆并能回到自己的祖国。一心的生父再次通过日本和中国的有关部门几经寻找，都未获得一心的下落。这时一心已经回到北京钢厂工作，并和月梅结婚，不久他们有了一个小女儿。重工业部要调一心到外事局工作，培养他做日文翻译，一心不愿意到机要部门工作，唯恐再遭事端。但是领导已做决定，他只好服从。松本耕次随日本友好访华团到孟家屯来寻找一心，后由七台屯的陈姓妇女提供线索，告知一心七岁时逃离此地，领走妹妹的人家已搬走。松本耕次仍不灰心地寻找他的儿子女儿。一心随中国访日视察团去日本考察钢铁工业，他虽然看见了松本耕次，可是父子二人谁也不认识谁。一心到大涌谷参观时，引起他儿时的一些记忆。陆父心内很矛盾，怕失去一心，但是他还在矛盾痛苦的心情中来到北京告诉一心他的生父来找他这个消息。

中国要引进日本的设备，在上海建立华宝钢厂，中日谈判成功，松本耕次任上海事务所的所长，在钢厂的工地上常和一心相遇。月梅去四岱屯巡回医疗时，找到一心的妹妹卡江，改名张玉花，几次嫁给农民，生活艰难贫困，现已患不治之症，危在旦夕。一心得知后迅速赶到玉花处，兄妹二人相认，不久玉花死去。正是她临终的这一天松本耕次赶来认女，同时知道一心就是他寻找多年的亲生儿子，父子才相认。为了工作上的方便，杨处长告诉一心不要把他和松本耕次的父子关系公开化。一心再次和冯长幸随团去日本访问，冯长幸知道他的妻子赵丹青曾和一心有过恋爱关系，又因他的父亲是被日本兵杀死，他对日本人有着深刻的仇恨。这种仇恨迁怒到一心身上，他不断地写匿名信告发一心行为可疑，这次一心去看望松本耕次时，回来的时候比规定时间晚了一个半小时，违反了外出纪律。其实他路上已经给团长打过电话，说明回去晚一点，团长没在房间，是冯长幸接的电话，也没有告诉团长。当一心回来受到责问时，一心请冯长幸证明他曾经打过电话请假，可是冯长幸一口否定，并在一心看望生父之际，他把一心保存的机密文件偷走，造成怀疑一心送给松本耕次的假象。一心受到严厉的处分，被调离北京到内蒙古钢厂工作，陆父心疼一心又遭诬陷，他动员一心回日本去，可是一心并未动摇，他仍坚持留在中国。

赵丹青回家时正遇冯长幸和另一女人同居，同时发现一心失去的机密文件，丹青在盛怒之下揭发了此事，澄清一心的不白之冤，重工业部再次调回一心委以重任，到上海华宝钢厂工作。一心发挥了他的才能，解决了不少出钢时的困难问题，当华宝钢厂正式出钢时，父子二人激动不已，在成功中也有他们父子二人共同付出的努力。一心不愿意伤害养父的心，他决定不回日本去，申请到最艰苦的地方去工作，他愿意做大地的儿子为人类做不朽的贡献。

首先剧本表现出明确的热爱和平的思想，战争意味着破坏和残酷，而这一思想不是口头空谈，不是概念化的宣传语，是通过受战争破坏的松本胜男的坎坷遭遇表现出来的。发动战争同样要受战争的惩罚，虽然带有一定的传奇性、巧合性，可是作者是从生活中捕捉到的素材，巧妙地、艺术地把它们编织在一起。正因为它是来源于生活，虽然剧本是经过改编者的再创造、再选择，仍不失生活的真实，没有凭空的想象和随心所欲的臆造，这是难能可贵的。全剧结构严谨，有故事、有情节、有矛盾，戏剧性很强。剧情的发展一环扣一环，既有平铺直叙，又有起伏跌宕，有张有弛，使戏剧的可视性提高，观众的心被紧紧扣住，迫切关心着一心的命运，这是脚本的成功之处。

戏剧的开始，改编者采取了倒插笔的写法，让主人公在苦难中忆起他过去的生活，这很符合逻辑。因为一心的受难首先由于他是个日本人，一切罪状由此产生或派生出来的，（正是因为中国处在极"左"思潮影响下的年代里），在这受苦受难中的人，不由自主地就会回忆起过去生活的种种，也是当事人的一种心态，是自然引发的潜在心理，也是编者对主人公在特定环境里精神生活的描述。从一心和月梅在草原上第一次见面起，到以后的发展，都用直述的手法表现出一心的遭遇及其他人物的风貌，这些都保持了故事的真实性，这是改编者的巧妙。剧本中描绘了众多的活生生的人，这又给演员提供了广阔的可塑性，使表演才能得以发挥。中国的艺术界有句箴言："剧本，剧本，一剧之本。"剧本的好坏是一个戏的根本、基础，也决定了一个戏的成功与失败，无疑，《大地之子》的改编是一流的。

导演的创意和编剧的立意，从思想角度看是统一的，为什么这么说呢？从出现的第一个画面，在演职员名字的衬景中，镜头一直不断地出现战火中狼烟滚滚而过的画面，给尚不知是什么剧情的观众留下深刻的印象，它的直觉感就是战争，战火燃烧着土地，战火染污了蓝色的天空，没有飞禽，没有了绿树，所有的只是遮住太阳光辉的烟雾蒙蒙，这象征着一场人为的灾难正在诞生……果然，剧情一开始印入人们眼睑的是一群在战火中逃生的人。从衬景的镜头与剧情开始的第一个镜头衔接得非常有机，从而显得自然又有寓意，这是导演的巧构思。每一个情节的发展都要求清楚、细致。对于环境、服饰、手持道具、屋子里的大道具都力求有时代感和地方色彩。长达数10集的镜头中没有发现与情节无关的空镜头，也没有虚饰，朴实无华，看得出来导演追求生活的真实。从整体看，难得的是中日两国的三位导演，而这三位导演的风格、美学观点都是很统一的，未见各异的痕迹，或在哪一集里看到导演要顽强地表现自己个性的镜头，所以呈现出的艺术整体很完整，也说明了中日三位导演的艺术和个人的修养，这恐怕也是获得成功的主要因素之一。

我不懂音乐，但我从节奏和音响中，直接感受到音乐衬托了全剧的氛围，蕴含着和平的愿望，旋律美而又不显浮躁，观众随着音乐的旋律不知不觉被悄悄地带进戏中。

这部戏集中了中日双方优秀的演员，主要角色和次要角色都用的是有知名度的演员，没有在表演上呈现出有塌欠的地方，这使全剧也有完整的表演水平，显出演员的实力雄厚。日本方面有仲代达矢、宇津井健、渡边文雄、田中好子等老一辈艺术家，也有上川隆也、永井真理子等才华横溢的年轻演员。中国方面年轻演员有知名度较高的蒋雯丽、盖丽丽、廖京生等。中老年演员里有卓越成就的郑振瑶、鲍国安、谭宗尧、吕中、朱旭等。

主要演员仲代达矢的成熟演技，人物的内涵，深沉的思想性格，都给观众留下难忘的印象。上川隆也是全剧的一号主人翁，贯穿全剧的轴心人物。他很年轻，对于陆一心的遭遇，种种思想感情都能准确地体现出来，是很难得的，也是日本艺坛上的一朵新葩，可喜可贺，祝愿他前途无量。

重点论述一下朱旭的表演，从他本人出生的年代到今天的新中国，他已经是经历了半个多世纪的人生。他比日本的同行们先天条件好，因为他是中国人，他知道，也看到在中国发生的事情，见过在中国长大的日本孤儿，他更具有中国民族的特点，爱自己的祖国，也有充满人道主义的思想。一些生活的积累和认识，使他在陆德志这个人物的塑造上迸发出火花。成熟的剧本，日中双方优秀的合作者们激励了他，使他如醉如痴地进入创造的最佳状态。30 年代，40 年代，50 年代，60 年代，70 年代的回忆，使他寻找到人物的时代感以及其他方特点。陆德志的人物形象，他既熟悉又生疏，因为陆德志到底不是朱旭，朱旭要完全掌握住陆德志的自我感觉，还需要用表演技巧来缩短他们之间的距离，使他们合二为一。这个过程就是朱旭的创造过程，每当这个时刻，他都不断地用自己的思想去认识，去理解人物，把他认识到的和理解到的再用心去体会。朱旭经过这样一个艰苦的过程，才不是客观地表演人物，是体验出、再展现出一个有感情、有思想的活人。他抓住人物最核心的精神世界，中华民族的宽大胸怀和人道主义的精神，有着宽厚、善良的心才对被抚养的日本孤儿产生无限的爱。正是这种无私的爱，这种净化的父子之情才深深地打动了观众的心，陆德志的戏在全戏中并不是占着很大的表演区，但是朱旭对人物的塑造有着内在的魅力，才给人留下深刻的印象。

朱旭的创造再一次获得成功，朋友们为他祝贺时，他总是真诚地和人说："我很幸运，这次的成功不光是我个人的努力，还碰到了好的合作者，因为好演员才懂得什么是'交流'，这对我

日本来中国的旅游团成员专程到家里拜访朱旭

的帮助很大。"

是的，虽然他个人获得了荣誉，他从不忘记与他合作的好伙伴。他很敬佩仲代达矢先生及宇津井健等老艺术家的艺术修养。也非常欣赏以风华正茂的上川隆也先生为首的一批年轻艺术家的才华。他们这次合作是愉快的，也愿意为日中两国人民的友好再做贡献。

NHK 电视台播出后，展现出该剧的爆发力，收视率达到近年来的高峰数字，吸引着数以亿计的日本观众的肯定和喜爱，从而演员本身也受到热烈的欢迎和爱戴。不管走到街头还是巷尾，不管是在酒店还是商店，只要被人认出来他是陆德志，人们立刻蜂拥而至，要求签名、合影，有的妇女儿童立刻进到商店里买来头巾、手帕拦住去路，请他签名留念。

我们住的千叶县酒店门前的广场上，正逢跳蚤市场日，我们到市场内参观，售糖果的妇女和其他卖小物品的人，拿着他们货摊上的商品直追过来抢着送给朱旭做礼物。临回来之前的两天，朱旭到渔具店去买钓鱼竿，老板坚决地只收售价的百分之五十，并赠送许多钓鱼用的小物件。在千叶县的另一个地方，文艺界及其他方面人士设宴招待我们。住在东京很远的地方，有一位 80 多岁的农民老太太得知，她亲手做了一道有特色的小菜，匆匆赶来送给朱旭品尝。当晚 10 点多钟宴会才散，老人恋恋不舍地和朱旭告别，据说她要走三个多小时的路程才能到家。还有许多小学生把他们做的小手工艺品经过老师送到朱旭的手里，像这样的感情数不胜数，观众采取各种各样的方式表达他们的热情。并收到络绎不断的观众来信，择其中一两封录入本书里，以及国内观众的来信及漫画赠物等。

1996 年总第 15 期，12 月份刊物香港发行的《紫荆》杂志，《霜叶红于二月花》由李丽撰稿，文中：

"1995 年，朱旭在中日合拍电视连续剧《大地之子》中出演中国养父陆德志，这是一个强调人与人、父与子之间感人至深的爱的作品。在日本 NHK 电视台播出后，引起全社会的轰动，成为近 10 年来评价最高的一部作品，并在蒙特卡洛国际电视节上获得金奖。"

随着朱旭的"中国父亲"形象在日本家喻户晓，在狂热的日本影迷中掀起"朱旭热"。1996 年的春夏，千里迢迢到北京旅游的日本人，活动项目中都增加了"和朱旭见面"的内容。

厚生省于 1996 年 8 月邀请抚养过日本残留孤儿的中国养父母，到日本去团聚时，也邀请朱旭同去团聚。

1997 年 5 月，千叶县日中友好协会邀请朱旭赴日访问，在千叶县受到各界人士的盛情招待。

日本青年人看了《大地之子》后，认为中国人具有宽大的胸怀，他们愿意日中关系永远友好，许多人主动参加了日中友好协会。日本的许多报纸杂志的记者访问朱旭时多问道："第二次世界大战给中国带来灾难，可是中国人为什么还要抚养日本的孤儿呢？"

朱旭总是诚恳地回答："战争是军国主义者发动的，日本儿童是无辜的，人民是友好的。其实日本的人民也是战争的受害者。"

朱旭在日本个人获得演技奖的有：东京第 22 回放送文化基金奖；NHK 电视台为电视剧特设的"银河奖"；创价大学授予的为世界和平与艺术做出贡献的"特别贡献奖"，并由池田大作先生亲笔书写给朱旭的祝贺信。

个人成就也标志着对社会的贡献，也是对社会高质量的服务。年已古稀的朱旭并不满足事业上已有的成就，在他心灵深处仍埋藏着老年人的青春继续向前迈进。

他十分渴望创造几个高乘的喜剧人物，幽默才是他最根本的气质。他是一个出色的喜剧演员，在舞台上多次展示着这方面的才华。我祝他在艺术上永葆青春、健康长寿。

（京）新登字083号

图书在版编目（CIP）数据

老爷子朱旭／宋凤仪著.—北京：中国青年出版社，2017.9
ISBN 978-7-5153-4879-7

Ⅰ.①老… Ⅱ.①宋… Ⅲ.①朱旭—传记 Ⅳ.①K825.78

中国版本图书馆CIP数据核字（2017）第202045号

本书所有照片由朱旭家人提供

特别感谢：清　雅
责任编辑：王飞宁
书籍设计：瞿中华

出版发行：中国青年出版社
社址：北京东四12条21号
邮政编码：100708
网址：www.cyp.com.cn
营销部：010-57350364
媒体运营：010-57350395
编辑部：010-57350501
雄狮书店：010-57350370
印刷：北京科信印刷有限公司
经销：新华书店
开本：880×1230　1/32
印张：13
字数：250千字
版次：2017年10月北京第1版
印次：2018年10月北京第2次印刷
印数：5001—9000
定价：45.00元

本图书如有印装质量问题，请凭购书发票与质检部联系调换
联系电话：（010）57350337